Peter J. Aicher

Rome Alive

A Source-Guide to the Ancient City

VOLUME II: ORIGINAL SOURCES

BOLCHAZY-CARDUCCI PUBLISHERS, INC.

This book made possible in part
due to a generous contribution from
Joseph R. Salemi

General editor:
Laurie Haight Keenan

Contributing editor:
D. Scott VanHorn

Rome Alive:
A Source-Guide to the Ancient City, Vol. 2
by Peter J. Aicher

Bolchazy-Carducci Publishers, Inc.
1000 Brown Street, Unit 101
Wauconda, Illinois 60084
www.bolchazy.com

ISBN-13: 978-0-86516-507-6
ISBN-10: 0-86516-507-6

Printed in the United States of America
by Publishers Graphics
2005

Library of Congress Cataloging-in-Publication Data

Aicher, Peter J., 1954-
Rome alive : a source-guide to the ancient city / Peter J. Aicher.
p. cm.
Includes bibliographical references and index.
ISBN 0-86516-473-8 (pbk.)
1. Rome--Guidebooks. 2. Rome--History--Sources. I. Title.
DG13.A37 2003
914.5'6320493--dc22

2003023423

Contents
VOLUME II

Note: the Arabic numberals immediately preceding the individual entries are source-numbers keyed to that entry in both Volumes I and II; page numbers for this volume are in the far right-hand column

LIST OF FIGURES

[Note: the gaps in numbering of figures in Volume II reflect their selection from the more inclusive list of figures in Volume I.]

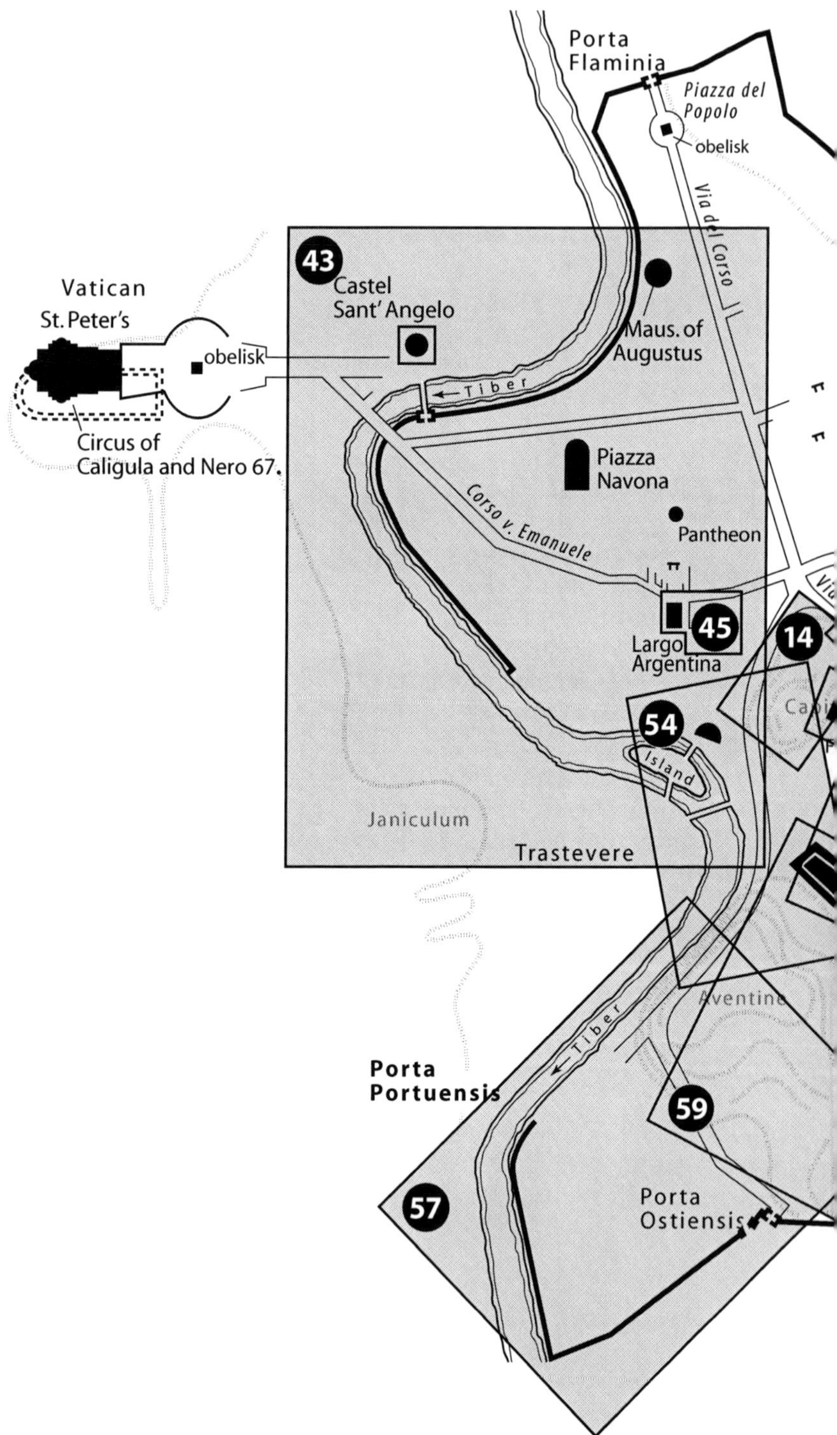

Fig. 1 Overview Map (note: not all maps are printed in Volume II

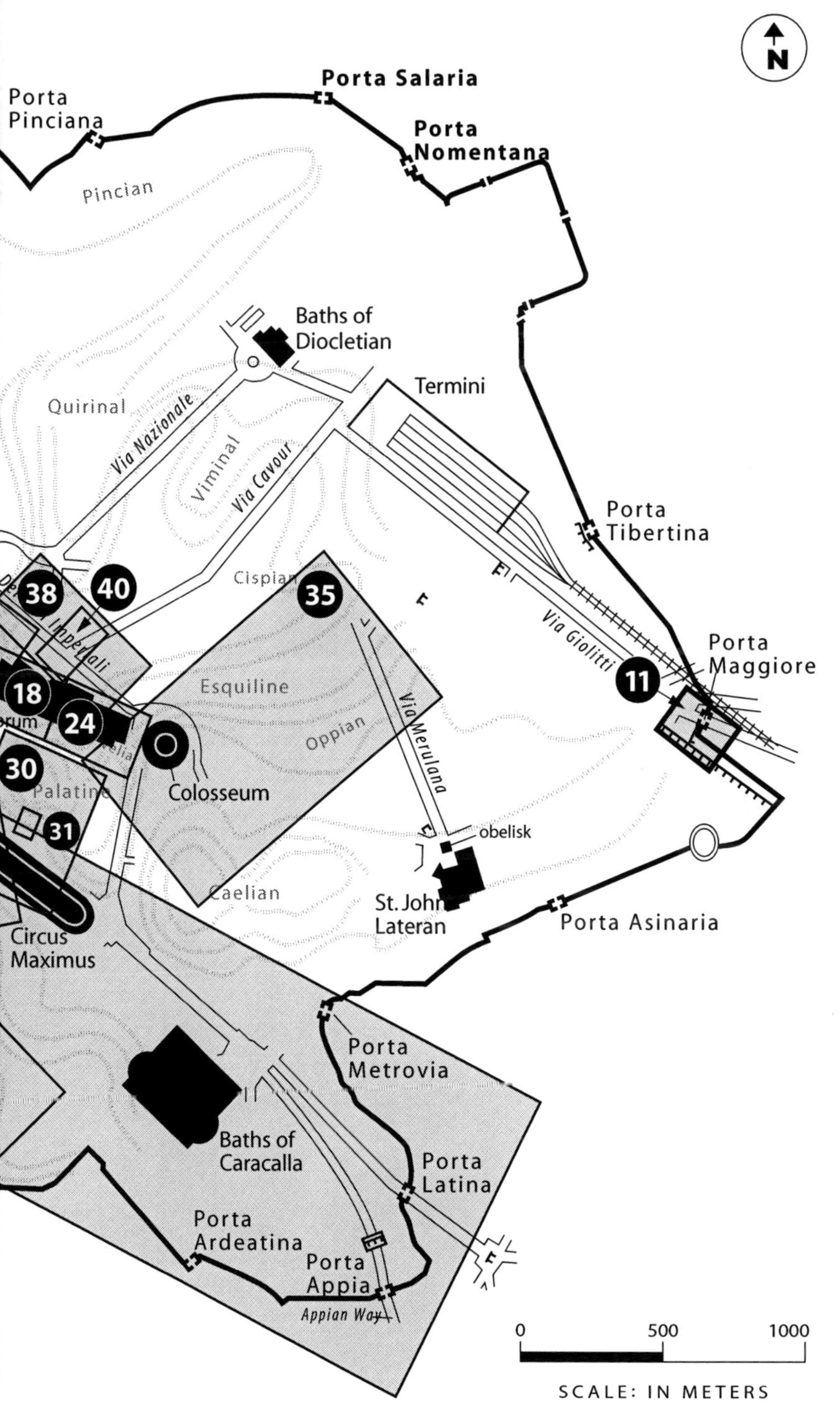
N
Porta Pinciana
Porta Salaria
Porta Nomentana
Pincian
Baths of Diocletian
Termini
Quirinal
Via Nazionale
Viminal
Via Cavour
Porta Tibertina
Cispian
38
40
35
Imperiali
Via Giolitti
Porta Maggiore
11
18
24
Esquiline
Oppian
Via Merulana
30
Palatine
Colosseum
31
obelisk
Caelian
St. John Lateran
Porta Asinaria
Circus Maximus
Porta Metrovia
Baths of Caracalla
Porta Latina
Porta Ardeatina
Porta Appia
Appian Way
0
500
1000
SCALE: IN METERS

Preface

Rome Alive: A Source-Guide to the Ancient City is a collection of ancient Greek and Roman sources about the monuments of the ancient city of Rome. These texts have been culled from the vast array of writings, including histories, letters, speeches, inscriptions, and verse, in which ancient writers illuminate some aspect of the city in antiquity. Volume I consists of the translations of these sources, in addition to commentary, illustrations, and a preface that explains my selection of sources. This volume contains the Greek and Latin texts of the sources translated in Volume I, for the convenience of topographers, teachers, and students of Rome who can dispense with the interpretation of my translations of passages crucial to topographical debate, and perhaps enjoy (preferably *in situ*) some fine passages of prose and verse in their original form.

The entry number before each of the sources in this volume corresponds both to its translation in Volume I and to the numbers on the maps located before most of the chapters in this volume.

In the texts of the Latin inscriptions, I have often completed words abbreviated in the original; such additions are in parentheses. Brackets indicate damaged portions of an inscription; the text inside these brackets is the conjecture of epigraphers, as printed in H. Dessau, *Inscriptiones Latinae Selectae* (= *ILS*), the most convenient collection of inscriptions, and *Corpus Inscriptionum Latinarum* (= *CIL*). Non-inscriptional texts also have their problems, of course. For discussion on disputed readings that have particular bearing for the topography of the city, students of Rome will want to go to L. Richardson, Jr., *A New Topographical Dictionary of Ancient Rome* and M. Steinby (ed.), *Lexicon Topographicum Urbis Romae* (5 vols.), in addition to the commentaries on individual authors. The most complete collection of sources in Rome is G. Lugli, *Fontes ad Topographiam Veteris Urbis Romae Pertinentes* (7 vols.). A. van Heck, *Breviarium Urbis Romae Antiquae* (Leiden: Brill, 1977) is also useful for Latin sources.

Sources in the Preface of Volume I

p. xv. **Virgil**, *Eclogues* 1.19–25

Urbem, quam dicunt Romam, Meliboee, putavi
stultus ego huic nostrae similem, quo saepe solemus
pastores ovium teneros depellere fetus.
Sic canibus catulos similes, sic matribus haedos
noram, sic parvis componere magna solebam.
Verum haec tantum alias inter caput extulit urbes,
quantum lenta solent inter viburna cupressi.

p. xvii. **Varro**, *Lingua Latina* 6.49

[A "memoria" est] "monere"; sic "monimenta" quae in sepulcris, et ideo secundum viam, quo praetereuntis admoneant et se fuisse et illos esse mortalis. Ab eo cetera quae scripta ac facta memoriae causa "monimenta" dicta.

CISALPINE
GAUL
Po River
Italy
ETRUSCANS
Tiber River
SABINES
Veii
Rome
Alba Longa
Ostia
SAMNITES
Capua
Brundisium
Sicily
N
0
100
200
SCALE: IN MILES

Fig. 3 Italy

I. The Site and Foundation of Rome

1. The Site of Rome

1.1 **Vitruvius** 6.1.10–11

Cum sint autem meridianae nationes animis acutissimis infinitaque sollertia consiliorum, simul ad fortitudinem ingrediuntur, ibi succumbunt, quod habent exuctas ab sole animorum virtutes; qui vero refrigeratis nascuntur regionibus, ad armorum vehementiam paratiores sunt; magnis virtutibus sunt sine timore, sed tarditate animi sine considerantia inruentes sine sollertia suis consiliis refragantur.

Cum ergo haec ita sint ab natura rerum in mundo conlocata et omnes nationes inmoderatis mixtionibus disparatae, vero inter spatium totius orbis terrarum regionisque medio mundi populus Romanus possidet fines. Namque temperatissimae ad utramque partem et corporum membris animorumque vigoribus pro fortitudine sunt in Italia gentes. … Itaque consiliis refringit barbarorum virtutes, forti manu meridianorum cogitationes. Ita divina mens civitatem populi Romani egregiam temperatamque regionem conlocavit, uti orbis terrarum imperii potiretur.

1.2 **Cicero**, *De Republica* 2.5–10

[U]rbi autem locum (quod est ei, qui diurturnam rem publicam serere conatur, diligentissime providendum) incredibili oportunitate [Romulus] delegit. Neque enim ad mare admovit … primum quod essent urbes maritimae non solum multis periculis oppositae, sed etiam caecis. [2.5]

Est autem maritimis urbibus etiam quaedam corruptela

ac demutatio morum; admiscentur enim novis sermonibus ac disciplinis et inportantur non merces solum adventiciae, sed etiam mores, ut nihil possit in patriis institutis manere integrum. [2.7]

Qui potuit igitur divinius et utilitates conplecti maritimas Romulus et vitia vitare, quam quod urbem perennis amnis et aequabilis et in mare late influentis posuit in ripa? ... [U]t mihi iam tum divinasse ille videatur hanc urbem sedem aliquando et domum summo esse imperio praebituram; nam hanc rerum tantam potentiam non ferme facilius ulla in parte Italiae posita urbs tenere potuisset. [2.10]

1.3 **Livy** 5.54.4

Non sine causa di hominesque hunc urbi condendae locum elegerunt: saluberrimos colles, flumen opportunum, quo ex mediterraneis locis fruges devehantur, quo maritimi commeatus accipiantur, mare vicinum ad commoditates nec expositum nimia propinquitate ad pericula classium externarum, regionem Italiae mediam, ad incrementum urbis natum unice locum. Argumento est ipsa magnitudo tam novae urbis.

1.4 **Strabo** 5.2–7 (*selections*)

τῆς ἀρχῆς εἰς τὸν Νουμίτορα περιστάσης, ἀπελθόντας οἴκαδε κτίσαι τὴν Ῥώμην ἐν τόποις οὐ πρὸς αἵρεσιν μᾶλλον ἢ πρὸς ἀνάγκην ἐπιτηδείοις· οὔτε γὰρ ἐρυμνὸν τὸ ἔδαφος οὔτε χώραν οἰκείαν ἔχον τὴν πέριξ ὅση πόλει πρόσφορος, ἀλλ᾽ οὐδ᾽ ἀνθρώπους τοὺς συνοικήσοντας· 5.3.2

καί μοι δοκοῦσιν οἱ πρῶτοι τὸν αὐτὸν λαβεῖν διαλογισμὸν περί τε σφῶν αὐτῶν καὶ περὶ τῶν ὕστερον, διότι Ῥωμαίοις προσῆκεν οὐκ ἀπὸ τῶν ἐρυμάτων, ἀλλὰ ἀπὸ τῶν ὅπλων καὶ τῆς οἰκείας ἀρετῆς ἔχειν τὴν ἀσφάλειαν καὶ τὴν ἄλλην εὐπορίαν, προσβλήματα νομίζοντες οὐ τὰ τείχη τοῖς ἀνδράσιν ἀλλὰ τοὺς ἄνδρας τοῖς τείχεσι. κατ᾽ ἀρχὰς μὲν οὖν ἀλλοτρίας τῆς κύκλῳ χώρας οὔσης ἀγαθῆς τε καὶ πολλῆς, τοῦ δὲ τῆς πόλεως ἐδάφους εὐεπιχειρήτου, τὸ μακαρισθησόμενον οὐδὲν ἦν τοπικὸν εὐκλήρημα· τῇ δ᾽ ἀρητῇ καὶ τῷ πόνῳ τῆς χώρας οἰκείας γενομένης, ἐφάνη συνδρομή τις ἀγαθῶν ἅπασαν εὐφυίαν ὑπερβάλλουσα. 5.3.7

ἅπασα δ᾽ ἐστὶν εὐδαίμων καὶ παμφόρος πλὴν ὀλίγων χωρίων τῶν κατὰ τὴν παραλίαν, ὅσα ἑλώδη καὶ νοσερά ... ἢ εἴ τινα ὀρεινὰ καὶ πετρώδη· καὶ ταῦτα δ᾽ οὐ τελέως ἀργὰ οὐδ᾽ ἄχρηστα, ἀλλὰ νομὰς παρέχει δαψιλεῖς ἢ ὕλην ἢ καρπούς τινας ἑλείους ἢ πετραίους· 5.3.5

τό τε τῶν μετάλλων πλῆθος καὶ ἡ ὕλη καὶ οἱ κατακομίζοντες ποταμοὶ θαυμαστὴν παρέχουσι τὴν ὑποχοπηγίαν, πρῶτος μὲν Ἀνίων... . 5.3.7

2.The Tiber River

2.1 **Festus** 4 L

Albula Tiberis fluvius dictus est ab albo aquae colore; Tiberis autem a Tiberino Silvio, rege Albanorum, quod is in eo extinctus est.

2.2 **Virgil**, *Aeneid* 8.31–35, 62–65

Huic [=Aeneas] deus ipse loci fluvio Tiberinus amoeno
populeas inter senior se attollere frondes
visus (eum tenuis glauco velabat amictu
carbasus et crinis umbrosa tegebat harundo),
tum sic adfari et curas his demere dictis:
. . .
"Ego sum, pleno quem flumine cernis
stringentem ripas et pinguia culta secantem
caeruleus Thybris, caelo gratissimus amnis.
Hic mihi magna domus, celsis caput urbibus exit."

2.3 **Dionysius of Halicarnassus** 9.68.2

τὰ δ᾽ ὑπὸ τοῦ Τεβέριος τετειχισμένα ποταμοῦ, οὗ τὸ μὲν εὖρός ἐστι τεττάρων πλέθρων μάλιστα, βάθος δ᾽ οἷόν τε ναυσὶ πλεῖσθαι μεγάλαις, τὸ δὲ ῥεῦμα εἴπερ τι καὶ ἄλλο ὀξὺ καὶ δίνας ἐργαζόμενον μεγάλας.

2.4 **Cicero**, *Ad Atticum* 13.33a.4

Sed casu sermo a Capitone de urbe augenda, a ponte Mulvio Tiberim perduci secundum montis Vaticanos, campum Martium coaedificari, illum autem campum Vaticanum fieri quasi Martium campum.

2.5 **Suetonius**, *Augustus* 37

Quoque plures partem administrandae rei p. caperent, nova officia excogitavit: curam … alvei Tiberis… .

2.6 *ILS* 5924a = *CIL* 6.31542

Imp(erator) Caesar divi f(ilius) Augustus pontifex maximus tribunic(ia) potest(ate) XVII ex s(enatus) c(onsulto) terminavit, r(ecto) r(igore) prox(imus) cipp(us) ped(es) CCVI, r(ecto) r(igore) proximus cippus ped(es) CCV.

2.7 **Horace**, *Odes* 1.2.13–16

Vidimus flavum Tiberim retortis
litore Etrusco violenter undis
ire deiectum monumenta regis
  templaque Vestae.

2.8 **Dio Cassius** 57.14.7–8

τοῦ τε ποταμοῦ τοῦ Τιβέριδος πολλὰ τῆς πόλεως κατασχόντος ὥστε πλευσθῆναι, οἱ μὲν ἄλλοι ἐν τέρατος λόγῳ καὶ τοῦτο, ὥσπερ που τό τε μέγεθος τῶν σεισμῶν ὑφ' ὧν καὶ μέρος τι τοῦ τείχους ἔπεσε... . ἐκεῖνος δὲ δὴ νομίσας ἐκ πολυπληθίας ναμάτων αὐτὸ γεγονέναι πέντε ἀεὶ βουλευτὰς κληρωτοὺς ἐπιμελεῖσθαι τοῦ ποταμοῦ προσέταξεν, ἵνα μήτε τοῦ χειμῶνος πλεονάζῃ μήτε τοῦ θέρους ἐλλείπῃ, ἀλλ' ἴσος ὅτι μάλιστα ἀεὶ ῥέῃ.

2.9 *ILS* 207 = *CIL* 14.85

Ti(berius) Claudius Drusi f(ilius) Caesar Aug(ustus) Germanicus pontif(ex) max(imus), trib(unicia) pot(estate) VI, co(n)s(ul) design(atus) IIII, imp(erator) XII, p(ater) p(atriae), fossis ductis a Tiberi operis portu[s] caussa emissisque in mare urbem inundationis periculo liberavit.

2.10 *ILS* 2927 = *CIL* 5. 5262

C. Plinius...curator alvei Ti[b]eris et riparum e[t cloacar(um) urb(is)] ...

2.11 **Pliny the Younger**, *Epistulae* 8.17.1–4

Hic adsiduae tempestates et crebra diluvia. Tiberis alveum excessit et demissioribus ripis alte superfunditur; quamquam fossa quam providentissimus imperator fecit exhaustus, premit valles, innatat campis, quaque planum solum, pro solo cernitur. Inde quae solet flumina accipere et permixta devehere, velut obvius retro cogit, atque ita alienis aquis operit agros quos ipse non tangit. Anio, delicatissimus amnium ideoque adiacentibus villis velut invitatus retentusque, magna ex parte nemora quibus inumbratur fregit et rapuit; subruit montes, et decidentium mole pluribus locis clausus, dum amissum iter quaerit, impulit tecta ac se super ruinas eiecit atque extulit. Viderunt quos excelsioribus terris illa tempestas deprehendit, alibi divitum adparatus et gravem supellectilem, alibi instrumenta ruris, ibi boves aratra rectores, hic soluta et libera armenta, atque inter haec arborum truncos aut villarum trabes atque culmina varie lateque fluitantia.

3. The Foundation of Rome

3.1 **Livy** 1.3.11–4.9

[P]ulso fratre Amulius regnat. Addit sceleri scelus: stirpem fratris virilem interemit: fratris filiae Reae Silviae per speciem honoris, cum Vestalem eam legisset, perpetua virginitate spem partus adimit.

Sed debebatur, ut opinor, fatis tantae origo urbis maximique secundum deorum opes imperii principium. Vi compressa Vestalis, cum geminum partum edidisset, seu ita rata, seu quia deus auctor culpae honestior erat, Martem incertae stirpis patrem nuncupat. Sed nec dii nec homines aut ipsam aut stirpem a crudelitate regia vindicant: sacerdos vincta in custodiam datur: pueros in profluentem aquam mitti iubet.

Forte quadam divinitus super ripas Tiberis effusus lenibus stagnis nec adiri usquam ad iusti cursum poterat amnis et posse quamvis languida mergi aqua infantes spem ferentibus dabat. Ita, velut defuncti regis imperio, in proxima alluvie ubi nunc ficus Ruminalis est—Romularem vocatam ferunt—pueros exponunt. Vastae tum in his locis solitudines erant. Tenet fama, cum fluitantem alveum quo expositi erant pueri tenuis in sicco aqua destituisset, lupam sitientem ex montibus qui circa sunt ad puerilem vagitum cursum flexisse; eam summissas infantibus adeo mitem praebuisse mammas ut lingua lambentem pueros magister regii pecoris invenerit—Faustulo fuisse nomen ferunt. Ab eo ad stabula Larentiae uxori educandos datos. Sunt qui Larentiam vulgato corpore lupam inter pastores vocatam putent: inde locum fabulae ac miraculo datum.

Ita geniti itaque educati, cum primum adolevit aetas, nec in stabulis nec ad pecora segnes, venando peragrare saltus. Hinc robore corporibus animisque sumpto iam non feras tantum subsistere, sed in latrones praeda onustos impetus facere pastoribusque rapta dividere et cum his crescente in dies grege iuvenum seria ac iocos celebrare.

3.2 **Livy** 1.6.3–1.7.3

Ita Numitori Albana re permissa Romulum Remumque cupido cepit in iis locis ubi expositi ubique educati erant urbis condendae. Et supererat multitudo Albanorum Latinorumque; ad id pastores quoque accesserant, qui omnes facile spem facerent parvam Albam, parvum Lavinium prae ea urbe quae conderetur fore. Intervenit deinde his cogitationibus avitum malum, regni cupido, atque inde foedum certamen, coortum a satis miti principio. Quoniam gemini essent nec aetatis verecundia discrimen facere posset, ut dii, quorum tutelae ea loca essent, auguriis legerent, qui nomen novae urbi daret, qui conditam imperio regeret, Palatium Romulus, Remus Aventinum ad inaugurandum templa capiunt.

Priori Remo augurium venisse fertur, sex vultures, iamque nuntiato augurio cum duplex numerus Romulo se ostendisset, utrumque regem sua multitudo consalutaverat: tempore illi praecepto, at hi numero avium regnum trahebant. Inde cum altercatione congressi certamine irarum ad caedem vertuntur; ibi in turba ictus Remus cecidit.

Vulgatior fama est ludibrio fratris Remum novos transiluisse muros; inde ab irato Romulo, cum verbis quoque increpitans adiecisset "sic deinde, quicumque alius transiliet moenia mea," interfectum. Ita solus potitus imperio Romulus; condita urbs conditoris nomine appellata.

3.3 **Ovid**, *Fasti* 4. 809–820

Iam luerat poenas frater Numitoris, et omne
 pastorum gemino sub duce volgus erat.
Contrahere agrestes et moenia ponere utrique
 convenit: ambigitur, moenia ponat uter.
"Nil opus est" dixit "certamine" Romulus "ullo:
 magna fides avium est, experiamur aves."
Res placet. Alter adit nemorosi saxa Palati,
 alter Aventinum mane cacumen init.
Sex Remus, hic volucres bis sex videt ordine. Pacto
 statur, et arbitrium Romulus urbis habet.
Apta dies legitur, qua moenia signet aratro.
 Sacra Palis suberant: inde movetur opus.

3.4 **Propertius** 4.4.73–4

Urbi festus erat (dixere Parilia patres),
 hic primus coepit moenibus esse dies ...

II. Walls and Aqueducts

4. The Republican Walls ("Servian" Wall) (Fig. 6)

4.1 **Livy** 1.7.3

Palatium primum, in quo ipse erat educatus, [Romulus] muniit.

4.2 **Strabo** 5.3.7

οἱ μέν γε πρῶτοι τὸ Καπιτώλιον καὶ τὸ Παλάτιον καὶ τὸν Κουιρῖνον λόφον ἐτείχισαν ... . Ἄγκος τε Μάρκιος προσλαβὼν τὸ Καίλιον ὄρος καὶ τὸ Ἀβεντῖνον ὄρος καὶ τὸ μεταξὺ τούτων πεδίον ... . ἤλεγξε δὲ Σερούιος τὴν ἔκλειψιν, ἀνεπλήρωσε γὰρ προσθεὶς τόν τε Ἠσκυλῖνον λόφον καὶ τὸν Οὐιμίναλιν.

4.3 **Livy** 1.44.3

Ad eam multitudinem urbs quoque amplificanda visa est. [Servius] addit duos colles, Quirinalem Viminalemque; inde deinceps auget Esquilias, ibique ipse, ut loco dignitas fieret, habitat. Aggere et fossis et muro circumdat urbem; ita pomerium profert.

4.4 **Dionysius of Halicarnassus** 4.13.2–5

τῇ τε πόλει προσέθηκε δύο λόφους, τόν τε Οὐιμινάλιον καλούμενον καὶ τὸ Ἰσκυλῖνον ... . οὗτος ὁ βασιλεὺς τελευταῖος ηὔξησε τὸν περίβολον τῆς πόλεως τοὺς δύο τοῖς πέντε προσθεὶς λόφοις ... . ἔστιν ἅπαντα τὰ περὶ τὴν πόλιν οἰκούμενα χωρία, πολλὰ ὄντα καὶ μεγάλα, γυμνὰ καὶ ἀτείχιστα καὶ ῥᾷστα πολεμίοις ἐλθοῦσιν ὑποχείρια γενέσθαι· καὶ εἰ μὲν εἰς ταῦτά τις ὁρῶν τὸ μέγεθος ἐξετάζειν βουλήσεται τῆς Ῥώμης, πλανᾶσθαί

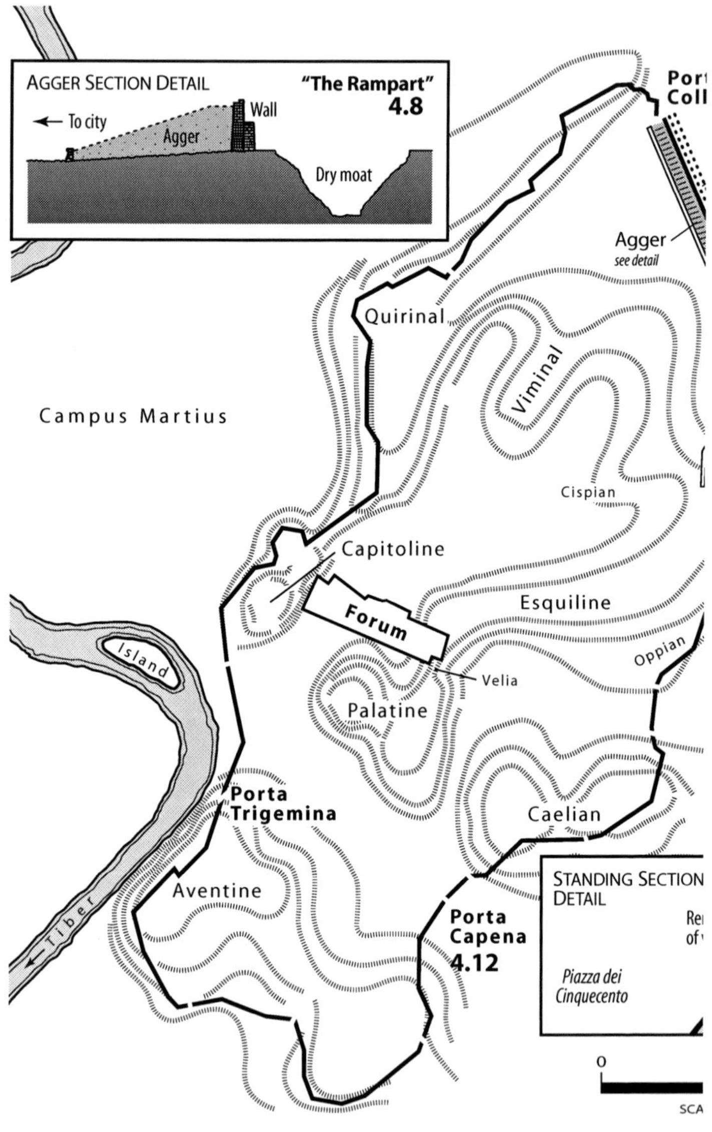

Fig. 6 Republican ("Servian") Walls

τ' ἀναγκασθήσεται καὶ οὐχ ἕξει βέβαιον σημεῖον οὐδέν, ᾧ διαγνώσεται μέχρι ποῦ προβαίνουσα ἔτι πόλις ἐστὶ καὶ πόθεν ἄρχεται μηκέτι εἶναι πόλις, οὕτω συνύφανται τὸ ἄστυ τῇ χώρᾳ καὶ εἰς ἄπειρον ἐκμηκυνομένης πόλεως ὑπόληψιν τοῖς θεωμένοις παρέχεται. εἰ δὲ τῷ τείχει, δυσευρέτῳ μὲν ὄντι διὰ τὰς περιλαμβανούσας αὐτὸ πολλαχόθεν οἰκήσεις, ἴχνη δέ τινα φυλάττοντι κατὰ πολλοὺς τόπους τῆς ἀρχαίας κατασκευῆς, βουλεθείη μετρεῖν αὐτὴν κατὰ τὸν κύκλον τὸν περιέχοντα Ἀθηναίων τὸ ἄστυ, οὐ πολλῷ τινι μείζων ὁ τῆς Ῥώμης ἂν αὐτῷ φανείη κύκλος.

4.5 **Dionysius of Halicarnassus** 9.68.3–4

ἓν δὲ χωρίον, ὃ τῆς πόλεως ἐπιμαχώτατόν ἐστιν, ἀπὸ τῶν Ἰσκυλίνων καλουμένων πυλῶν μέχρι τῶν Κολλίνων, χειροποιήτως ἐστὶν ὀχυρόν. τάφρος τε γὰρ ὀρώρυκται πρὸ αὐτοῦ πλάτος ᾗ βραχυτάτη μείζων ἑκατὸν ποδῶν, καὶ βάθος ἐστὶν αὐτῆς τριακοντάπουν· τεῖχος δ' ὑπερανέστηκε τῆς τάφρου χώματι προσεχόμενον ἔνδοθεν ὑψηλῷ καὶ πλατεῖ, οἷον μήτε κριοῖς κατασεισθῆναι μήτε ὑπορυττομένων τῶν θεμελίων ἀνατραπῆναι. τοῦτο τὸ χωρίον ἑπτὰ μέν ἐστι μάλιστα ἐπὶ μῆκος σταδίων, πεντήκοντα δὲ ποδῶν ἐπὶ πλάτος·

4.6 **Livy** 6.32.1

[N]ovum fenus contraheretur in murum a censoribus locatum saxo quadrato faciundum.

4.7 **Livy** 26.10.2–5; 26.11.5–7

Placuit consules circa portas Collinam Esquilinamque ponere castra; C. Calpurnium praetorem urbanum Capitolio atque Arci praeesse, et senatum frequentem in Foro contineri, si quid in tam subitis rebus consulto opus esset. Inter haec Hannibal ad Anienem fluvium tria milia passuum ab urbe castra admovit. Ibi stativis positis ipse cum duobus milibus equitum ad portam Collinam usque ad Herculis templum est progressus atque, unde proxime poterat, moenia situmque urbis obequitans contemplabatur. Id eum tam licenter atque otiose facere Flacco indignum visum est; itaque immisit equites summoverique atque in castra redigi hostium equitatum iussit. …

Minuere etiam spem [Hannibalis] … parva … ; per eos dies eum forte agrum in quo ipse castra haberet venisse nihil ob id deminuto pretio cognitum ex quodam captivo est.

4.8 **Horace**, *Satires* 1.8.14–16

Nunc licet Esquiliis habitare salubribus atque
aggere in aprico spatiari, qua modo tristes
albis informem spectabant ossibus agrum.

4.9 **Juvenal** 5.153
Tu scabie frueris mali, quod in aggere rodit
qui tegitur parma et galea … .

4.10 **Juvenal** 6.588
Plebeium in Circo positum est et in aggere fatum.

4.11 **Juvenal** 8.43
… ut te conciperet quae sanguine fulget Iuli,
non quae ventoso conducta sub aggere texit.

4.12 **Juvenal** 3.10–11
Sed dum tota domus raeda componitur una,
substitit ad veteres arcus madidamque Capenam.

4.13 **Martial** 3.47.1
Capena grandi Porta qua pluit gutta … .

5. The Aurelian Walls (Fig. 7)

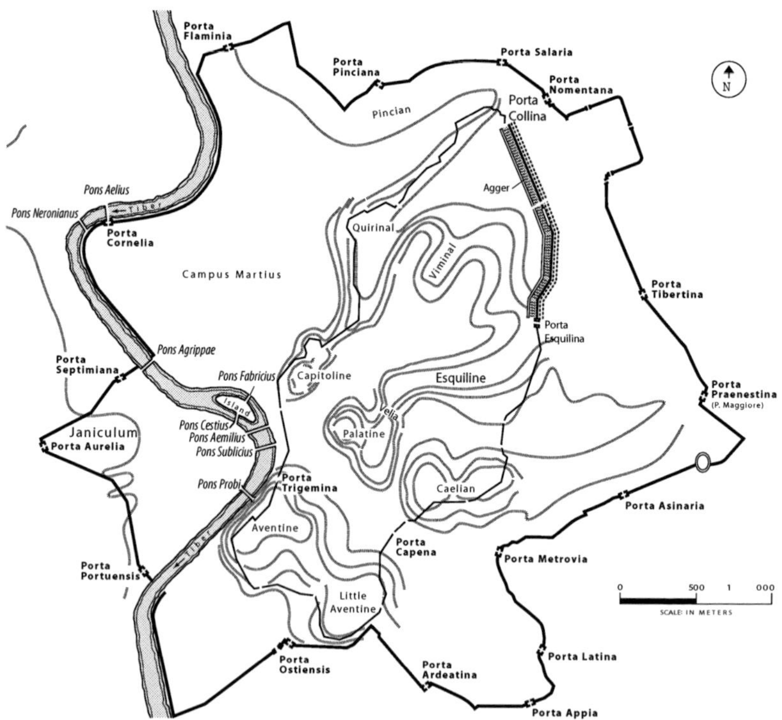

Fig. 7 Aurelian Walls

5.1 **Historia Augusta** *Aurelian* 21.9

His actis cum videret posse fieri ut aliquid tale iterum, quale sub Gallieno evenerat, proveniret, adhibito consilio senatus muros urbis Romae dilatavit. Nec tamen pomerio addidit eo tempore sed postea.

5.2 **Historia Augusta** *Aurelian* 39.2

[Aurelianus] muros urbis Romae sic ampliavit ut quinquaginta prope milia murorum eius ambitus teneant.

5.3 *ILS* 797 = *CIL* 6.1189

S(enatus) P(opulus)q(ue) R(omanus) / Imp(eratoribus) Caes(aribus) D(ominis) n(ostris duobus) invictissimis principib(us) Arcadio et Honorio victorib(us) ac triumfatorib(us) semper Aug(ustis) / ob instauratos urbi aeternae muros, portas, ac turres, egestis inmensis ruderib(us), ex suggestione v(iri) c(larisissimi) et inlustris / com(itis) et mag(istri) utriusq(ue) militiae Stilichonis, ad perpetuitatem nominis eorum simulacra constituit, / curante Fl(avio) Macrobio Longiniano v(iro) c(larissimo), praef(ecto) urb(is), d(evoto) n(uminibus) m(aiestatibus)q(ue) eorum.

5.4 **Claudian**, *De consulatu Honorii* 6.531–36

... Addebant pulchrum nova moenia vultum
audito perfecta recens rumore Getarum,
profecitque opifex decori timor, et vice mira,
quam pax intulerat, bello discussa senectus
erexit subitas turres cunctosque coegit
septem continuo colles iuvenescere muro.

6. The Pomerium

6.1 **Varro**, *Lingua Latina* 5.143

Oppida condebant in Latio Etrusco ritu multi, id est iunctis bobus, tauro et vacca interiore aratro circumagebant sulcum (hoc faciebant religionis causa die auspicato), ut fossa et muro essent muniti. Terram unde exculpserant, fossam vocabant et introrsum iactam murum. Post ea qui fiebat orbis, urbis principium; qui quod erat post murum, "postmoerium" dictum, eo usque auspicia urbana finiuntur.

6.2 **Livy** 1.44.4

Pomerium, verbi vim solam intuentes, postmoerium interpretantur esse; est autem magis circamoerium, locus quem in condendis urbibus quondam Etrusci, qua murum ducturi erant, certis circa terminis inaugurato consecrabant, ut neque interiore parte aedificia moenibus continuarentur, quae nunc volgo etiam coniungunt, et extrinsecus puri aliquid ab humano cultu pateret soli.

6.3 **Tacitus,** *Annals* 12.23–4

Et pomerium urbis auxit Caesar [Claudius], more prisco, quo iis qui protulere imperium etiam terminos urbis propagare datur. Nec tamen duces Romani, quamquam magnis nationibus subactis, usurpaverant nisi L. Sulla et divus Augustus.

Regum in eo ambitio vel gloria varie vulgata: sed initium condendi, et quod pomerium Romulus posuerit, noscere haud absurdum reor. Igitur a Foro Boario, ubi aereum tauri simalcrum aspicimus, quia id genus animalium aratro subditur, sulcus designandi oppidi coeptus ut magnam Herculis aram amplecteretur; inde certis spatiis interiecti lapides per ima montis Palatini ad aram Consi, mox Curias Veteres, tum ad sacellum Larum, inde forum Romanum; forumque et Capitolium non a Romulo, sed a Tito Tatio additum urbi credidere. Mox pro fortuna pomerium auctum. Et quos tum Claudius terminos posuerit, facile cognitu et publicis actis perscriptum.

6.4 *ILS* 213 = *CIL* 6.1231

Ti(berius) Claudius / Drusi f(ilius), Caisar / Aug(ustus) Germanicus, / pont(ifex) max(imus), trib(unicia) pot(estate) / VIIII, imp(erator) XVI, co(n)s(ul) IIII, / censor, p(ater) p(atriae), / auctis populi Romani / finibus, pomerium / ampliawit terminawitq(ue). *[Note: the letter here rendered as a "w" in "ampliawit" stands for a digamma in the Latin original, which Claudius introduced as part of his failed reform of the Latin alphabet.]*

6.5 *ILS* 8208 = *CIL* 6.31614

L(ucius) Sentius C(ai) f(ilius), pr(aetor) / de sen(atus) sent(entia) loca / terminanda coer(avit). / b(onum f(actum). Nei quis intra / terminos propius / urbem ustrinam / fecisse velit, nive / stercus cadaver / iniecisse velit.

6.6 **Aulus Gellius** 15.27.5

Centuriata…comitia intra pomerium fieri nefas esse, quia exercitum extra urbem imperari oporteat, intra urbem imperari ius non sit. Propterea centuriata in campo Martio haberi… solitum…

6.7 **Aulus Gellius** 13.14.1–3

Quid sit "pomerium:" Pomerium quid esset augures populi Romani qui libros *De Auspiciis* scripserunt istiusmodi sententia definierunt: "pomerium est locus intra agrum effatum per totius urbis circuitum pone muros regionibus certeis determinatus, qui facit finem urbani auspicii." Antiquissimum autem pomerium, quod a Romulo institutum est, Palatini montis radicibus terminabatur. Sed id pomerium pro incrementis reipublicae aliquotiens prolatum est et multos editosque collis circumplexum est. Habebat autem ius proferendi pomerii qui populum Romanum agro de hostibus capto auxerat.

Propterea quaesitum est, ac nunc etiam in quaestione est, quam ob causam ex septem urbis montibus, cum ceteri sex intra pomerium sint, Aventinus solum, quae pars non longinqua nec infrequens est, extra pomerium sit, neque id Servius Tullius rex neque Sulla, qui proferendi pomerii titulum quaesivit, neque postea divus Iulius, cum pomerium proferret, intra effatos urbi fines incluserint. ... Sed de Aventino monte praetermittendum non putavi quod non pridem ego in Elydis, grammatici veteris, *Commentario* offendi, in quo scriptum erat Aventinum antea, sicuti diximus, extra pomerium exclusum, post auctore divo Claudio receptum et intra pomerii fines observatum.

7. Rome's Aqueducts

7.1 Pliny the Elder, *Naturalis Historia* 36.123

Quod si quis diligentius aestumaverit abundantiam aquarum in publico, balineis, piscinis, euripis, domibus, hortis, suburbanis villis, spatia aquae venientis, exstructos arcus, montes perfossos, convalles aequatas, fatebitur nil magis mirandum fuisse in toto orbe terrarum.

7.2 Frontinus, *Aqueducts* 16

Tot aquarum tam multis necessariis molibus pyramidas videlicet otiosas compares aut cetera inertia sed fama celebrata opera Graecorum!

7.3 Frontinus, *Aqueducts* 87, 88

[O]mni parte urbis lacus tam novi quam veteres plerique binos salientes diversarum aquarum acceperunt, ut si casus alterutram inpedisset, altera sufficiente non destitueretur usus.

Sentit hanc curam imperatoris piissimi Nervae principis sui regina et domina orbis in dies, quae terrarum dea consistit, cui par nihil et nihil secundum, et magis sentiet salubritas eiusdem aeternae urbis aucto castellorum, operum, munerum et lacuum numero. Nec minus ad privatos commodum ex incremento beneficiorum eius diffunditur; illi quoque qui timidi inlicitam aquam ducebant, securi nunc ex beneficiis fruuntur. Ne pereuntes quidem aquae otiosae sunt: ablatae causae gravioris caeli, munda viarum facies, purior spiritus, quique apud veteres se[mper] urbi infamis aer fuit est remotus. [*Teubner text*]

7.4 **Strabo** 5.3.8

τῶν γὰρ Ἑλλήνων περὶ τὰς κτίσεις εὐστοχῆσαι μάλιστα δοξάντων, ὅτι κάλλους ἐστοχάζοντο καὶ ἐρυμνότητος καὶ λιμένων καὶ χώρας εὐφυοῦς, οὗτοι προὐνόησαν μάλιστα ὧν ὠλιγώρησαν ἐκεῖνοι, στρώσεως ὁδῶν καὶ ὑδάτων εἰσαγωγῆς καὶ ὑπονόμων τῶν δυναμένων ἐκκλύζειν τὰ λύματα τῆς πόλεως εἰς τὸν Τίβεριν· ἔστρωσαν δὲ καὶ τὰς κατὰ τὴν χώραν ὁδούς, προσθέντες ἐκκοπάς τε λόφων καὶ ἐγχώσεις κοιλάδων, ὥστε τὰς ἁρμαμάξας δέχεσθαι πορθμείων φορτία· οἱ δ᾽ ὑπόνομοι συννόμῳ λίθῳ κατακαμφθέντες ὁδοὺς ἁμάξαις χόρτου πορευτὰς ἐνίας ἀπολελοίπασι. τοσοῦτον δ᾽ ἐστὶ τὸ εἰσαγώγιμον ὕδωρ διὰ τῶν ὑδραγωγείων ὥστε ποταμοὺς διὰ τῆς πόλεως καὶ τῶν ὑπονόμων ῥεῖν, ἅπασαν δὲ οἰκίαν σχεδὸν δεξαμενὰς καὶ σίφωνας καὶ κρουνοὺς ἔχειν ἀφθόνους... .

7.5 **Ovid**, *Metamorphoses* 4.119–124

Quoque erat [Pyramus] accinctus, demisit in ilia ferrum,
nec mora, ferventi moriens e vulnere traxit
et iacuit resupinus humo: cruor emicat alte,
non aliter, quam cum vitiato fistula plumbo
scinditur et tenui stridente foramine longas
eiaculatur aquas atque ictibus aëra rumpit.

7.6 **Vitruvius** 8.6.10–11

Habent autem tubulorum ductiones ea commoda. Primum in opere quod si quod vitium factum fuerit, quilibet id potest reficere. Etiamque multo salubrior est ex tubulis aqua quam per fistulas, quod per plumbum videtur esse ideo vitiosum, quod ex eo cerussa nascitur; haec autem dicitur esse nocens corporibus humanis. ...

Exemplar autem ab artificibus plumbariis possumus accipere, quod palloribus occupatos habent corporis colores. Namque cum fundendo plumbum flatur, vapor...eripit ex membris eorum sanguinis virtutes. Itaque minime fistulis plumbeis aqua duci videtur, si volumus eam habere salubrem.

8. Rome's Individual Aqueducts, and Frontinus

8.1 **Frontinus**, *Aqueducts* 4

Ab urbe condita per annos quadringentos quadraginta unum contenti fuerunt Romani usu aquarum quas aut ex Tiberi aut ex puteis aut ex fontibus hauriebant. Fontium memoria cum sanctitate adhuc exstat et colitur: salubritatem enim aegris corporibus afferre creduntur, sicut Camenarum ... et Iuturnae. Nunc autem in urbem influunt Aqua Appia, Anio Vetus, Marcia, Tepula, Iulia, Virgo, Alsietina quae eadem vocatur Augusta, Claudia, Anio Novus.

Aqua Appia

8.2 **Frontinus**, *Aqueducts* 5

M. Valerio Maximo P. Decio Mure consulibus, anno post initium Samnitici belli tricesimo, Aqua Appia in urbem inducta est ab Appio Claudio Crasso censore, cui postea Caeco fuit cognomen, qui et Viam Appiam a Porta Capena usque ad urbem Capuam muniendam curavit. ...Concipitur Appia in agro Lucullano Via Praenestina... . Ductus eius habet longitudinem a capite usque ad Salinas, qui locus est ad Portam Trigeminam, passuum undecim milium centum nonaginta; ex eo rivus est subterraneus passuum undecim milium centum triginta, supra terram substructio et arcuatura proximum Portam Capenam passuum sexaginta.

Anio Vetus

8.3 **Frontinus**, *Aqueducts* 6

Post annos quadraginta quam Appia perducta est,...M'. Curius Dentatus...Anionis qui nunc Vetus dicitur aquam perducendam in urbem ex manubiis de Pyrro captis locavit... . Concipitur Anio Vetus supra Tibur vicesimo miliario extra Portam [*here MSS. are confused*], ubi partem dat in Tiburtium usum. Ductus eius habet longitudinem, ita exigente libramento, passuum quadraginta trium milium: ex eo rivus est subterraneus passuum quadraginta duum milium septingentorum septuaginta novem, substructio supra terram passuum ducentorum viginti unius.

Aqua Marcia

8.4 **Frontinus**, *Aqueducts* 7

Post annos centum viginti septem...cum Appiae Anionisque ductus vetustate quassati privatorum etiam fraudibus interciperentur, datum est a senatu negotium Marcio, qui tum praetor inter cives ius dicebat, eorum ductuum reficiendorum ac vindicandorum. Et quoniam incrementum urbis exigere videbatur ampliorem modum aquae, eidem mandatum a senatu est, ut curaret, quatenus alias aquas posset in urbem perducere. Priores ductus restituit et tertiam illis uberiorem duxit, cui ab auctore Marciae nomen est. Legimus apud Fenestellam, in haec opera Marcio decretum sestertium milies octingenties... . Eo tempore decemviri, dum aliis ex causis libros Sibyllinos inspiciunt, invenisse dicuntur, non esse fas aquam Marciam seu potius Anionem—de hoc enim constantius traditur—in Capitolium perduci...sed utroque tempore vicisse gratiam Marci Regis; atque ita in Capitolium esse aquam perductam. Concipitur Marcia Via Valeria ad miliarium tricesimum sextum deverticulo euntibus ab urbe Roma dextrorsus milium passuum trium. ... Ductus eius habet longitudinem a capite ad urbem passuum sexaginta milium et mille septingentorum decem et semis; rivo subterraneo passuum quinquaginta quattuor milium ducentorum quadraginta septem semis, opere supra terram passuum septem milium quadringentorum sexaginta trium: ex eo longius ab urbe pluribus locis per vallis opere arcuato passuum quadringentorum sexaginta trium, propius urbem a septimo miliario substructione passuum quingentorum viginti octo, reliquo opere arcuato passuum sex milium quadringentorum septuaginta duum.

8.5 **Augustus**, *Res Gestae* 20

Rivos aquarum compluribus locis vetustate labentes refeci, et aquam quae Marcia appellatur duplicavi fonte novo in rivum eius inmisso.

8.6 *ILS* 98 = *CIL* 6.1244

IMP(erator) CAESAR DIVI IULI F(ilius) AUGUSTUS / PONTIFEX MAXIMUS CO(n)S(ul) XII / TRIBUNIC(ia) POTESTAT(e) XIX IMP(erator) XIIII / RIVOS AQUARUM OMNIUM REFECIT.

8.7 *ILS* 98 = *CIL* 6.1246

IMP(erator) TITUS CAESAR DIVI F(ilius) VESPASIANUS AUG(ustus) PONTIF(ex) MAX(imus) / TRIBUNICIAE POTESTAT(e) IX IMP(erator) XV CENS(or) CO(n)S(ul) VII DESIG(natus) IIX P(ater) P(atriae) / RIVOM AQUAE MARCIAE VETUSTATE DILAPSUM REFECIT / ET AQUAM QUAE IN USU ESSE DESIERAT REDUXIT.

8.8 *ILS* 98 = *CIL* 6.1245

IMP(erator) CAES(ar) M(arcus) AURELLIUS ANTONINUS PIUS FELIX AUG(ustus) PARTH(icus) MAX(imus) / BRIT(annicus) MAXIMUS PONTIFEX MAXIMUS / AQUAM MARCIAM VARIIS KASIBUS IMPEDITAM, PURGATO FONTE, EXCISIS ET PERFORATIS / MONTIBUS, RESTITUTA FORMA, ADQUISITO ETIAM FONTE NOVO ANTONINIANO, / IN SACRAM URBEM SUAM PERDUCENDAM CURAVIT.

Aqua Tepula and Julia

8.9 **Frontinus**, *Aqueducts* 8, 9

Cn. Servilius Caepio et L. Cassius Longinus ... censores ... aquam quae vocatur Tepula ex agro Lucullano ... Romam et in Capitolium adducendam curaverunt. Tepula concipitur Via Latina ad decimum miliarium deverticulo euntibus ab Roma dextrorsus milium passuum duum.

... Agrippa aedilis ... ad miliarium ab urbe duodecimum Via Latina deverticulo euntibus ab Roma dextrorsus milium passuum duum alterius aquae proprias vires collegit et Tepulae rivum intercepit. Adquisitae aquae ab inventore nomen Iuliae datum est, ita tamen divisa erogatione, ut maneret Tepulae appellatio.

... Eodem anno Agrippa ductus Appiae, Anionis, Marciae paene dilapsos restituit et singulari cura compluribus salientibus instruxit urbem.

Aqua Virgo

8.10 Frontinus, *Aqueducts* 10, 22

Idem...post annum tertium decimum quam Iuliam deduxerat, Virginem quoque in agro Lucullano collectam Romam perduxit. ... Virgo appellata est, quod quaerentibus aquam militibus puella virguncula venas quasdam monstravit, quas secuti qui foderant, ingentem aquae modum vocaverunt. Aedicula fonti apposita hanc originem pictura ostendit. Concipitur Virgo Via Collatina ad miliarium octavum palustribus locis, signino circumiecto continendarum scaturiginum causa. Adiuvatur et compluribus aliis adquisitionibus. Venit per longitudinem passuum decem quattuor milium centum quinque: ex eo rivo subterraneo passuum decem duum milium octingentorum sexaginta quinque, supra terram per passus mille ducentos quadraginta: ex eo substructione rivorum locis compluribus passuum quingentorum quadraginta, opere arcuato passuum septingentorum. ...(10)

...Arcus Virginis initium habent sub hortis Lucullanis, finiuntur in Campo Martio secundum frontem Saeptorum. (22)

8.11 Pliny the Elder, *Naturalis Historia* 36.121

Agrippa vero in aedilitate, adiecta Virgine aqua ceterisque conrivatis atque emendatis, lacus DCC fecit, praeterea salientes D, castella CXXX, complura et cultu magnifica, operibus iis signa CCC aerea aut marmorea inposuit, columnas e marmore CCCC, eaque omnia annuo spatio.

8.12 *ILS* 205 = *CIL* 6.1252

TI(berius) CLAUDIUS DRUSI F(ilius) CAESAR AUGUSTUS GERMANICUS / PONTIFEX MAXIM(us), TRIB(unicia) POTEST(e) V, IMP(erator) XI, P(ater) P(atriae), CO(n)S(ul) DESIG(natus) IIII, / ARCUS DUCTUS AQUAE VIRGINIS DISTURBATOS PER C(aium) CAESAREM / A FUNDAMENTIS NOVOS FECIT AC RESTITUIT.

Aqua Alsietina

8.13 Frontinus, *Aqueducts* 11

Quae ratio moverit Augustum, providentissimum principem, perducendi Alsietinam aquam, quae vocatur Augusta, non satis perspicio, nullius gratiae, immo etiam parum salubrem ideoque nusquam in usus populi fluentem; nisi forte cum opus Naumachiae adgrederetur, ne quid salubrioribus aquis detraheret, hanc proprio opere perduxit et quod Naumachiae coeperat superesse, hortis adiacentibus et privatorum usibus ad inrigandum concessit. Solet tamen ex ea in Transtiberina regione, quotiens pontes reficiuntur et a citeriore ripa aquae cessant, ex necessitate in subsidium publicorum salientium dari. Concipitur ex lacu Alsietino Via Claudia miliario quarto decimo deverticulo dextrorsus passuum sex milium quingentorum. Ductus eius efficit longitudinem passuum viginti duum milium centum septuaginta duorum, opere arcuato passuum trecentorum quinquaginta octo.

Aqua Claudia and Anio Novus

8.14 Frontinus, *Aqueducts* 13–15

… C. Caesar, qui Tiberio successit, cum parum et publicis usibus et privatis voluptatibus septem ductus aquarum sufficere viderentur, altero imperii sui anno, … duos ductus incohavit. Quod opus Claudius magnificentissime consummavit dedicavitque Sulla et Titiano consulibus … . Alteri nomen, quae ex fontibus Caerul[e]o et Curtio perducebatur, Claudiae datum. Haec bonitatis proximae est Marciae. Altera, quoniam duae Anionis in urbem aquae fluere coeperant, ut facilius appellationibus dinoscerentur, Anio Novus vocitari coepit; altitudine alias omnes praecedit; priori Anioni cognomen Veteris adiectum.

Claudia concipitur Via Sublacensi ad miliarium tricesimum octavum deverticulo sinistrosus intra passus trecentos ex fontibus duobus amplissimis et speciosis, Caeruleo, qui a similitudine appellatus est, et Curtio. Accipit et eum fontem qui vocatur Albudinus, tantae bonitatis, ut Marciae quoque adiutorio quotiens opus est ita sufficiat, ut adiectione sui nihil ex qualitate eius mutet. … Claudiae ductus habet longitudinem passuum quadraginta sex milium quadringentorum sex: ex eo rivo subterraneo passuum triginta sex milium ducentorum triginta, opere supra terram passuum decem milium centum septuaginta sex: ex eo opere arcuato in superiori parte pluribus locis passuum trium milium septuaginta sex, et prope urbem a septimo miliario substructione rivorum per passus sexcentos novem, opere arcuato passuum sex milium quadringentorum nonaginta et unius.

Anio Novus Via Sublacensi ad miliarium quadragesimum secundum in Simbruino excipitur ex flumine, quod cum terras cultas circa se habeat soli pinguis et inde ripas solutiores, etiam sine plurviarum iniuria limosum et turbulentum fluit. Ideoque a faucibus ductus interposita est piscina limaria, ubi inter amnem et specum consisteret et liquaretur aqua. Sic quoque quotiens imbres superveniunt, turbida pervenit in urbem. …

Ductus Anionis Novi efficit passuum quinquaginta octo milia septingentos: ex eo rivo subterraneo passuum quadraginta novem milia trecentos, opere supra terram passuum novem milia quadringentos: ex eo substructionibus aut opere arcuato superiore parte pluribus locis passuum duo milia trecentos, et propius urbem a septimo miliario substructione rivorum passus sexcentos novem, opere arcuato passuum sex milia quadringentos nonaginta unum. Hi sunt arcus altissimi, sublevati in quibusdam locis pedes centum novem.

8.15 **Suetonius**, *Claudius* 20.1

Opera magna potius et necessaria quam multa [Claudius] perfecit, sed vel praecipua: ductum aquarum a Gaio incohatum, item emissarium Fucini lacus portumque Ostiensem … . Claudiae aquae gelidos et uberes fontes, quorum alteri Caeruleo, alteri Curtio et Albudigno nomen est, simulque rivum Anienis Novi lapideo opere in urbem perduxit divisitque in plurimos et ornatissimos lacus.

Inscriptions on Porta Maggiore (*ILS* 218)

8.16 *ILS* 218 = *CIL* 6.1256

TI(berius) CLAUDIUS DRUSI F(ilius) CAISAR AUGUSTUS GERMANICUS PONTIF(ex) MAXIM(imus), / TRIBUNICIA POTESTATE XII, CO(n)S(ul) V, IMPERATOR XXVII, PATER PATRIAE, / AQUAS CLAUDIAM EX FONTIBUS, QUI VOCABANTUR CAERULEUS ET CURTIUS A MILLIARIO XXXXV, / ITEM ANIENEM NOVAM A MILLIARIO LXII SUA IMPENSA IN URBEM PERDUCENDAS CURAVIT.

8.17 *ILS* 218 = *CIL* 6.1257

IMP(erator) CAESAR VESPASIANUS AUGUST(us) PONTIF(ex) MAX(imus), TRIB(unicia) POT(estate) II, IMP(erator) VI, CO(n)S(ul) III DESIG(natus) IIII, P(ater) P(atriae), / AQUAS CURTIAM ET CAERULEAM PERDUCTAS A DIVO CLAUDIO ET POSTEA INTERMISSAS DILAPSASQUE / PER ANNOS NOVEM SUA IMPENSA URBI RESTITUIT.

8.18 *ILS* 218 = *CIL* 1258

IMP(erator) T(itus) CAESAR DIVI F(ilius) VESPASIANUS AUGUSTUS PONTIFEX MAXIMUS, TRIBUNIC(ia) / POTESTATE X, IMPERATOR XVII, PATER PATRIAE, CENSOR, CO(n)S(ul) VIII / AQUAS CURTIAM ET CAERULEAM PERDUCTAS A DIVO CLAUDIO ET POSTEA / A DIVO VESPASIANO PATRE SUO URBI RESTITUTAS, CUM A CAPITE AQUARUM A SOLO VETUSTATE DILAPSAE ESSENT, NOVA FORMA REDUCENDAS SUA IMPENSA CURAVIT.

Elevations of the Aqueducts

8.19 **Frontinus**, *Aqueducts* 18–20

Omnes aquae diversa in urbem libra perveniunt. Inde fluunt quaedam altioribus locis et quaedam erigi in eminentiora non possunt; nam et colles sensim propter frequentiam incendiorum excreverunt rudere. Quinque sunt quarum altitudo in omnem partem urbis adtollitur, sed ex his aliae maiore, aliae leviore pressura coguntur. Altissimus est Anio Novus, proxima Claudia, tertium locum tenet Iulia, quartum Tepula, dehinc Marcia, quae capite etiam Claudiae libram aequat. Sed veteres humiliore directura perduxerunt, sive nondum ad subtile explorata arte librandi, seu quia ex industria infra terram aquas mergebant, ne facile ab hostibus interciperentur, cum frequentia adhuc contra Italicos bella gererentur. Iam tamen quibusdam locis, sicubi ductus vetustate dilapsus est, omisso circuito subterraneo vallium brevitatis causa substructionibus arcuationibusque traiciuntur. Sextum tenet librae locum Anio Vetus, similiter suffecturus etiam altioribus locis urbis, si, ubi vallium summissarumque regionum condicio exigit, substructionibus arcuationibusve erigereretur. Sequitur huius libram Virgo, deinde Appia; quae cum ex urbano agro perducerentur, non in tantum altitudinis erigi potuerunt. Omnibus humilior Alsietina est, quae Transtiberinae regioni et maxime iacentibus locis servit. (18)

Ex his sex Via Latina intra septimum miliarium contectis piscinis excipiuntur, ubi quasi respirante rivorum cursu limum deponunt. Modus quoque earum mensuris ibidem positis initur. ...Iulia, Marcia, Tepula...hae tres a piscinis in eosdem arcus recipiuntur. Summus ex his est Iuliae, inferior Tepulae, dein Marcia. ... (19)

Anio Novus et Claudia a piscinis in altiores arcus recipiuntur ita ut superior sit Anio. Finiuntur arcus earum post hortos Pallantianos et inde in usum urbis fistulis diducuntur. Partem tamen sui Claudia prius in arcus qui vocantur Neroniani ad Spem Veterem transfert. Hi directi per Caelium montem iuxta templum Divi Claudii terminantur. Modum quem acceperunt aut circa ipsum montem aut in Palatium Aventinumque et regionem Transtiberinam dimittunt.

Aqueduct Maintenance and Regulations

8.20 Frontinus, *Aqueducts* 116

[P]auca de familia quae huius rei causa parata est explicanda sunt. Propriae aquarum familiae sunt duae, altera publica, altera Caesaris. Publica est antiquior, quam ab Agrippa relictam Augusto et ab eo publicatam diximus; habet homines circiter ducentos quadraginta. Caesaris familiae numerus est quadringentorum sexaginta, quam Claudius cum aquas in urbem perduceret constituit.

8.21 Frontinus, *Aqueducts* 75

[P]lerique possessorum, e quorum agris aqua circumducitur,

formas rivorum perforant, unde fit ut ductus publici hominibus privatis vel ad hortorum usus itinera suspendant.

8.22 Frontinus, *Aqueducts* 115

Etiam ille aquariorum tollendus est reditus, quem vocant puncta. Longa ac diversa sunt spatia, per quae fistulae tota meant urbe latentes sub silice. Has comperi per eum qui appellabatur a punctis passim convulneratas omnibus in transitu negotiationibus praebuisse peculiaribus fistulis aquam, quo efficiebatur ut exiguus modus ad usus publicos perveniret. Quantum ex hoc modo aquae servatum sit, aestimo ex eo quod aliquantum plumbi sublatis eiusmodi ramis redactum est.

8.23 Frontinus, *Aqueducts* 126–7

Plerumque autem vitia oriuntur ex impotentia possessorum, qui pluribus modis rivos violant. Primum enim spatia, quae circa ductus aquarum ex S. C. vacare debent, aut aedificiis aut arboribus occupant. Arbores magis nocent, quarum radicibus et concamerationes et latera solvuntur. Dein vicinales vias agrestesque per ipsas formas derigunt. Novissime aditus ad tutelam praecludunt. Quae omnia S. C. quod subieci provisa sunt: " ... placere circa fontes et fornices et muros utraque ex parte vacuos quinos denos pedes patere, et circa rivos qui sub terra essent et specus intra urbem et urbi continentia aedificia utraque ex parte quinos pedes vacuos relinqui ita ut neque monumentum in eis locis neque aedificium post hoc tempus ponere neque conserere arbores liceret ... . Si quis adversus ea commiserit, in singulas res poena HS dena milia essent, ex quibus pars dimidia praemium accusatori daretur, ... pars autem dimidia in aerarium redigeretur."

Aqueducts and Goths

8.24 Procopius, *Wars* 5.19.13,18

Γότθοι μὲν οὖν οὕτω ταξάμενοι διεῖλον τοὺς ὀχετοὺς ἅπαντας, ὅπως δὴ ὕδωρ ὡς ἥκιστα ἐς τὴν πόλιν ἐνθένδε εἰσίοι. Ῥώμης δὲ ὀχετοὶ τεσσαρεσκαίδεκα μὲν τὸ πλῆθός εἰσιν, ἐκ πλίνθου δὲ ὠπτημένης τοῖς πάλαι ἀνθρώποις πεποίηνται, ἐς τοσοῦτον εὔρους καὶ βάθους διήκοντες ὥστε ἀνθρώπῳ ἵππῳ ὀχουμένῳ ἐνταῦθα ἱππεύειν δυνατὰ εἶναι. Βελισάριος δὲ τὰ ἐς τὴν φυλακὴν τῆς πόλεως διεκόσμει ὧδε.

τῶν τε ὀχετῶν ἕκαστον ὡς ἀσφαλέστατα οἰκοδομίᾳ ἐπὶ πλεῖστον κατέλαβε, μή τις ἔξωθεν κακουργήσων ἐνταῦθα ἴοι.

8.25 Procopius, *Wars* 6.9.1–11

Γότθοι τε οὐ πολλῷ ὕστερον ἐς Ῥώμης τὸν περίβολον κακουργεῖν ἤθελον. καὶ πρῶτα μέν τινας ἐς τῶν ὀχετῶν ἕνα νύκτωρ καθῆκαν, ὧν αὐτοὶ τὸ ὕδωρ κατ' ἀρχὰς τοῦδε τοῦ πολέμου ἀφῄρηντο. οἱ δὲ λύχνα τε καὶ δᾷδας ἐν χερσὶν ἔχοντες ἀπεπειρῶντο τῆς ἐς τὴν πόλιν ἐνθένδε εἰσόδου. ἔτυχε δέ τινα διώρυχα οὐ μακρὰν Πιγκιανῆς πυλίδος τοῦ ὀχετοῦ τούτου κύρτωμα ἔχον, ὅθεν δὴ τῶν τις φυλάκων τὸ πῦρ κατιδὼν τοῖς ξυμφυλάσσουσιν ἔφρασεν· οἱ δὲ λύκον αὐτοῦ παριόντα ἰδεῖν ἔφασαν. ταύτῃ γὰρ τὴν γῆν οὐχ ὑπερέχειν τὴν τοῦ ὀχετοῦ οἰκοδομίαν ξυνέβαινε, πυρὶ δὲ εἰκάζεσθαι τοὺς τοῦ λύκου ὀφθαλμοὺς ᾤοντο. τῶν μὲν οὖν βαρβάρων ὅσοι τοῦ ὀχετοῦ ἀπεπειράσαντο, ἐπειδὴ ἐν μέσῃ πόλει ἐγένοντο, ἔνθα δὴ ἄνοδός τις ἦν ἐκ παλαιοῦ ἐς αὐτό που τὸ Παλάτιον φέρουσα, οἰκοδομίᾳ τινὶ ἐνταῦθα ἐνέτυχον οὔτε πρόσω ἰέναι τὸ λοιπὸν συγχωρούσῃ οὔτε τῇ ἀναβάσει τὸ παράπαν χρῆσθαι. ταύτην δὲ τὴν οἰκοδομίαν Βελισάριος προμηθείᾳ τινὶ κατ᾽ ἀρχὰς τῆσδε τῆς πολιορκίας πεποίηται, ὥσπερ μοι ἐν τοῖς ἔμπροσθεν λόγοις δεδήλωται. λίθον οὖν ἕνα βραχὺν ἐνθένδε ἀφελόντες ὀπίσω τε ἀναστρέφειν εὐθὺς ἔγνωσαν καὶ παρὰ τὸν Οὐίττιγιν ἐπανήκοντες τόν τε λίθον ἐνδεικνύμενοι πάντα ἀπήγγελλον. καὶ ὁ μὲν τὰ τῆς ἐπιβουλῆς ἅμα τοῖς Γότθων ἀρίστοις ἐν βουλῇ εἶχε, Ῥωμαίων δὲ ὅσοι φρουρὰν ἀμφὶ πυλίδα Πιγκιανὴν εἶχον, μνήμην τῆς τοῦ λύκου ὑποψίας ἐν σφίσιν αὐτοῖς ἐποιοῦντο τῇ ὑστεραίᾳ. ἐπεὶ δὲ ὁ λόγος περιφερόμενος ἐς Βελισάριον ἦλθεν, οὐ παρέργως ὁ στρατηγὸς τὸ πρᾶγμα ἤκουσεν, ἀλλ᾽ ἄνδρας τε αὐτίκα τῶν ἐν τῷ στρατοπέδῳ δοκίμων ξὺν Διογένει τῷ δορυφόρῳ ἐς τὸν ὀχετὸν καθῆκε καὶ διερευνήσασθαι ἅπαντα ξὺν πολλῷ τάχει ἐκέλευσεν. οἱ δὲ τὰ λύχνα τῶν πολεμίων καὶ τῶν δᾴδων ὅσα διερρυήκει πανταχοῦ τοῦ ὀχετοῦ εὗρον, καὶ τὴν οἰκοδομίαν ᾗ ὁ λίθος πρὸς τῶν Γότθων ἀφῄρητο κατανενοηκότες Βελισαρίῳ ἀπήγγελλον. διὸ δὴ αὐτός τε τὸν ὀχετὸν ἐν μεγάλῃ φυλακῇ ἔσχε καὶ οἱ Γότθοι αἰσθόμενοι ταύτης δὴ τῆς πείρας ἀπέσχοντο.

III. The Capitoline Hill

9. Overview of the Capitoline Hill (Fig.14)

9.1 **Horace**, *Odes* 3.30.6–9

Non omnis moriar multaque pars mei
vitabit Libitinam: usque ego postera
crescam laude recens, dum Capitolium
scandet cum tacita virgine pontifex.

9.2 **Horace**, *Odes* 1.37.5–8

Antehac nefas depromere Caecubum
cellis avitis, dum Capitolio
regina dementis ruinas
funus et imperio parabat.

9.3 **Ovid**, *Metamorphoses* 15.826–8

Romanique ducis coniunx Aegyptia taedae
non bene fisa cadet, frustraque erit illa minata,
servitura suo Capitolia nostra Canopo.

9.4 **Varro**, *Lingua Latina* 5.41

... Capitolinum dictum, quod hic, cum fundamenta foderentur aedis Iovis, caput humanum dicitur inventum. Hic mons ante Tarpeius dictus a virgine Vestale Tarpeia, quae ibi ab Sabinis necata armis et sepulta: cuius nominis monimentum relictum, quod etiam nunc eius rupes Tarpeium appellatur saxum.

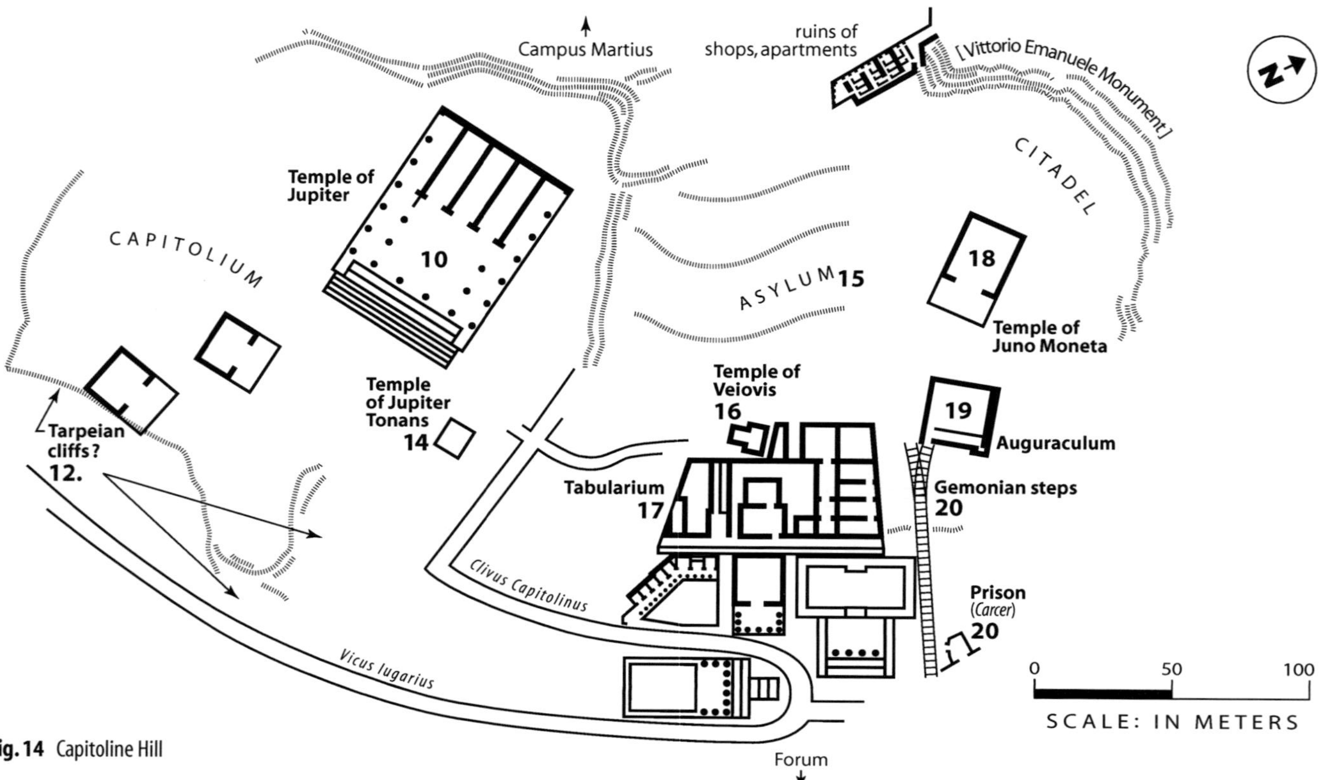

Fig. 14 Capitoline Hill

9.5 **Virgil**, *Aeneid* 8. 347–354

Hinc ad Tarpeiam sedem et Capitolia ducit
aurea nunc, olim silvestribus horrida dumis.
Iam tum religio pavidos terrebat agrestis
dira loci, iam tum silvam saxumque tremebant.

"Hoc nemus, hunc" inquit "frondoso vertice collem
(quis deus incertum est) habitat deus; Arcades ipsum
credunt se vidisse Iovem, cum saepe nigrantem
aegida concuteret dextra nimbosque cieret.

9.6 **Livy** 38.51.7–9

"Hoc," inquit, "die, tribuni plebis vosque, Quirites, cum Hannibale et Carthaginiensibus signis collatis in Africa bene ac feliciter pugnavi. Itaque, cum hodie litibus et iurgiis supersederi aequum sit, ego hinc extemplo in Capitolium ad Iovem optimum maximum Iunonemque et Minervam ceterosque deos qui Capitolio atque arci praesident salutandos ibo, hisque gratias agam, quod mihi et hoc ipso die et saepe alias egregie gerendae rei publicae mentem facultatemque dederunt.

9.7 **Vitruvius** 2.1.5

Item in Capitolio commonefacere potest et significare mores vetustatis Romuli casa et in arce sacrorum stramentis tecta.

9.8 **Seneca the Elder**, *Controversiae* 1.6.4

Quemcumque volueris revolve nobilem: ad humilitatem pervenies. Quid recenseo singulos, cum hanc urbem possim tibi ostendere? Nudi hi stetere colles, interque tam effusa moenia nihil est humili casa nobilius: fastigatis supra tectis auro puro fulgens praelucet Capitolium. Potes obiurgare Romanos quod humilitatem suam cum obscurare possint ostendunt, et haec non putant magna nisi apparuerit ex parvis surrexisse?

9.9 **Livy** 5.39–54 (selections)

Nam cum defendi urbem posse tam parva relicta manu spes nulla esset, placuit cum coniugibus ac liberis iuventutem militarem senatusque robur in Arcem Capitoliumque concedere, armisque et frumento conlato inde ex loco munito deos hominesque et Romanum nomen defendere. … (5.39.9–10)

Dum haec Veiis agebantur, interim arx Romae Capitoliumque in ingenti periculo fuit. Namque Galli seu vestigio notato humano, qua nuntius a Veiis pervenerat, seu sua sponte animadverso ad Carmentis saxo ascensu aequo, nocte sublustri cum primo inermem qui temptaret viam praemisissent, tradentes inde arma ubi quid iniqui esset, alterni innixi sublevantesque in vicem et trahentes alii alios, prout postularet locus, tanto silentio in summum evasere ut non custodes solum fallerent, sed ne canes quidem, sollicitum animal ad nocturnos strepitus, excitarent.

Anseres non fefellere quibus sacris Iunonis in summa inopia cibi tamen abstinebatur. Quae res saluti fuit; namque clangore eorum alarumque crepitu excitus M. Manlius qui triennio ante consul fuerat, vir bello egregius, armis arreptis simul ad arma ceteros ciens vadit, et dum ceteri trepidant, Gallum qui iam in summo constiterat umbone ictum deturbat. Cuius casus prolapsi cum proximos sterneret, trepidantes alios armisque omissis saxa quibus adhaerebant manibus amplexos trucidat. Iamque et alii congregati telis missilibusque saxis proturbare hostes, ruinaque tota prolapsa acies in praeceps deferri. ... (5.47.1–5)

"Hic Capitolium est, ubi quondam capite humano invento responsum est eo loco caput rerum summamque imperii fore; hic cum augurato liberaretur Capitolium, Juventas Terminusque maximo gaudio patrum vestrorum moveri se non passi." (5.54.7)

10. The Temple of Jupiter Optimus Maximus

10.1 Dionysius of Halicarnassus 3.69.1–2; 4. 61.3–4

ἐνεχείρησε δὲ καὶ τὸν νεὼν κατασκευάζειν τοῦ τε Διὸς καὶ τῆς Ἥρας καὶ τῆς Ἀθηνᾶς ὁ βασιλεὺς οὗτος εὐχὴν ἀποδιδούς, ἣν ἐποιήσατο τοῖς θεοῖς ἐν τῇ τελευταίᾳ πρὸς Σαβίνους μάχῃ. τὸν μὲν οὖν λόφον, ἐφ᾽ οὗ τὸ ἱερὸν ἔμελλεν ἱδρύεσθαι, πολλῆς δεόμενον πραγματείας (οὔτε γὰρ εὐπρόσοδος ἦν οὔτε ὁμαλός, ἀλλ᾽ ἀπότομος καὶ εἰς κορυφὴν συναγόμενος ὀξεῖαν), ἀναλήμμασιν ὑψηλοῖς πολλαχόθεν περιλαβὼν καὶ πολὺν χοῦν εἰς τὸ μεταξὺ τῶν τε ἀναλημμάτων καὶ τῆς κορυφῆς ἐμφορήσας, ὁμαλὸν γενέσθαι παρεσκεύασε καὶ πρὸς ἱερῶν ὑποδοχὴν ἐπιτηδειότατον. τοὺς δὲ θεμελίους οὐκ ἔφθασε θεῖναι τοῦ νεὼ χρόνον ἐπιβιώσας μετὰ τὴν κατάλυσιν τοῦ πολέμου τετραετῆ. πολλοῖς δ᾽ ὕστερον ἔτεσιν ὁ τρίτος βασιλεύσας ἀπ᾽ ἐκείνου Ταρκύνιος, ὁ τῆς ἀρχῆς ἐκπεσών, τούς τε θεμελίους κατεβάλετο καὶ τῆς οἰκοδομῆς τὰ πολλὰ εἰργάσατο. οὐ μὴν ἐτελείωσε τὸ ἔργον οὐδ᾽ οὗτος ... .

ἀλλ᾽ ἐπὶ τῆς τρίτης ὑπατείας ἡ Ῥωμαίων πόλις αὐτὸν εἰς συντέλειαν ἐξειργάσατο. ἐποιήθη δ᾽ ἐπὶ κρηπῖδος ὑψηλῆς βεβηκὼς ὀκτάπλεθρος τὴν περίοδον, διακοσίων ποδῶν ἔγγιστα τὴν πλευρὰν ἔχων ἑκάστην· ὀλίγον δέ τι τὸ διαλλάττον εὕροι τις ἂν τῆς ὑπεροχῆς τοῦ μήκους παρὰ τὸ πλάτος, οὐδ᾽ ὅλων πεντεκαίδεκα ποδῶν. ἐπὶ γὰρ τοῖς αὐτοῖς θεμελίοις ὁ μετὰ τὴν ἔμπρησιν οἰκοδομηθεὶς κατὰ τοὺς πατέρας ἡμῶν ἱδρύθη, τῇ πολυτελείᾳ τῆς ὕλης μόνον διαλλάττων τοῦ ἀρχαίου, ἐκ μὲν τοῦ κατὰ πρόσωπον μέρους τοῦ πρὸς μεσημβρίαν βλέποντος τριπλῷ περιλαμβανόμενος στοίχῳ κιόνων, ἐκ δὲ τῶν πλαγίων ἁπλῷ· ἐν δ' αὐτῷ τρεῖς ἔνεισι σηκοὶ παράλληλοι κοινὰς ἔχοντες πλευράς, μέσος μὲν ὁ τοῦ Διός, παρ' ἑκάτερον δὲ τὸ μέρος ὅ τε τῆς Ἥρας καὶ ὁ τῆς Ἀθηνᾶς ὑφ' ἑνὸς ἀετοῦ καὶ μιᾶς στέγης καλυπτόμενοι.

10.2 Livy 1.55.1–6, 56.1

Gabiis receptis Tarquinius [Superbus] pacem cum Aequorum gente fecit, foedus cum Tuscis renovavit. Inde ad negotia urbana animum convertit; quorum erat primum ut Jovis templum in monte Tarpeio monumentum regni sui nominisque relinqueret: Tarquinios reges ambos patrem vovisse, filium perfecisse. Et ut libera a ceteris religionibus area esset tota Iovis templique eius quod inaedificaretur, exaugurare fana sacellaque statuit, quae aliquot ibi, a Tatio rege primum in ipso discrimine adversus Romulum pugnae vota, consecrata inaugurataque postea fuerant. Inter principia condendi huius operis movisse numen ad indicandam tanti imperii molem traditur deos. Nam cum omnium sacellorum exaugurationes admitterent aves, in Termini fano non addixere; idque omen auguriumque ita acceptum est, non motam Termini sedem unumque eum deorum non evocatum sacratis sibi finibus firma stabiliaque cuncta portendere. Hoc perpetuitatis auspicio accepto secutum aliud magnitudinem imperii portendens prodigium est: caput humanum integra facie aperientibus fundamenta templi dicitur apparuisse. Quae visa species haud per ambages arcem eam imperii caputque rerum fore portendebat, idque ita cecinere vates, quique in urbe erant quosque ad eam rem consultandam ex Etruria acciverant. …

[Tarquinius Superbus] intentus perficiendo templo fabris undique ex Etruria accitis non pecunia solum ad id publica est usus, sed operis etiam ex plebe. … [I]pse militiae adderetur labor … .

10.3 Plutarch, *Publicola* 15.1–4

τὸν μὲν γὰρ πρῶτον, ὡς εἴρηται, Ταρκυνίου κατασκευάσαντος, Ὡρατίου δὲ καθιερώσαντος, ἐν τοῖς ἐμφυλίοις πολέμοις πῦρ ἀπώλεσε· τὸν δὲ δεύτρον ἀνέστησε μὲν Σύλλας, ἐπεγράφη δὲ τῇ καθιερώσει Κάτουλος Σύλλα προαποθανόντος. τούτου δὲ πάλιν ἐν ταῖς κατὰ Οὐϊτέλλιον στάσεσι διαφθαρέντος τὸν τρίτον...Οὐεσπεσιανὸς ἐξ ἀρχῆς ἄχρι τέλους ἀναγαγών... . ἅμα γὰρ τῷ τελευτῆσαι Οὐεσπεσιανὸν ἐνεπρήσθη τὸ Καπιτώλιον.

Ὁ δὲ τέταρτος οὗτος ὑπὸ Δομετιανοῦ καὶ συνετελέσθη καὶ καθιερώθη. ... τούτου δὲ τοῦ καθ' ἡμᾶς τόν μέγιστον ἐν Ῥώμῃ τῶν ἰδιωτικῶν πλοῦτον ἐκλογισθέντα τὸ τῆς χρυσώσεως μὴ τελέσαι ἂν ἀνάλωμα, πλέον ἢ δισχιλίων καὶ μυρίων ταλάντων γενόμενον. οἱ δὲ κίονες ἐκ τοῦ Πεντελῆσιν ἐτμήθησαν λίθου, κάλλιστα τῷ πάχει πρὸς τὸ μῆκος ἔχοντες· εἴδομεν γὰρ αὐτοὺς Ἀθήνησιν. ἐν δὲ Ῥώμῃ πληγέντες αὖθις καὶ ἀναξυσθέντες οὐ τοσοῦτον ἔσχον γλαφυρίας ὅσον ἀπώλεσαν συμμετρίας καὶ τοῦ καλοῦ, διάκενοι καὶ λαγαροὶ φανέντες.

10.4 **Tacitus**, *Histories* 3.72; 4.53

Id facinus post conditam urbem luctuosissimum foedissimumque rei publicae populi Romani accidit, nullo externo hoste, propitiis, si per mores nostros liceret, deis, sedem Iovis Optimi Maximi auspicato a maioribus pignus imperii conditam, quam non Porsenna dedita urbe neque Galli capta temerare potuissent, furore principum excindi. … Voverat Tarquinius Priscus rex bello Sabino, ieceratque fundamenta spe magis futurae magnitudinis quam quo modicae adhuc populi Romani res sufficerent. Mox Servius Tullius sociorum studio, dein Tarquinius Superbus capta Suessa Pometia hostium spoliis extruxere. Sed gloria operis libertati reservata: pulsis regibus Horatius Pulvillus iterum consul dedicavit ea magnificentia quam immensae postea populi Romani opes ornarent potius quam augerent. Isdem rursus vestigiis situm est, postquam interiecto quadringentorum quindecim annorum spatio L. Scipione C. Norbano consulibus flagraverat. Curam victor Sulla suscepit, neque tamen dedicavit: hoc solum felicitati eius negatum. Lutatii Catuli nomen inter tanta Caesarum opera usque ad Vitellium mansit. … *Hist.* 3.72

Curam restituendi Capitolii in Lucium Vestinum [Vespasianus] confert, equestris ordinis virum, sed auctoritate famaque inter proceres. Ab eo contracti haruspices monuere ut reliquiae prioris delubri in paludes aveherentur, templum isdem vestigiis sisteretur: nolle deos mutari veterem formam. *Hist.* 4.53

10.5 **Suetonius**, *Vespasian* 8.5

[Vespasianus] ipse restitutionem Capitolii adgressus ruderibus purgandis manus primus admovit ac suo collo quaedam extulit; aerearumque tabularum tria milia, quae simul conflagraverant, restituenda suscepit undique investigatis exemplaribus: instrumentum imperii pulcherrimum ac vetustissimum, quo continebantur paene ab exordio urbis senatus consulta, plebi scita de societate et foedere ac privilegio cuicumque concessis.

10.6 **Ammianus Marcellinus** 22.16.12

… post Capitolium, quo se venerabilis Roma in aeternum attollit, nihil orbis terrarum ambitiosius cernat.

10.7 **Vitruvius** 3.3.1, 5

Species autem aedium sunt quinque … : … [R]are quam oportet inter se diductis araeostylos. … In araeostylis autem nec lapideis nec marmoreis epistyliis uti datur, sed inponendae de materia trabes perpetuae. Et ipsarum aedium species sunt varicae, barycephalae, humiles, latae, ornanturque signis fictilibus aut aereis inauratis earum fastigia tuscanico more, uti est ad Circum Maximum Cereris et Herculis Pompeiani, item Capitoli.

10.8 Aulus Gellius 2.10.2–3

Varro rescripsit in memoria sibi esse, quod Q. Catulus curator restituendi Capitolii dixisset, voluisse se aream Capitolinam deprimere, ut pluribus gradibus in aedem conscenderetur suggestusque pro fastigii magnitudine altior fieret, sed facere id non quisse, quoniam "favisae" impedissent. Id esse cellas quasdam et cisternas, quae in area sub terra essent, ubi reponi solerent signa vetera quae ex eo templo collapsa essent, et alia quaedam religiosa e donis consecratis.

10.9 Pliny the Elder, *Naturalis Historia* 35.157

Vulcam Veis accitum, cui locaret Tarquinius Priscus Iovis effigiem in Capitolio dicandam; fictilem eum fuisse et ideo miniari solitum; fictiles in fastigio templi eius quadrigas … .

10.10 Ovid, *Fasti* 1.197–8, 201–3

Pluris opes nunc sunt, quam prisci temporis annis,
  dum populus pauper, dum nova Roma fuit … .
Juppiter angusta vix totus stabat in aede,
  inque Jovis dextra fictile fulmen erat.
Frondibus ornabant quae nunc Capitolia gemmis.

10.11 Pliny the Elder, *Naturalis Historia* 33.57

Laquearia … post Carthaginem eversam primo in Capitolio inaurata sunt … . [V]arie sua aetas de Catulo existimaverit, quod tegulas aereas Capitoli inaurasset.

10.12 Seneca the Elder, *Controversiae* 2.1.1

Quietiora tempora pauperes habuimus; bella civilia aurato Capitolio gessimus.

10.13 Tacitus, *Histories* 3.71.4

Mox sustinentes fastigium aquilae vetere ligno traxerunt flammam.

10.14 Pliny the Elder, *Naturalis Historia* 35.14

In castris certe captis talem [clipeum] Hasdrubalis invenit Marcius … isque clupeus supra fores Capitolinae aedis usque ad incendium primum fuit.

10.15 **Livy** 40.51.3

[M. Aemilius Lepidus censor] aedem Iovis in Capitolio columnasque circa poliendas albo locavit; et ab his columnis, quae incommode opposita videbantur, signa amovit clipeaque de columnis et signa militaria adfixa omnis generis dempsit.

10.16 **Cicero**, *De Divinatione* 1.16

Cum Summanus in fastigio Iovis Optimi Maximi, qui tum erat fictilis, e caelo ictus esset nec usquam eius simulacri caput inveniretur, haruspices in Tiberim id depulsum esse dixerunt, idque inventum est eo loco qui est ab haruspicibus demonstratus.

10.17 **Dionysius of Halicarnassus** 4.62.5–6

... οὗτοι διέμειναν οἱ χρησμοὶ ... κείμενοι κατὰ γῆς ἐν τῷ ναῷ τοῦ Καπιτωλίνου Διὸς ἐν λιθίνῃ λάρνακι, ὑπ' ἀνδρῶν δέκα φυλαττόμενοι. μετὰ δὲ τὴν τρίτην ἐπὶ ταῖς ἑβδομήκοντα καὶ ἑκατὸν ὀλυμπιάσιν ἐμπρησθέντος τοῦ ναοῦ, εἴτ' ἐξ ἐπιβουλῆς, ὡς οἴονταί τινες, εἴτ' ἀπὸ ταὐτομάτου, σὺν τοῖς ἄλλοις ἀναθήμασι τοῦ θεοῦ καὶ οὗτοι διεφθάρησαν ὑπὸ τοῦ πυρός.

10.18 **Pliny the Elder**, *Naturalis Historia* 35.108

Nicomachus ... pinxit raptum Proserpinae, quae tabula fuit in Capitolio in Minervae delubro supra aediculam Juventatis ... .

10.19 **Procopius**, *Wars* 3.5.4

ἐσύλησε δὲ καὶ τὸν τοῦ Διὸς τοῦ Καπιτωλίου νεὼν καὶ τοῦ τέγους τὴν ἡμίσειαν ἀφείλετο μοῖραν. τοῦτο δὲ τὸ τέγος χαλκοῦ μὲν τοῦ ἀρίστου ἐτύγχανεν ὄν, χρυσοῦ δὲ αὐτῷ ὑπερχυθέντος ἁδποῦ ὡς μάλιστα μεγαλοπρεπές τε καὶ θαύματος πολλοῦ ἄξιον διεφαίνετο.

11. The Roman Triumph

11.1 **Livy** 45.39.11–12

[From a speech to the Senate by M. Servilius:] "Consul proficiscens praetorve paludatis lictoribus in provinciam et ad bellum vota in Capitolio nuncupat; victor perpetrato bello eodem in Capitolium triumphans ad eosdem deos, quibus vota nuncupavit, merita dona portans redit. Pars non minima triumphi est victimae praecedentes, ut appareat dis grates agentem imperatorem ob rem publicam bene gestam redire."

11.2 **Pliny the Elder**, *Naturalis Historia* 33.111

In argentariis metallis invenitur minium quoque, et nunc inter pigmenta magnae auctoritatis et quondam apud Romanos non solum maximae, sed etiam sacrae. Enumerat auctores Verrius, quibus credere necesse sit Iovis ipsius simulacri faciem diebus festis minio inlini solitam triumphantiumque corpora.

11.3 **Cicero**, *In Verrem* 5.77

At etiam qui triumphant eoque diutius vivos hostium duces reservant, ut his per triumphum ductis pulcherrimum spectaculum fructumque victoriae populus Romanus percipere possit, tamen cum de Foro in Capitolium currus flectere incipiunt, illos duci in Carcerem iubent, idemque dies et victoribus imperii et victis vitae finem facit.

11.4 **Suetonius**, *Julius Caesar* 51

Ne provincialibus quidem matrimoniis abstinuisse vel hoc disticho apparet iactato aeque a militibus per Gallicum triumphum:

Urbani, servate uxores: moechum calvom adducimus.
Aurum in Gallia effutuisti, hic sumpsisti mutuum.

11.5 **Suetonius**, *Julius Caesar* 37

Gallici triumphi die Velabrum praetervehens paene curru excussus est axe diffracto ascenditque Capitolium ad lumina, quadraginta elephantis dextra sinistraque lychnuchos gestantibus. Pontico triumpho inter pompae fercula trium verborum praetulit titulum VENI—VIDI—VICI, non acta belli significantem sicut ceteris, sed celeriter confecti notam.

11.6 **Zonaras** 7.21 (**Dio Cassius**, frag., Bk 6; Loeb, p. 196ff)

ταῦθ' ὁ πομπεὺς ποιήσας εἰς τὸ ἅρμα ἀνέβαινε. τὸ δὲ δὴ ἅρμα οὔτ' ἀγωνιστηρίῳ οὔτε πολεμιστηρίῳ ἦν ἐμφερές, ἀλλ' ἐς πύργου περιφεροῦς πρόπον ἐξείργαστο. ...

οἰκέτης μέντοι δημόσιος ἐπ' αὐτοῦ παρωχεῖτο τοῦ ἅρματος, τὸν στέφανον τὸν τῶν λίθων τῶν χρυσοδέτων ὑπερανέχων αὐτοῦ καὶ ἔλεγε πρὸς αὐτόν, "ὀπίσω βλέπε," τὸ κατόπιν δηλαδὴ καὶ τὰ ἐφεξῆς προσκόπει τοῦ βίου, μηδ' ὑπὸ τῶν παρόντων ἐπαρθῇς καὶ ὑπερφρονήσῃς. καὶ κώδων ἀπήρτητο καὶ μάστιξ τοῦ ἅρματος, ἐνδεικτικὰ τοῦ καὶ δυστυχῆσαι αὐτὸν δύνασθαι, ὥστε καὶ αἰκισθῆναι ἢ καὶ δικαιωθῆναι θανεῖν. τοὺς γὰρ ἐπί τινι ἀτοπήματι καταδικασθέντας θανεῖν νενόμιστο κωδωνοφορεῖν, ἵνα μηδεὶς βαδίζουσιν αὐτοῖς ἐγχριμπτόμενος μιάσματος ἀναπίμπληται.

11.7 **Josephus**, *The Jewish War* 7.132–155

ἀμήχανον δὲ κατὰ τὴν ἀξίαν εἰπεῖν τῶν θεαμάτων ἐκείνων τὸ πλῆθος καὶ τὴν μεγαλοπρέπειαν ἐν ἅπασιν οἷς ἄν τις ἐπινοήσειεν ἢ τεχνῶν ἔργοις ἢ πλούτου μέρεσιν ἢ φύσεως σπανιότησιν· σχεδὸν γὰρ ὅσα τοῖς πώποτ' ἀνθρώποις εὐδαιμονήσασιν ἐκτήθη κατὰ μέρος ἄλλα παρ᾽ ἄλλοις θαυμαστὰ καὶ πολυτελῆ, ταῦτ᾽ ἐπὶ τῆς ἡμέρας ἐκείνης ἀθρόα τῆς Ῥωμαίων ἡγεμονίας ἔδειξε τὸ μέγεθος.

ἀργύρου γὰρ καὶ χρυσοῦ καὶ ἐλέφαντος ἐν παντοίαις ἰδέαις κατασκευασμάτων ἦν ὁρᾶν οὐχ ὥσπερ ἐν πομπῇ κομιζόμενον πλῆθος, ἀλλ᾽ ὡς ἂν εἴποι τις ῥέοντα ποταμόν, καὶ τὰ μὲν ἐκ πορφύρας ὑφάσματα τῆς σπανιωτάτης φερόμενα, τὰ δ᾽ εἰς ἀκριβῆ ζωγραφίαν πεποικιλμένα τῇ Βαβυλωνίων τέχνῃ· λίθοι τε διαφανεῖς, οἱ μὲν χρυσοῖς ἐμπεπλεγμένοι στεφάνοις, οἱ δὲ κατ᾽ ἄλλας ποιήσεις, τοσοῦτοι παρηνέχθησαν, ὥστε μαθεῖν ὅτι μάτην εἶναί τι τούτων σπάνιον ὑπειλήφαμεν. ἐφέρετο δὲ καὶ θεῶν ἀγάλματα τῶν παρ᾽ αὐτοῖς μεγέθεσι θαυμαστὰ καὶ κατὰ τὴν τέχνην οὐ παρέργως πεποιημένα, καὶ τούτων οὐδὲν ὅ τι μὴ τῆς ὕλης τῆς πολυτελοῦς... .

θαῦμα δ᾽ ἐν τοῖς μάλιστα παρεῖχεν ἡ τῶν φερομένων πηγμάτων κατασκευή· καὶ γὰρ διὰ μέγεθος ἦν δεῖσαι τῷ βεβαίῳ τῆς φορᾶς ἀπιστήσαντα, τριώροφα γὰρ αὐτῶν πολλὰ καὶ τετρώροφα πεποίητο ... διὰ πολλῶν δὲ μιμημάτων ὁ πόλεμος ἄλλος εἰς ἄλλα μεμερισμένος ἐναργεστάτην ὄψιν αὐτοῦ παρεῖχεν· ἦν γὰρ ὁρᾶν χώραν μὲν εὐδαίμονα δῃουμένην, ὅλας δὲ φάλαγγας κτεινομένας πολεμίων, καὶ τοὺς μὲν φεύγοντας τοὺς δ᾽ εἰς αἰχμαλωσίαν ἀγομένους, τείχη δ᾽ ὑπερβάλλοντα μεγέθει μηχαναῖς ἐρειπόμενα καὶ φρουρίων ἁλισκομένας ὀχυρότητας καὶ πόλεων πολυανθρώπους περιβόλους κατ᾽ ἄκρας ἐχομένους, καὶ στρατιὰν ἔνδον τειχῶν εἰσχεομένην, καὶ πάντα φόνου πλήθοντα τόπον, καὶ τῶν ἀδυνάτων χεῖρας ἀνταίρειν ἱκεσίας, πῦρ τε ἐνιέμενον ἱεροῖς καὶ κατασκαφὰς οἴκων ἐπὶ τοῖς δεσπόταις ... . ταῦτα γὰρ Ἰουδαῖοι πεισομένους αὐτοὺς τῷ πολέμῳ παρέδοσαν. ἡ τέχνη δὲ καὶ τῶν κατασκευασμάτων ἡ μεγαλουργία τοῖς οὐκ ἰδοῦσι γινόμενα τότ᾽ ἐδείκνυεν ὡς παροῦσι. τέτακτο δ᾽ ἐφ᾽ ἑκάστῳ τῶν πηγμάτων ὁ τῆς ἁλισκομένης πόλεως στρατηγὸς ὃν τρόπον ἐλήφθη, πολλαὶ δὲ καὶ νῆες εἵποντο. λάφυρα δὲ τὰ μὲν ἄλλα χύδην ἐφέρετο, διέπρεπε δὲ πάντων τὰ ἐγκαταληφθέντα τῷ ἐν Ἱεροσολύμοις ἱερῷ, χρυσῆ τε τράπεζα τὴν ὁλκὴν πολυτάλαντος καὶ λυχνία χρυσῆ μὲν ὁμοίως πεποιημένη, τὸ δ᾽ ἔργον ἐξήλλακτο τῆς κατὰ τὴν ἡμετέραν χρῆσιν συνηθείας. ὁ μὲν γὰρ μέσος ἦν κίων ἐκ τῆς βάσεως πεπηγώς, λεπτοὶ δ᾽ ἀπ᾽ αὐτοῦ μεμήκυντο καυλίσκοι τριαίνης σχήματι παραπλησίαν τὴν θέσιν ἔχοντες, λύχνον ἕκαστος αὐτῶν ἐπ᾽ ἄκρον κεχαλκευμένος· ἑπτὰ δ᾽ ἦσαν οὗτοι τῆς παρὰ τοῖς Ἰουδαίοις ἑβδομάδος τὴν τιμὴν ἐμφανίζοντες. ὅ τε νόμος ὁ τῶν Ἰουδαίων ἐπὶ τούτοις ἐφέρετο τῶν λαφύρων τελευταῖος ... μεθ᾽ ἃ Οὐσπασιανὸς ἤλανε πρῶτος καὶ Τίτος εἵπετο, Δομετιανὸς δὲ παρίππευεν ... .

Ἦν δὲ τῆς πομπῆς τὸ τέλος ἐπὶ τὸν νεὼ τοῦ Καπετωλίου Διός, ἐφ᾽ ὃν ἐλθόντες ἔστησαν· ἦν γὰρ παλαιὸν πάτριον περιμένειν, μέχρις ἂν τὸν τοῦ στρατηγοῦ τῶν πολεμίων θάνατον ἀπαγγείλῃ τις. Σίμων οὗτος ἦν ὁ Γιώρα, τότε πεπομπευκὼς ἐν τοῖς αἰχμαλώτοις, βρόχῳ δὲ περιβληθεὶς εἰς τὸν ἐπὶ τῆς ἀγορᾶς ἐσύρετο τόπον αἰκιζομένων αὐτὸν ἅμα τῶν ἀγόντων· νόμος δ' ἐστὶ Ῥωμαίοις ἐκεῖ κτείνειν τοὺς ἐπὶ κακουργίᾳ θάνατον κατεγνωσμένους. ἐπεὶ δ' ἀπηγγέλθη τέλος ἔχων καὶ πάντες εὐφήμησαν, ἤρχοντο τῶν θυσιῶν... .

12. Tarpeian Cliffs

12.1 **Livy** 1.11.5–9

Novissimum ab Sabinis bellum ortum, multoque id maximum fuit. ... Sp. Tarpeius Romanae praeerat arci. Huius filiam virginem auro corrumpit Tatius ut armatos in arcem accipiat; aquam forte ea tum sacris extra moenia petitum ierat. Accepti obrutam armis necavere, seu ut vi capta potius arx videretur, seu prodendi exempli causa, ne quid usquam fidum proditori esset. Additur fabula, quod vulgo Sabini aureas armillas magni ponderis bracchio laevo gemmatosque magna specie anulos habuerint, pepigisse eam quod in sinistris manibus haberent; eo scuta illi pro aureis donis congesta. Sunt qui eam ex pacto tradendi quod in sinistris manibus esset derecto arma petisse dicant, et fraude visam agere, sua ipsam peremptam mercede.

12.2 **Livy** 6.20.12–13

Tribuni de saxo Tarpeio deiecerunt; locusque idem in uno homine et eximiae gloriae monumentum et poenae ultimae fuit. Adiectae mortuo notae sunt: publica una, quod, cum domus eius fuisset ubi nunc aedes atque officina Monetae est, latum ad populum est ne quis patricius in arce aut Capitolio habitaret.

12.3 **Livy** 35.21.6

Saxum ingens, sive imbribus seu motu terrae leniore quam ut alioqui sentiretur, labefactatum in vicum Iugarium ex Capitolio procidit et multos oppressit.

12.4 **Dionysius of Halicarnassus** 7.35.4

... ἐπέταξεν ἄγειν αὐτὸν ἐπὶ τὸν ὑπερκείμενον τῆς ἀγορᾶς λόφον· ἔστι δὲ τὸ χωρίον κρημνὸς ἐξαίσιος, ὅθεν αὐτοῖς ἔθος ἦν βάλλειν τοὺς ἐπιθανατίους.

12.5 **Dionysius of Halicarnassus** 8.78.5

... ἀγαγόντες οἱ ταμίαι τὸν ἄνδρα ἐπὶ τὸν ὑπερκείμενον τῆς ἀγορᾶς κρημνόν, ἁπάντων ὁρώντων ἔρριψαν κατὰ τῆς πέτρας. αὕτη γὰρ ἦν τοῖς τότε Ῥωμαίοις ἐπιχώριος τῶν ἐπὶ θανάτῳ ἁλόντων ἡ κόλασις.

12.6 Tacitus, *Histories* 3.71

[Vitelliani] cito agmine forum et imminentia foro templa praetervecti erigunt aciem per adversum collem usque ad primas Capitoliniae arcis fores. Erant antiquitus porticus in latere clivi dextrae subeuntibus, in quarum tectum egressi saxis tegulisque Vitellianos obruebant. … Tum diversos Capitolii aditus invadunt iuxta lucum asyli et qua Tarpeia rupes centum gradibus aditur. Improvisa utraque vis; propior atque acrior per asylum ingruebat.

12.7 Tacitus, *Annals* 6.19

Sex. Marius Hispaniarum ditissimus defertur incestasse filiam et saxo Tarpeio deicitur.

12.8 Quintilian, 7.8.3

"Incesti damnata et praecipitata de saxo vixit: repetitur."

12.9 Seneca the Elder, *Controversiae* 1.3.3

Stat moles abscisa in profundum, frequentibus exasperata saxis quae aut elidant corpus aut de integro gravius impellant; inhorrent scopulis enascentibus latera.

12.10 Scholia to Lucan B 2.125

Est autem robur tigillum adfixum saxo Tarpeio ac rupi Capitolinae uncinis ferreis infixum quo praecipitatorum corpora excipiuntur.

12.11 Aulus Gellius 20.1.53

An putas, Favorine, si non illa etiam ex *Duodecim Tabulis* de testimoniis falsis poena abolevisset et si nunc quoque, ut antea, qui falsum testimonium dixisse convictus esset, e saxo Tarpeio deiceretur, mentituros fuisse pro testimonio tam multos quam videmus?

13. Temple of Jupiter Feretrius

13.1 Livy 1.10.5–7

[S]polia ducis hostium caesi suspensa fabricato ad id apte ferculo gerens in Capitolium [Romulus] escendit ibique ea cum ad quercum pastoribus sacram deposuisset, simul cum dono designavit templo Iovis finis cognomenque addidit deo. "Iuppiter Feretri," inquit, "haec tibi victor Romulus rex regia arma fero, templumque his regionibus quas modo animo metatus sum dedico sedem opimis spoliis, quae regibus ducibusque hostium caesis me auctorem sequentes posteri ferent." Haec templi est origo quod primum omnium Romae sacratum est. … Bina postea inter tot annos, tot bella, opima parta sunt spolia; adeo rara eius fortuna decoris fuit.

13.2 **Livy** 4.20.6

[E]a rite opima spolia habentur quae dux duci detraxit … .

13.3 **Dionysius of Halicarnassus** 2.34.4

μετὰ δὲ τὴν πομπήν τε καὶ θυσίαν νεὼν κατασκευάσας ὁ Ῥωμύλος ἐπὶ τῆς κορυφῆς τοῦ Καπιτωλίου Διος, ὃν ἐπικαλοῦσι Ῥωμαῖοι Φερέτριον, οὐ μέγαν (ἔτι γὰρ αὐτοῦ σῴζεται τὸ ἀρχαῖον ἴχνος ἐλάττονας ἢ πέντε ποδῶν καὶ δέκα τὰς μείζους πλευρὰς ἔχον), ἐν τούτῳ καθιέρωσε τὰ σκῦλα τοῦ Καινινιτῶν βασιλέως, ὃν αὐτοχειρίᾳ κατειργάσατο.

13.4 **Cornelius Nepos**, *Atticus* 20.3

Accidit, cum aedis Iovis Feretrii in Capitolio, ab Romulo constituta, vetustate atque incuria detecta prolaberetur, ut Attici admonitu Caesar [Augustus] eam reficiendam curaret.

13.5 **Propertius** 4.10 (*selections*)

Nunc Iovis incipiam causas aperire Feretri
armaque de ducibus trina recepta tribus. … 1–2
Imbuis exemplum primae tu, Romule, palmae
huius, et exuvio plenus ab hoste redis,
tempore quo portas Caeninum Acrona petentem
victor in eversum cuspide fundis equum. … 5–8
Cossus at insequitur Veientis caede Tolumni … . 23
Claudius at Rheno traiectos arcuit hostes,
Belgica cum vasti parma relata ducis,
Virdomari. … 39–41

Nunc spolia in templo tria condita: causa Feretri,
omine quod certo dux ferit ense ducem;
Seu quia victa suis umeris haec arma ferebant,
hinc Feretri dictast ara superba Iovis. 45–48

13.6 **Festus** 81 L

Feretrius Iuppiter dictus a *ferendo*, quod pacem *ferre* putaretur; ex cuius templo sumebant sceptrum, per quod iurarent, et lapidem silicem, quo foedus ferirent.

13.7 **Livy** 1.24.8–9

"Si prior [populus Romanus] defexit publico consilio dolo malo, tum illo die, Iuppiter, populum Romanum sic ferito ut ego hunc porcum hic hodie feriam.…" Id ubi dixit, porcum saxo silice percussit. [Text as emended by Ogilivie, in his *Commentary*.]

14. Temple of Jupiter Tonans

14.1 Suetonius, *Augustus* 29.3

[Augustus] Tonanti Iovi aedem consecravit liberatus periculo, cum expeditione Cantabrica per nocturnum iter lecticam eius fulgur praestrinxisset servumque praelucentem exanimasset.

14.2 Suetonius, *Augustus* 90.1, 91.2

[Augustus] tonitrua et fulgura paulo infirmius expavescebat … . Cum dedicatam in Capitolio aedem Tonanti Iovi assidue frequentaret, somniavit queri Capitolinum Iovem cultores sibi abduci seque respondisse Tonantem pro ianitore ei appositum; ideoque mox tintinnabulis fastigium aedis redimiit, quod ea fere ianuis dependebant.

14.3 Pliny the Elder, *Naturalis Historia* 36.50

Inter hos primum, ut arbitror, marmareos parietes habuit scaena M. Scauri, non facile dixerim secto an solidis glaebis polito, sicuti est hodie Iovis Tonantis aedis in Capitolio.

14.4 Pliny the Elder, *Naturalis Historia* 34.79

Leochares [fecit] … Iovemque illum Tonantem in Capitolio ante cuncta laudabilem.

14.5 Pliny the Elder, *Naturalis Historia* 34.78

Hegiae … laudatur … Castor ac Pollux ante aedem Iovis Tonantis.

15. Asylum

15.1 Livy 1.8.4–6

Crescebat interim urbs munitionibus alia atque alia adpetendo loca, cum in spem magis futurae multitudinis quam ad id quod tum hominum erat munirent. Deinde, ne vana urbes magnitudo esset, adiciendae multitudinis causa vetere consilio condentium urbes, qui obscuram atque humilem conciendo ad se multitudinem natam e terra sibi prolem ementiebantur, locum qui nunc saeptus descendentibus inter duos lucos [ab laeva] est, asylum aperit. Eo ex finitimis populis turba omnis, sine discrimine liber an servus esset, avida novarum rerum perfugit, idque primum ad coeptam magnitudinem roboris fuit.

[Difficulties with determining the Latin text, which center around the word "descendentibus," are discussed in Ogilvie's *Commentary*, p. 63.]

15.2 Dionysius of Halicarnassus 2.15.1–4

...τὴν πόλιν ὁ Ῥωμύλος ἀπειργάσατο μεγάλην δὲ καὶ πολυάνθρωπον ἐκ τῶνδε· πρῶτον μὲν εἰς ἀνάγκην κατέστησε τοὺς οἰκήτορας αὐτῆς ἅπασαν ἄρρενα γενεὰν ἐκτρέφειν καὶ θυγατέρων τὰς πρωτογόνους, ἀποκτιννύναι δὲ μηδὲν τῶν γεννωμένων νεώτερον τριετοῦς, πλὴν εἴ τι γένοιτο παιδίον ἀνάπηρον ἢ τέρας εὐθὺς ἀπὸ γονῆς. ταῦτα δ' οὐκ ἐκώλυσεν ἐκτιθέναι τοὺς γειναμένους ἐπιδείξαντας πρότερον πέντε ἀνδράσι τοῖς ἔγγιστα οἰκοῦσιν, ἐὰν κἀκείνοις συνδοκῇ .... ἔπειτα καταμαθὼν πολλὰς τῶν κατὰ τὴν Ἰταλίαν πόλεων πονηρῶς ἐπιτροπευομένας ὑπὸ τυραννίδων τε καὶ ὀλιγαρχιῶν, τοὺς ἐκ τούτων ἐκπίπτοντας τῶν πόλεων συχνοὺς ὄντας, εἰ μόνον εἶεν ἐλεύθεροι, διακρίνων οὔτε συμφορὰς οὔτε τύχας αὐτῶν ὑποδέχεσθαι καὶ μετάγειν ὡς ἑαυτὸν ἐπεχείρει, τήν τε Ῥωμαίων δύναμιν αὐξῆσαι βουληθεὶς καὶ τὰς τῶν περιοίκων ἐλαττῶσαι· ἐποίει δὲ ταῦτα πρόφασιν ἐξευρὼν εὐπρεπῆ καὶ εἰς θεοῦ τιμὴν τὸ ἔργον ἀναφέρων. τὸ γὰρ μεταξὺ χωρίον τοῦ τε Καπιτωλίου καὶ τῆς ἄκρας, ὃ καλεῖται νῦν κατὰ τὴν Ῥωμαίων διάλεκτον μεθόριον δυεῖν δρυμῶν καὶ ἦν τότε τοῦ συμβεβηκότος ἐπώνυμον, ὕλαις ἀμίλαφέσι κατ' ἀμφοτέρας τὰς συναπτούσας τοῖς λόφοις λαγόνας ἐπίσκιον, ἱερὸν ἀνεὶς ἄσυλον ἱκέταις καὶ ναὸν ἐπὶ τούτῳ κατασκευασάμενος (ὅτῳ δὲ ἄρα θεῶν ἢ δαιμόνων οὐκ ἔχω τὸ σαφὲς εἰπεῖν) τοῖς καταφεύγουσιν εἰς τοῦτο τὸ ἱερὸν ἱκέταις τοῦ τε μηδὲν κακὸν ὑπ' ἐχθρῶν παθεῖν ἐγγυητὴς ἐγίνετο τῆς εἰς τὸ θεῖον εὐσεβείας προφάσει καὶ εἰ βούλοιντο παρ' αὐτῷ μένειν πολιτείας μετεδίδου καὶ γῆς μοῖραν, ἣν κτήσαιτο πολεμίους ἀφελόμενος. οἱ δὲ συνέρρεον ἐκ παντὸς τόπου τὰ οἰκεῖα φεύγοντες κακὰ καὶ οὐκέτι ἑτέρωσε ἀπανίσταντο ταῖς καθ' ἡμέραν ὁμιλίαις καὶ χάρισιν ὑπ' αὐτοῦ κατεχόμενοι.

16. Temple of Veiovis

16.1 Pliny the Elder, *Naturalis Historia* 16.216

Nonne simulacrum Veiovis in arce e cupresso durat a condita urbe DLXI anno dicatum?

16.2 Ovid, *Fasti* 3.429–448

Una nota est Marti Nonis, sacrata quod illis
templa putant lucos Veiovis ante duos.
Romulus ut saxo lucum circumdedit alto,
"quilibet huc," inquit "confuge, tutus eris."
O quam de tenui Romanus origine crevit!
Turba vetus quam non invidiosa fuit!

Ne tamen ignaro novitas tibi nominis obstet,
disce, quis iste deus curque vocetur ita.
Iuppiter est iuvenis: iuvenalis aspice voltus;
aspice deinde manum, fulmina nulla tenet. 429–38
...
Stat quoque capra simul: ...
infanti lac dedit illa Iovi. 443–4
...
[C]ur non ego Veiovis aedem
aedem non magni suspicer esse Iovis? 447–8

17. Tabularium

17.1 *ILS* 35 = *CIL* 6.1314

Q. Lutatius Q. f. Q. [n(epos)] Catulus co(n)s(ul) substructionem et tabularium de s(enatus) s(ententia) faciundum coeravit [ei]demque pro[bavit].

17.2 **Virgil**, *Georgics* 2.500–2

Quos rami fructus, quos ipsa volentia rura
sponte tulere sua, carpsit, nec ferrea iura
insanumque forum aut populi tabularia vidit.

18. Temple of Juno Moneta

18.1 **Dionysius of Halicarnassus** 13.7.3

...ἱεροὶ δέ τινες Ἥρας χῆνες ἐν τῷ τεμένει τρεφόμενοι καταβοῶντες ἅμα καὶ τοῖς βαρβάροις ὁμόσε χωροῦντες κατήγοροι γίνονται τοῦ κακοῦ.

18.2 **Ovid**, *Fasti* 6.183–87

Arce quoque in summa Iunoni templa Monetae
ex voto memorant facta, Camille, tuo.
Ante domus Manli fuerat, qui Gallica quondam
a Capitolino reppulit arma Iove.

18.3 **Livy** 7.28.4–6

[L. Furius Camillus] dictator tamen, quia et ultro bellum intulerant et sine detractatione se certamini offerebant, deorum quoque opes adhibendas ratus inter ipsam dimicationem aedem Iunoni Monetae vovit; cuius damnatus voti cum victor Romam revertisset, dictatura se abdicavit. Senatus duumviros ad eam aedem pro amplitudine populi Romani faciendam creari iussit; locus in arce destinatus, quae area aedium M. Manli Capitolini fuerat. ... Anno postquam vota erat aedes Monetae dedicatur... .

18.4 **Cicero**, *De Divinatione* 1.101

[S]criptum a multis est, cum terrae motus factus esset, ut sue plena procuratio fieret, vocem ab aede Iunonis ex Arce extitisse; quocirca Iunonem illam appellatam Monetam.

18.5 **Livy** 6.20.13

Domus [M. Manlii erat] ubi nunc aedes atque officina Monetae est... .

18.6 **Cicero**, *Ad Atticum* 8.7.3 (Loeb 155)

Ad Philotimum scripsi de viatico ... a Moneta.

18.7 **Livy** 4.20.8

... [M]agistratuum libri, quos linteos in aede repositos Monetae ... .

19. Auguraculum

19.1 **Livy** 1.18.6–10

[Patres Romani] ad unum omnes Numae Pompilio regnum deferendum decernunt. Accitus, sicut Romulus augurato urbe condenda regnum adeptus est, de se quoque deos consuli iussit. Inde ab augure ... deductus in arcem in lapide ad meridiem versus consedit. Augur ad laevam eius capite velato sedem cepit, dextra manu baculum sine nodo aduncum tenens, quem lituum appellarunt. Inde ubi prospectu in urbem agrumque capto deos precatus regiones ab oriente ad occasum determinavit, dextras ad meridiem partes, laevas ad septentrionem esse dixit; sugnum contra, quoad longissime conspectum oculi ferebant, animo finivit; tum lituo in laevam manum translato dextra in caput Numae imposita ita precatus est, "Iuppiter pater, si est fas hunc Numam Pompilium, cuius ego caput teneo, regem Romae esse, uti tu signa nobis certa adclarassis inter eos fines quos feci." Tum peregit verbis auspicia quae mitti vellet. Quibus missis declaratus rex Numa de templo descendit.

19.2 **Cicero**, *De Legibus* 2.12.31

Maximum autem et praestantissimum in re publica ius est augurum cum auctoritate coniunctum. ... Quid enim maius est, si de iure quaerimus, quam posse a summis imperiis et summis potestatibus comitiatus et concilia vel instituta dimittere vel habita rescindere? Quid gravius quam rem susceptam dirimi, si unus augur "alio die" dixerit? Quid magnificentius quam posse decernere, ut magistratu se abdicent consules? Quid religiosius quam cum populo, cum plebe agendi ius aut dare aut non dare?

… Nihil domi, nihil militiae per magistratus gestum sine eorum auctoritate posse cuiquam probari.

19.3 **Cicero**, *De Officiis* 3.66

[C]um in arce augurium augures acturi essent iussissentque Ti. Claudium Centumalum, qui aedes in Caelio monte habebat, demoliri ea, quorum altitudo officeret auspiciis… .

20. The Carcer and the Gemonian Steps

20.1 **Livy** 1.33.8

Ingenti incremento rebus auctis, cum in tanta multitudine hominum, discrimine recte an perperam facti confuso, facinora clandestina fierent, carcer ad terrorem increscentis audaciae media urbe imminens foro aedificatur.

20.2 **Festus** 490 L

Tullianum, quod dicitur pars quaedam Carceris, Ser. Tullium regem aedificasse aiunt.

20.3 **Sallust,** *Bellum Catilinum* 55.1–6

[Cicero] consul optumum factu ratus noctem quae instabat antecapere, ne quid eo spatio novaretur, triumviros quae ad supplicium postulabantur parare iubet, ipse praesidiis dispositis Lentulum in carcerem deducit; idem fit ceteris per praetores.

Est in carcere locus, quod Tullianum appellatur, ubi paululum ascenderis ad laevam circiter duodecim pedes humi depressus. Eum muniunt undique parietes atque insuper camera lapideis fornicibus iuncta: sed incultu, tenebris, odore foeda atque terribilis eius facies est. In eum locum postquam demissus est Lentulus, vindices rerum capitalium, quibus praeceptum erat, laqueo gulam fregere. Ita ille patricius ex gente clarissuma Corneliorum, qui consulare imperium Romae habuerat, dignum moribus factisque suis exitium vitae invenit. De Cethego, Statilio, Gabinio, Caepario, eodem modo supplicium sumptum est.

20.4 *CIL* 6.1539

C(aius) VIBIUS C(ai) F(ilius) RUFINUS M(arcus) COCCEIUS M(arci) F(ilius) NERVA CO(n)S(ul) EX S(enatus) C(onsultu).

20.5 **Valerius Maximus** 6.9.13

[Q. Caepionis] corpusque eius funestis carnificis manibus laceratum in scalis Gemoniis iacens magno cum horrore totius fori Romani conspectum est.

20.6 Dio Cassius 58.5.6

ἐπειδή τε καὶ ἐν τῷ Καπιτωλίῳ θύσας ἐς τὴν ἀγορὰν κατῄει, οἱ οἰκέται αὐτοῦ οἱ δορυφόροι διά τε τῆς ὁδοῦ τῆς ἐς τὸ δεσμωτήριον ἀγούσης ἐξετράποντο, μὴ δυνηθέντες αὐτῷ ὑπὸ τοῦ ὄχλου ἐπακολουθῆσαι, καὶ κατὰ τῶν ἀναβασμῶν καθ' ὧν οἱ δικαιούμενοι ἐρριπτοῦντο κατιόντες λισθον καὶ κατέπεσον.

20.7 Tacitus, *Annals* 6.5.9

Placitum … ut in reliquos Seiani liberos adverteretur … . Igitur portantur in Carcerem, filius imminentium intellegens, puella adeo nescia, ut crebro interrogaret, quod ob delictum et quo traheretur; neque facturam ultra, et posse se puerili verbere moneri. Tradunt temporis eius auctores, quia triumvirali supplicio adfici virginem inauditum habebatur, a carnifice laqueum iuxta compressam; exim oblisis faucibus id aetatis corpora in Gemonias abiecta.

20.8 Tacîtus, *Histories* 3.74

[C]onfossum laceratumque et absciso capite truncum corpus Sabini in Gemonias trahunt.

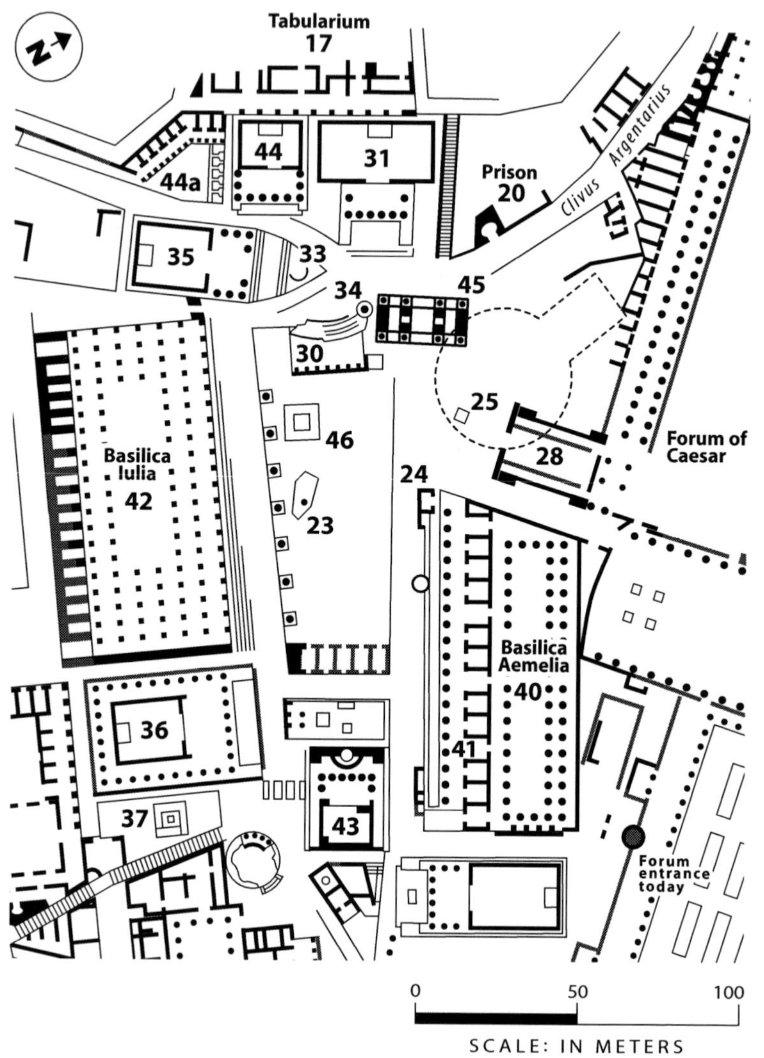

Fig. 18 The Roman Forum

IV. The Roman Forum

21. Overview of the Roman Forum (Fig. 18)

21.1 **Varro**, *Lingua Latina* 5.145

Quo conferrent suas controversias et quae venderentur vellent quo ferrent, forum appellarunt.

21.2 **Plautus**, *Curculio* 466–82

Commostrabo quo in quemque hominem facile inveniatis loco,
ne nimio opere sumat operam, si quem conventum velit,
vel vitiosum vel sine vitio vel probum vel improbum.
Qui periiurum convenire volt hominem, ito in comitium;
qui mendacem et gloriosum, apud Cloacinae sacrum;
dites, damnosos maritos sub basilica quaerito.
Ibidem erunt scorta exoleta quique stipulari solent;
symbolarum collatores apud forum piscarium.
In foro infimo boni homines atque dites ambulant;
in medio propter canalem ibi ostentatores meri;
confidentes garrulique et malivoli supra lacum,
qui alteri de nihilo audacter dicunt contumeliam
et qui ipsi sat habent quod in se possit vere dicier.
Sub Veteribus ibi sunt qui dant quique accipiunt faenore.
Pone aedem Castoris, ibi sunt subito quibu(s) credas male.
In Tusco vico ibi sunt homines qui ipsi sese venditant.
In Velabro vel pistorem vel lanium vel haruspicem
vel qui ipsi vorsant, vel qui aliis ubi vorsentur praebeant.

21.3 **Polybius** 6.52.11–6.54.3

ἓν δὲ ῥηθὲν ἱκανὸν ἔσται σημεῖον τῆς τοῦ πολιτεύματος σπουδῆς, ἣν ποιεῖ‹ται› περὶ τὸ τοιούτους ἀποτελεῖν ἄνδρας ὥστε πᾶν ὑπομένειν χάριν τοῦ τυχεῖν ἐν τῇ πατρίδι τῆς ἐπ' ἀρετῇ φήμης.

ὅταν γὰρ μεταλλάξῃ τις παρ' αὐτοῖς τῶν ἐπιφανῶν ἀνδρῶν, συντελουμένης τῆς ἐκφορᾶς κομίζεται μετὰ τοῦ λοιποῦ κόσμου πρὸς τοὺς καλουμένους ἐμβόλους εἰς τὴν ἀγορὰν ποτὲ μὲν ἑστὼς ἐναργής, σπανίως δὲ κατακεκλιμένος. πέριξ δὲ παντὸς τοῦ δήμου στάντος, ἀναβὰς ἐπὶ τοὺς ἐμβόλους, ἂν μὲν υἱὸς ἐν ἡλικίᾳ καταλείπηται καὶ τύχῃ παρών, οὗτος, εἰ δὲ μή, τῶν ἄλλων εἴ τις ἀπὸ γένους ὑπάρχει, λέγει περὶ τοῦ τετελευτηκότος τὰς ἀρετὰς καὶ τὰς ἐπιτετευγμένας ἐν τῷ ζῆν πράξεις. ...

μετὰ δὲ ταῦτα θάψαντες καὶ ποιήσαντες τὰ νομιζόμενα τιθέασι τὴν εἰκόνα τοῦ μεταλλάξαντος εἰς τὸν ἐπιφανέστατον τόπον τῆς οἰκίας, ξύλινα ναΐδια περιτιθέντες. ἡ δ' εἰκών ἐστι πρόσωπον εἰς ὁμοιότητα διαφερόντως ἐξειργασμένον καὶ κατὰ τὴν πλάσιν καὶ κατὰ τὴν ὑπογραφήν. ταύτας δὴ τὰς εἰκόνας ἔν τε ταῖς δημοτελέσι θυσίαις ἀνοίγοντες κοσμοῦσι φιλοτίμως, ἐπάν τε τῶν οἰκείων μεταλλάξῃ τις ἐπιφανής, ἄγουσιν εἰς τὴν ἐκφοράν, περιτιθέντες ὡς ὁμοιοτάτοις εἶναι δοκοῦσι κατά τε τὸ μέγεθος καὶ τὴν ἄλλην περικοπήν. οὗτοι δὲ προσαναλαμβάνουσιν ἐσθῆτας, ἐὰν μὲν ὕπατος ἢ στρατηγὸς ᾖ γεγονώς, περιπορφύρους, ἐὰν δὲ τιμητής, πορφυρᾶς, ἐὰν δὲ καὶ τεθριαμβευκὼς ἤ τι τοιοῦτον κατειργασμένος, διαχρύσους. ... ὅταν δ' ἐπὶ τοὺς ἐμβόλους ἔλθωσι, καθέζονται πάντες ἑξῆς ἐπὶ δίφρων ἐλεφαντίνων.

οὗ κάλλιον οὐκ εὐμαρὲς ἰδεῖν θέαμα νέῳ φιλοδόξῳ καὶ φιλαγάθῳ· τὸ γὰρ τὰς τῶν ἐπ' ἀρετῇ δεδοξασμένων ἀνδρῶν εἰκόνας ἰδεῖν ὁμοῦ πάσας οἷον εἰ ζώσας καὶ πεπνυμένας τίν' οὐκ ἂν παραστῆσαι; τί δ' ἂν κάλλιον θέαμα τούτου φανείη; πλὴν ὅ γε λέγων ὑπὲρ τοῦ θάπτεσθαι μέλλοντος, ἐπὰν διέλθῃ τὸν περὶ τούτου λόγον, ἄρχεται τῶν ἄλλων ἀπὸ τοῦ προγενεστάτου τῶν παρόντων, καὶ λέγει τὰς ἐπιτυχίας ἑκάστου καὶ τὰς πράξεις. ἐξ ὧν καινοποιουμένης ἀεὶ τῶν ἀγαθῶν ἀνδρῶν τῆς ἐπ' ἀρετῇ φήμης ἀθανατίζεται μὲν ἡ τῶν καλόν τι διαπραξαμένων εὔκλεια, γνώριμος δὲ τοῖς πολλοῖς καὶ παραδόσιμος τοῖς ἐπιγινομένοις ἡ τῶν εὐεργετησάντων τὴν πατρίδα γίνεται δόξα. τὸ δὲ μέγιστον, οἱ νέοι παρορμῶνται πρὸς τὸ πᾶν ὑπομένειν ὑπὲρ τῶν κοινῶν πραγμάτων χάριν τοῦ τυχεῖν τῆς συνακολουθούσης τοῖς ἀγαθοῖς τῶν ἀνδρῶν εὐκλείας.

21.4 **Livy** 23.30.15

Et M. Aemilio Lepido, qui bis consul augurque fuerat, filii

tres ... ludos funebres per triduum et gladiatorum paria duo et viginti in foro dederunt.

21.5 **Vitruvius** 5.1.1–2

Italiae vero urbibus non eadem est ratione faciendum, ideo quod a maioribus consuetudo tradita est gladiatoria munera in foro dari. Igitur circum spectacula spatiosiora intercolumnia distribuantur circaque in porticibus argentariae tabernae maenianaque superioribus coaxationibus conlocentur; quae et ad usum et ad vectigalia publica recta erunt disposita.

21.6 **Plutarch**, *Galba* 26.2–4, 27.1, 4

ἐμβὰς εἰς τὸ φορεῖον ἐκομίζετο τῷ τε Διῒ θῦσαι καὶ φανῆναι τοῖς πολίταις βουλόμενος. ἐμβαλόντος δὲ εἰς τὴν ἀγοράν, ὥσπερ τροπαία πνεύματος, ἀπήντησε φήμη κρατεῖν τὸν Ὄθωνα τοῦ στρατεύματος. ...

ἐφαίνοντο πρῶτον ἱππεῖς, εἶτα ὁπλῖται διὰ τῆς Παύλου βασιλικῆς προσφερόμενοι, μιᾷ φωνῇ μέγα βοῶντες ἐκποδὼν ἵστασθαι τὸν ἰδιώτην. τῶν μὲν οὖν πολλῶν δρόμος ἦν, οὐ φυγῇ σκιδναμένων, ἀλλ' ἐπὶ τὰς στοὰς καὶ τὰ μετέωρα τῆς ἀγορᾶς, ὥσπερ θέαν καταλαμβανόντων. Ἀτιλλίου δὲ Βεργελίωνος εἰκόνα Γάλβα προσουδίσαντος, ἀρχὴν τοῦ πολέμου ποιησάμενοι περιηκόντισαν τὸ φορεῖον· ὡς δ' οὐκ ἔτυχον αὐτοῦ, προσῆγον ἐσπασμένοις τοῖς ξίφεσιν. ...

τὸν δὲ Γάλβαν, ἀποκλιθέντος τοῦ φορείου περὶ τὸν Κουρτίου καλούμενον λάκκον, ἐκκυλισθέντα τεθωρακισμένον ἔτυπτον ἐπιδραμόντες. ὁ δὲ τὴν σφαγὴν προτείνας, "Δρᾶτε," εἶπεν, "εἰ τοῦτο τῷ δήμῳ Ῥωμαίων ἄμεινόν ἐστι." ...

τὸν δ' Ὄθωνα, τῆς κεφαλῆς κομισθείσης, ἀνακραγεῖν λέγουσιν· "Οὐδέν ἐστι τοῦτο, ὦ συστρατιῶται, τὴν Πείσωνός μοι κεφαλὴν δείξατε." μετ' ὀλίγον δὲ ἧκε κομιζομένη· τρωθεὶς γὰρ ἔφευγεν ὁ νεανίσκος, καὶ καταδιωχθεὶς ὑπὸ Μούρκου τινὸς ἀπεσφάγη πρὸς τῷ ἱερῷ τῆς Ἑστίας.

21.7 **Horace**, *Satires* 1.9 (*selections*)

Ibam forte Via Sacra, sicut meus est mos
nescio quid meditans nugarum, totus in illis.
Accurrit quidam notus mihi nomine tantum,
arreptaque manu, "Quid agis, dulcissime rerum?"
"Suaviter, ut nunc est," inquam, "et cupio omnia quae vis."
Cum adsectaretur, "Num quid vis?" occupo. At ille,
"Noris nos," inquit; "docti sumus." Hic ego, "Pluris
hoc," inquam, "mihi eris." Misere discedere quaerens,
ire modo ocius, interdum consistere, in aurem
dicere nescio quid puero, cum sudor ad imos
manaret talos. "O te, Bolane, cerebri

felicem!" aiebam tacitus, cum quidlibet ille
garriret, vicos, urbem laudaret. Ut illi
nil respondebam, "Misere cupis," inquit, "abire;
iamdudum video; sed nil agis; usque tenebo;
persequar hinc quo nunc iter est tibi." "Nil opus est te
circumagi: quendam volo visere non tibi notum;
trans Tiberim longe cubat is, prope Caesaris hortos."
"Nil habeo quod agam et non sum piger: usque sequar te."
1–19

. . .
Ventum erat ad Vestae, quarta iam parte diei
praeterita, et casu tunc respondere vadato
debebat; quod ni fecisset, perdere litem.
"Si me amas," inquit, "paulum hic ades." "Inteream si
aut valeo stare aut novi civilia iura;
et propero quo scis." "Dubius sum quid faciam," inquit,
"tene relinquam an rem." "Me, sodes." "Non faciam," ille,
et praecedere coepit. 35–42

. . .
Casu venit obvius illi
adversarius et "Quo tu turpissime?" magna
inclamat voce, et "Licet antestari?" Ego vero
oppono auriculam. Rapit in ius: clamor utrimque,
undique concursus. Sic me servavit Apollo. 74–78

22. Cloaca Maxima

22.1 Ovid, *Fasti* 6.401–2

Hic ubi nunc fora sunt, udae tenuere paludes:
amne redundatis fossa madebat aquis.

22.2 Livy 1.38.6

[Tarquinius Priscus rex] infima urbis loca circa forum aliasque interiectas collibus convalles, quia ex planis locis haud facile evehebant aquas, cloacis fastigio in Tiberim ductis siccat … .

22.3 Livy 1.56. 2

[A]d alia … traducebantur opera, foros in Circo faciendos Cloacamque Maximam, receptaculum omnium purgamentorum urbis, sub terra agendam; quibus duobus operibus vix nova haec magnificentia quicquam adaequare potuit.

22.4 Pliny the Elder, *Naturalis Historia* 36.104–106,108

Sed tum senes aggeris vastum spatium, substructiones Capitolii mirabantur, praeterea cloacas, opus omnium dictu maximum, subfossis montibus atque, ut paullo ante retulimus, urbe pensili subterque navigata M. Agrippae in aedilitate post consulatum. Permeant conrivati septem amnes cursuque praecipiti torrentium modo rapere atque auferre omnia coacti, insuper imbrium mole concitati vada ac latera quatiunt, aliquando Tiberis retro infusus recipitur, pugnantque diversi aquarum impetus intus, et tamen obnixa firmitas resistit. Trahuntur moles superne tantae non succumbentibus cavis operis, pulsant ruinae, ... quatitur solum terrae motibus, durant tamen a Tarquinio Prisco annis DCC prope inexpugnabiles ... . Amplitudinem cavis eam fecisse proditur, ut vehem faeni large onustam transmitteret.

22.5 **Dio Cassius** 49.43.1

Τῷ δ' ὑστέρῳ ἔτει ἀγορανόμος ὁ Ἀγρίππας ἑκὼν ἐγένετο, καὶ πάντα μὲν τὰ οἰκοδομήματα τὰ κοινὰ πάσας δὲ τὰς ὁδούς, μηδὲν ἐκ τοῦ δημοσίου λαβών, ἐπεσκεύασε, τούς τε ὑπονόμους ἐξεκάθηρε, καὶ ἐς τὸν Τίβεριν δι' αὐτῶν ὑπέπλευσε.

23. Lacus Curtius and Forum Fig Trees

23.1 **Varro**, *Lingua Latina* 5.149

Piso in Annalibus scribit Sabino bello, quod fuit Romulo et Tatio, virum fortissimum Met[t]ium Curtium Sabinum, cum Romulus cum suis ex superiore parte impressionem fecisset, in locum palustrem, qui tum fuit in Foro antequam cloacae sunt factae, secessisse atque ad suos in Capitolium recepisse; ab eo lacum invenisse nomen.

23.2 **Livy**, 7.6.1–6

Eodem anno, seu motu terrae seu qua vi alia, forum medium ferme specu vasto conlapsum in immensam altitudinem dicitur; neque eam voraginem coniectu terrae, cum pro se quisque gereret, expleri potuisse, priusquam deum monitu quaeri coeptum quo plurimum populus Romanus posset; id enim illi loco dicandum vates canebant, si rem publicam Romanam perpetuam esse vellent. Tum M. Curtium, iuvenem bello egregium, castigasse ferunt dubitantes an ullum magis Romanum bonum quam arma virtusque esset, et silentio facto templa deorum immortalium, quae foro imminent, Capitoliumque intuentem et manus nunc in caelum nunc in patentes terrae hiatus ad deos manes porrigentem se devovisse; equo deinde quam poterat maxime exornato insidentem armatum se in specum immisisse, donaque ac fruges super eum a multitudine virorum ac mulierum congestas, lacumque Curtium non ab antiquo illo T. Tati milite Curtio Mettio sed ab hoc appellatum. ... Et lacus nomen ab hac recentiore insignitius fabula est.

23.3 **Livy** 8.9.4–10; 8.10.7

In hac trepidatione Decius consul M. Valerium magna voce inclamat: "Deorum," inquit "ope, M. Valeri, opus est; agedum, pontifex publicus populi Romani, praei verba quibus me pro legionibus devoveam." Pontifex eum togam praetextam sumere iussit et velato capite, manu subter togam ad mentum exserta, super telum subiectum pedibus stantem sic dicere: "Iane, Iuppiter, Mars pater, Quirine, Bellona, Lares, Divi Novensiles, Di Indigetes, Divi quorum est potestas nostrorum hostiumque, Dique Manes, vos precor veneror, veniam peto feroque, uti populo Romano Quiritium vim victoriam prosperetis hostesque populi Romani Quiritium terrore formidine morteque adficiatis. Sicut verbis nuncupavi, ita pro re publica populi Romani Quiritium, exercitu legionibus auxiliis populi Romani Quiritium, legiones auxiliaque hostium mecum Deis Manibus Tellurique devoveo." …

Ipse incinctus cinctu Gabino, armatus in equum insiluit ac se in medios hostes immisit, conspectus ab utraque acie, aliquanto augustior humano visu, sicut caelo missus piaculum omnis deorum irae, qui pestem ab suis aversam in hostes ferret. …

[L]aus eius belli penes consules fuit, quorum alter omnes minas periculaque ab deis superis inferisque in se unum vertit … .

23.4 **Ovid**, *Fasti* 6.403–4

Curtius ille lacus, siccas qui sustinet aras,
    nunc solida est tellus, sed lacus ante fuit.

23.5 **Suetonius,** *Augustus* 57.1

Omnes ordines in Lacum Curti quotannis ex voto pro salute eius [=Augusti] stipem iaciebant.

23.6 **Pliny the Elder,** *Naturalis Historia* 15.77

Colitur ficus arbor in foro ipso ac comitio Romae nata sacra fulguribus ibi conditis magisque ob memoriam eius qua nutrix Romuli ac Remi conditores imperii in Lupercali prima protexit, ruminalis appellata … . Nec sine praesagio aliquo arescit rursusque cura sacerdotum seritur. … Eadem fortuito satu vivit in medio foro, qua sidentia imperii fundamenta ostento fatali Curtius maximis bonis, hoc est virtute ac pietate ac morte praeclara, expleverat.

23.7 **Dionysius of Halicarnassus** 3.71.5

[εἰκὼν] καὶ εἰς ἐμὲ ἦν ἔτι πρὸ τοῦ βουλευτηρίου κειμένη πλησίον τῆς ἱερᾶς συκῆς.

24. The Shrine of Janus Geminus

24.1 Livy 1.19.1–3

[Numa Pompilius] regno ita potitus urbem novam, conditam vi et armis, iure eam legibusque ac moribus de integro condere parat. Quibus cum inter bella adsuescere videret non posse, quippe efferari militia animos, mitigandum ferocem populum armorum desuetudine ratus, Ianum ad infimum Argiletum indicem pacis bellique fecit, apertus ut in armis esse civitatem, clausus pacatos circa omnes populos significaret. Bis deinde post Numae regnum clausus fuit, semel T. Manlio consule post Punicum primum perfectum bellum, iterum, quod nostrae aetati di dederunt ut videremus, post bellum Actiacum ab imperatore Caesare Augusto pace terra marique parta.

24.2 Augustus, *Res Gestae* 13

Ianum Quirinum, quem claussum esse maiores nostri voluerunt cum per totum imperium populi Romani terra marique esset parta victoriis pax, cum, priusquam nascerer, a condita urbe bis omnino clausum fuisse prodatur memoriae, ter me principe senatus claudendum esse censuit.

24.3 Pliny the Elder, *Naturalis Historia* 34. 33

Fuisse autem statuariam artem familiarem Italiae quoque et vetustam, indicant [alia et] ... Ianus Geminus a Numa rege dicatus, qui pacis bellique argumento colitur digitis ita figuratis, ut CCCLXV dierum nota et aevi esse deum indicent.

24.4 Ovid, *Fasti* 1 (*selections*)

Quem tamen esse deum te dicam, Iane biformis?
    Nam tibi par nullum Graecia numen habet. 89–90
...
    Ille tenens baculum dextra clavemque sinistra. 99
...
"Cur, quamvis aliorum numina placem,
    Iane, tibi primum tura merumque fero?"
"Ut possis aditum per me, qui limina servo,
    ad quoscumque voles" inquit "habere deos." 171–174
"Cum tot sint iani, cur stas sacratus in uno,
    hic ubi iuncta foris templa duobus habes?" 257–8
...
"Ara mihi posita est parvo coniuncta sacello:
    haec adolet flammis cum strue farra suis."
"At cur pace lates motisque recluderis armis?"
    Nec mora, quaesiti reddita causa mihi est:
"Ut populo reditus pateant ad bella profecto,

tota patet dempta ianua nostra sera.
Pace fores obdo, ne qua discedere possit;
Caesareoque diu numine clausus ero." 275–82

25. The Black Stone (Niger Lapis)

25.1 **Festus** 184 L

Niger lapis in Comitio locum funestum significat: ut alii, Romuli morti destinatum, sed non usu ob[venisse ut ibi sepeliretur, sed Fau]stulum nutri[cium eius, ut alii dicunt Hos]tilium avum Tu[lli Hostili, Romanorum regis].

[Note: The bracketed text by Festus is variously constructed, but the variations yield much the same meaning]

25.2 *ILS* 4913 = *CIL* 6.36840 (*excerpt*)

QUOI HO [...] [...] SAKROS ES ... (*perhaps as in classical Latin formula*: QUI HU[nc locum violaverit, manibus] SACER SIT ...)

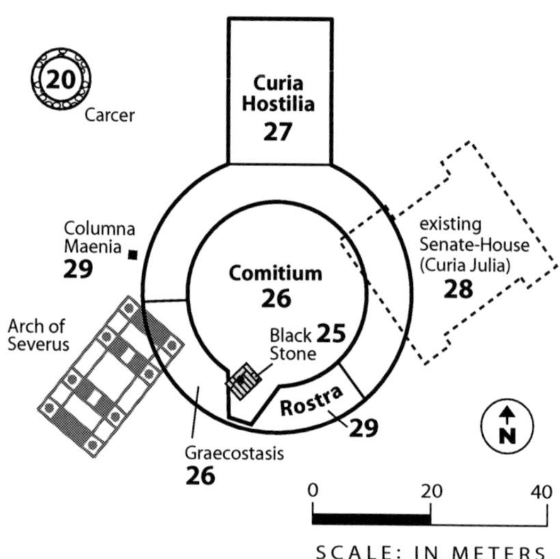

Fig. 21 Republican Senate House, Comitium, and Rostra (after Coarelli)

26. Curia, Comitium, and Rostra (Fig. 21)

26.1 **Varrro**, *Lingua Latina* 5.155

Comitium ab eo quod coibant eo comitiis curiatis et litium causa. Curiae duorum generum: nam et ubi curarent sacerdotes res divinas, ut Curiae Veteres, et ubi senatus humanas, ut Curia Hostilia, quod primus aedificavit Hostilius rex. Ante hanc Rostra;

cuius id vocabulum, ex hostibus capta fixa sunt rostra; sub dextra huius a Comitio locus substructus, ubi nationum subsisterent legati qui ad senatum essent missi; is Graecostasis appellatus a parte, ut multa.

27. Republican Senate House (Curia Hostilia)

27.1 Livy 1.30.2

[Romulus centum creat senatores. ... Tullus Hostilius rex] principes Albanorum in patres, ut ea quoque pars rei publicae cresceret, legit ... templumque ordini ab se aucto Curiam fecit quae Hostilia usque ad patrum nostrorum aetatem appellata est.

27.2 **Aulus Gellius** 14.7.7

Tum [Varro] adscripsit de locis in quibus senatusconsultum fieri iure posset, docuitque confirmavitque, nisi in loco per augurem constituto, quod "templum" appellaretur, senatusconsultum factum esset, iustum id non fuisse. Propterea et in Curia Hostilia et in Pompeia et post in Julia, cum profana ea loca fuissent, templa esse per augures constituta, ut in iis senatusconsulta more maiorum iusta fieri possent.

27.3 **Cicero,** *De Finibus* 5.2

"Equidem etiam Curiam nostram (Hostiliam dico, non hanc novam, quae minor esse videtur posteaquam est maior) solebam intuens Scipionem, Catonem, Laelium, nostrum vero in primis avum cogitare."

27.4 **Asconius,** *Commentary on Cicero's* De Milone 29

Populus duce Sex. Clodio scriba corpus P. Clodi in Curiam intulit cremavitque subselliis et tribunalibus et mensis et codicibus librariorum; quo igne et ipsa quoque Curia flagravit, et item Porcia basilica, quae erat ei iuncta, ambusta est.

27.5 **Dio Cassius** 40.48–50

ὁ γοῦν Μίλων ὑπατείαν αἰτῶν τὸν Κλώδιον ἐν τῇ Ἀππίᾳ ὁδῷ συντυχόντα οἱ τὸ μὲν πρῶτον ἁπλῶς πως ἔτρωσεν, ἔπειτα δὲ φοβηθεὶς μὴ ἐπεξέλθῃ ... . δημαρχοῦντες γὰρ ἔς τε τὴν ἀγορὰν τὸν νεκρὸν ὑπὸ τὴν ἕω ἐσεκόμισαν καὶ ἐπὶ τὸ βῆμα ἐπέθεσαν πᾶσί τε ἐπεδείδκνυσαν, καὶ ἐπέλεγον οἷα εἰκὸς ἦν ὀδυρόμενοι, ὥστε τὸν ὅμιλον καὶ ἐξ ὧν ἑώρων καὶ ἐξ ὧν ἤκουον συνταραχθῆναι ... . τὸ γὰρ σῶμα τοῦ Κλωδίου ἀράμενοι ἔς τε τὸ βουλευτήριον ἐσήνεγκαν, καὶ εὐθέτησαν, καὶ μετὰ τοῦτο πυρὰν ἐκ τῶν βάθρων συννήσαντες ἔκαυσαν καὶ ἐκεῖνο καὶ τὸ συνέδριον. ...

ἐλθόντος τε αὐτοῦ οὐ πολλῷ ὕστερον ἔξω τε τοῦ

πωμηρίου πρὸς τῷ θεάτρῳ αὐτοῦ σὺν φρουρᾷ ἠθροίσθησαν καὶ τὰ τοῦ Κλωδίου ὀστᾶ ἀνελέσθαι ἔγνωσαν, τό τε βουλευτήριον τῷ Φαύστῳ τῷ τοῦ Σύλλου υἱεῖ ἀνοικοδομῆσαι προσέταξαν. ἦν μὲν γὰρ τὸ ῾Οστίλιον, μετεσκεύαστο δὲ ὑπὸ τοῦ Σύλλου.

28. The Imperial Senate House (Curia Julia)

28.1 **Dio Cassius** 44.5.2

....βουλευτήριόν τέ τι καινὸν ποιῆσαι προσέταξαν, ἐπειδὴ τὸ ῾Οστίλιον καίπερ ἀνοικοδομηθὲν καθῃρέθη.

28.2 **Dio Cassius** 47.19.1

καὶ τὸ βουλευτήριον τὸ ᾿Ιούλιον ἐπ᾿ αὐτοῦ κληθὲν παρὰ τῷ Κομιτίῳ ὠνομασμένῳ ᾠκοδόμουν, ὥσπερ ἐψήϊστο.

28.3 **Augustus**, *Res Gestae* 19, 34

Curiam et continens ei Chalcidicum ... feci. (19) ... In consulatu sexto et septimo, postquam bella civilia exstinxeram, per consensum universorum potitus rerum omnium, rem publicam ex mea potestate in senatus populique Romani arbitrium transtuli. Quo pro merito meo senatus consulto Augustus appellatus sum ... et clipeus aureus in Curia Iulia positus, quem mihi senatum populumque Romanum dare virtutis clementiaeque et iustitiae et pietatis caussa testatum est per eius clupei inscriptionem. (34)

28.4 **Dio Cassius** 51.22.1–2

᾿Επεὶ δὲ ταῦτα διετέλεσε, τό τε ᾿Αθήναιον τὸ Χαλκιδικὸν ὠνομασμένον καὶ τὸ βουλευτήριον τὸ ᾿Ιουλίειον, τὸ ἐπι τῇ τοῦ πατρὸς αὐτοῦ τιμῇ γενόμενον, καθιέρωσεν. ἐνέστησε δὲ ἐς αὐτὸ τὸ ἄγαλμα τὸ τῆς Νίκης τὸ καὶ νῦν ὄν, δηλῶν, ὡς ἔοικεν, ὅτι παρ᾿ αὐτῆς τὴν ἀρχὴν ἐκτήσατο· ἦν δὲ δὴ τῶν Ταραντίνων, καὶ ἐκεῖθεν ἐς τὴν ῾Ρώμην κομισθὲν ἔν τε τῷ συνεδρίῳ ἱδρύθη καὶ Αἰγυπτίοις λαφύροις ἐκοσμήθη.

28.5 **Symmachus**, *Relationes* 3.3–4

Theodosio semper Aug. Symmachus:

Repetimus igitur religionum statum, qui rei publicae diu profuit. Certe dinumerentur principes utriusque sectae, utriusque sententiae: pars eorum prior caerimonias patrum coluit, recentior non removit. Si exemplum non facit religio veterum, faciat dissimulatio proximorum. Quis ita familiaris est barbaris, ut aram Victoriae non requirat? ... Multa Victoriae debet aeternitas vestra et adhuc plura debebit; aversentur hanc potestatem, quibus nihil profuit; vos amicum triumphis patrocinium nolite deserere. Cunctis potentia ista votiva est; nemo colendam neget, quam profitetur optandam. Quodsi huius ominis non esset iusta vitatio, ornamentis saltem Curiae decuit abstineri. Praestate, oro vos, ut ea quae pueri suscepimus, senes posteris relinquamus.

28.6 **Ambrose**, *Epistulae* 18.31

Valentiniano Aug. Ambrosius:

Huius aram strui in urbis Romae Curia petunt, hoc est, quo plures conveniunt Christiani. … Ferendumne istud, ut gentilis sacrificet et Christianus intersit?

29. The Republican Rostra

29.1 **Diodorus Siculus** 12.26.1

ταύτην εἰς δώδεκα χαλκοῦς πίνακας χαράξαντες οἱ ὕπατοι προσήλωσαν τοῖς πρὸ τοῦ βουλευτηρίου τότε κειμένοις ἐμβόλοις.

29.2 **Livy** 8.14.12

Naves Antiatium partim in navalia Romae subductae, partim incensae, rostrisque earum suggestum in Foro exstructum adornari placuit, Rostraque id templum appellatum.

29.3 **Asconius**, *Commentary on Cicero's* De Milone 37

Erant enim tunc Rostra non eo loco, quo nunc sunt, sed ad Comitium, prope uncta Curiae.

29.4 **Pliny the Elder**, *Naturalis Historia* 7.212–5

[I]n horarum observatione … XII tabulis ortus tantum et occasus nominantur, post aliquot annos adiectus est et meridies, accenso consulum id pronuntiante cum a Curia inter Rostra et Graecostasim prospexisset solem. A columna Maenia ad Carcerem inclinato sidere supremam pronuntiavit, sed hoc serenis tantum diebus, usque ad primum Punicum bellum. …

M. Varro primum [solarium horologium] statutum in publico secundum Rostra in columna tradit bello Punico … . Q. Marcius Philippus … diligentius ordinatum iuxta posuit … . Etiam tum tamen nubilo incertae fuere horae usque ad proximum lustrum; tunc Scipio Nasica … primus aqua divisit horas aeque noctium ac dierum, idque horologium sub tecto dicavit anno urbis DXCV: tamdiu populo Romano indiscreta lux fuit.

29.5 **Cicero**, *Philippics* 9.4

Lars Tolumnius, rex Veientium, quattuor legatos populi Romani Fidenis interemit, quorum statuae steterunt usque ad meam memoriam in Rostris. Iustus honos; iis enim maiores nostri, qui ob rem publicam mortem obierant, pro brevi vita diuturnam memoriam reddiderunt.

30. The Imperial Rostra

30.1 **Dio Cassius** 43.49.1

τῷ δὲ ἐχομένῳ ἔτει, ἐν ᾧ ὁ Καῖσαρ ἐδικτατόρευσέ τε ἅμα τὸ πέμπτον ... τὸ βῆμα ἐν μέσῳ που πρότερον τῆς ἀγορᾶς ὂν ἐς τὸν νῦν τόπον ἀνεχωρίσθη, καὶ αὐτῷ ἡ τοῦ Σύλλου τοῦ τε Πομπηίου εἰκὼν ἀπεδόθη. καὶ ἐπί τε τούτῳ εὔκλειαν ὁ Καῖσαρ ἔσχεν, καὶ ὅτι τῷ Ἀντωνίῳ καὶ τῆς δόξης τοῦ ἔργου καὶ τῆς ἐπ' αὐτῷ ἐπιγραφῆς παρεχώρησε.

30.2 **Plutarch**, *Caesar* 61.3–4

ταῦτα Καῖσαρ ἐθεᾶτο καθήμενος ἐπὶ τῶν ἐμβόλων ἐπὶ δίφρου χρυσοῦ, θριαμβικῷ κόσμῳ κεκοσμημένος. Ἀντώνιος δὲ τῶν θεόντων τὸν ἱερὸν δρόμον εἷς ἦν· καὶ γὰρ ὑπάτευεν. ὡς οὖν εἰς τὴν ἀγορὰν ἐνέβαλε καὶ τὸ πλῆθος αὐτῷ διέστη, φέρων διάδημα στεφάνῳ δάφνης περιπεπλεγμένον ρεξε τῷ Καίσαρι· καὶ γίνεται κρότος οὐ λαμπρός, ἀλλ' ὀλίγος ἐκ παρασκευῆς. ἀπωσαμένου δὲ τοῦ Καίσαρος ἅπας ὁ δῆμος ἀνεκρότησεν· αὖθις δὲ προσφέροντος ὀλίγοι, καὶ μὴ δεξαμένου πάλιν ἅπαντες. οὕτω δὲ τῆς πείρας ἐξελεγχομένης Καῖσαρ μὲν ἀνίσταται, τὸν στέφανον εἰς τὸ Καπιτώλιον ἀπενεχθῆναι κελεύσας ... .

30.3 **Plutarch** *Antony* 19–20; *Cicero* 49

Καῖσαρ δὲ Κικέρωνι μὲν οὐκέτι προσεῖχε, τῆς ἐλευθερίας ὁρῶν περιεχόμενον, Ἀντώνιον δὲ προὐκαλεῖτο διὰ τῶν φίλων εἰς διαλύσεις. καὶ συνελθόντες οἱ τρεῖς εἰς νησῖδα ποταμῷ περιρρεομένην ἐπὶ τρεῖς ἡμέρας συνήδρευσαν. καὶ τἄλλα μὲν ἐπιεικῶς ὡμολογεῖτο, καὶ διενείμαντο τὴν σύμπασαν ἀρχὴν ὥσπερ οὐσίαν πατρῴαν ἀλλήλοις, ἡ δὲ περὶ τῶν ἀπολουμένων ἀνδρῶν ἀμἱσβήτησις αὐτοῖς πλεῖστα πράγματα παρέσχε, τοὺς μὲν ἐχθροὺς ἀνελεῖν ἑκάστου, σῶσαι δὲ τοὺς προσήκοντας ἀξιοῦντος. τέλος δέ τῇ πρὸς τοὺς μισουμένους ὀργῇ καὶ συγγενῶν τιμὴν καὶ φίλων εὔνοιαν προέμενοι, Κικέρωνος μὲν Ἀντωνίῳ Καῖσαρ ἐξέστη... .

ὁμολογηθέντος δὲ καὶ τούτου τριακόσιοι μὲν ἐκ προγραφῆς ἐθανατώθησαν ὑπ' αὐτῶν· Κικέρωνος δὲ σφαγέντος ἐκέλευσεν Ἀντώνιος τήν τε κεφαλὴν ἀποκοπῆναι καὶ τὴν χεῖρα τὴν δεξιάν, ᾗ τοὺς κατ' αὐτοῦ λόγους ἔγραψε. ... τῶν δ' ἀκρωτηρίων εἰς Ῥώμην κομισθέντων ... τὴν δὲ κεφαλὴν καὶ τὰς χεῖρας ἐκέλευσεν ὑπὲρ τῶν ἐμβόλων ἐπὶ τοῦ βήματος θεῖναι, θέαμα Ῥωμαίοις φρικτόν, οὐ τὸ Κικέρωνος ὁρᾶν πρόσωπον οἰομένοις, ἀλλὰ τῆς Ἀντωνίου ψυχῆς εἰκόνα.

30.4 **Dio Cassius** 56.34.1–4

...ἡ ἐκφορὰ αὐτοῦ ἐγένετο. κλίνη ἦν ἔκ τε ἐλέφαντος

καὶ χρυσοῦ πεποιημένη καὶ στρώμασιν ἁλουργοῖς διαχρύσοις κεκοσμημένη· καὶ ἐν αὐτῇ τὸ μὲν σῶμα κάτω που ἐν θήκῃ συνεκέκρυπτο, εἰκὼν δὲ δή τις αὐτοῦ κηρίνη ἐν ἐπινικίῳ στολῇ ἐξεφαίνετο. ... καὶ μετὰ ταύτας αἵ τε τῶν προπατόρων αὐτοῦ καὶ αἱ τῶν ἄλλων συγγενῶν τῶν τεθνηκότων, πλὴν τῆς τοῦ Καίσαρος ὅτι ἐς τοὺς ἥρωας ἐσεγέγραπτο, αἵ τε τῶν ἄλλων Ῥωμαίων τῶν καὶ καθ' ὁτιοῦν πρωτευσάντων, ἀπ' αὐτοῦ τοῦ Ῥωμύλου ἀρξάμεναι, ἐφέροντο. ... προτεθείσης δὲ τῆς κλίνης ἐπὶ τοῦ δημηγορικοῦ βήματος, ἀπὸ μὲν ἐκείνου ὁ Δροῦσός τι ἀνέγνω, ἀπὸ δὲ τῶν ἑτέρων ἐμβόλων τῶν Ἰουλιείων ὁ Τιβέριος δημόσιον δή τινα κατὰ δόγμα λόγον ἐπ' αὐτῷ τοιόνδε ἐπελέξατο.

31. Temple of Concordia

31.1 **Plutarch**, *Camillus* 42.2–4

ἀπορούμενος τοῖς παροῦσι τὴν μὲν ἀρχὴν οὐ προήκατο, τοὺς δὲ βουλευτὰς ἀναλαβὼν ἐβάδιζεν ἐπὶ τὴν σύγκλητον. καὶ πρὶν εἰσελθεῖν μεταστραφεὶς εἰς τὸ Καπιτώλιον εὔξατο τοῖς θεοῖς κατευθῦναι τὰ παρόντα πρὸς τὸ κάλλιστον τέλος, ὑποσχόμενος ναὸν Ὁμονοίας ἱδρόσασθαι τῆς ταραχῆς καταστάσης.

Μεγάλου δ' ἀγῶνος ἐν τῇ συγκλήτῳ γενομένου πρὸς τὰς ἐναντίας γνώμας, ὅμως ἐνίκησεν ἡ μαλακωτέρα καὶ ὑπείκουσα τῷ δήμῳ καὶ διδοῦσα τῶν ὑπάτων τὸν ἕτερον ἀπὸ τοῦ πλήθους ἀρχαιρεσιάσαι. ταῦτα δ' ὡς τῇ βουλῇ δοκοῦντα τοῦ δικτάτορος ἀνειπόντος ἐν τῷ δήμῳ, παραχρῆμα μέν, οἷον εἰκός, ἡδόμενοι τῇ βουλῇ διηλλάττοντο καὶ τὸν Κάμιλλον οἴκαδε κρότῳ καὶ βοῇ προέπεμπον. τῇ δ' ὑστεραίᾳ συνελθόντες ἐψηφίσαντο τῆς μὲν Ὁμονοίας ἱερόν, ὥσπερ εὔξατο Κάμιλλος, εἰς τὴν ἀγορὰν καὶ τὴν ἐκκλησίαν ἄποπτον ἐπὶ τοῖς γεγενημένοις ἱδρύσασθαι.

31.2 **Plutarch**, *Gaius Gracchus* 17.6

οὐ μὴν ἀλλὰ καὶ τούτου καὶ τῶν ἄλλων ἁπάντων μᾶλλον ἠνίασε τοὺς πολλοὺς τὸ κατασκευασθὲν Ὁμονοίας ἱερὸν ὑπὸ τοῦ Ὀπιμίου· σεμνύνεσθαι γὰρ ἐδόκει καὶ μέγα φρονεῖν καὶ τρόπον τινὰ θριαμβεύειν ἐπὶ φόνοις τοσούτοις πολιτῶν. διὸ καὶ νυκτὸς ὑπὸ τὴν ἐπιγραφὴν τοῦ νεὼ παρενέγραψάν τινες τὸν στίχον τοῦτον· "Ἔργον ἀπονοίας ναὸν ὁμονοίας ποιεῖ."

31.3 **Ovid**, *Fasti* 1.637–648

Candida, te niveo posuit lux proxima templo,
    qua fert sublimes alta Moneta gradus:
Nunc bene prospicies Latiam, Concordia, turbam,
    ut te sacratae constituere manus.
Furius antiquam populi superator Etrusci

voverat et voti solverat ille fidem.
Causa, quod a patribus sumptis secesserat armis
volgus, et ipsa suas Roma timebat opes.
Causa recens melior: passos Germania crines
porrigit auspiciis, dux venerande, tuis;
inde triumphatae libasti munera gentis
templaque fecisti, quam colis ipse, deae.

31.4 **Dio Cassius** 58.11.4

τότε μὲν γὰρ ἐς τὸ δεσμωτήριον ἐνεβλήθη· ὕστερον δ' οὐ πολλῷ, ἀλλ' αὐθημερὸν ἡ γερουσία πλησίον τοῦ οἰκήματος ἐν τῷ 'Ομονοείῳ, ἐπειδὴ τά τε τοῦ δήμου τοιαῦτα ὄντα ᾔσθετο καὶ τῶν δοροφόρων οὐδένα ἑώρα, ἀθροισθεῖσα θάνατον αὐτοῦ κατεψηφίσατο.

31.5 **Pliny the Elder**, *Naturalis Historia* 34.73; 35.66; 36.196

Baton Apollinem et Iunonem, qui sunt Romae in Concordiae templo … . (34.73) Zeuxidis manu…in Concordiae delubro Marsyas religatus. (35.66)… [Augustus] dicavitque ipse pro miraculo in templo Concordiae obsianos IIII elephantos. (36.196)

32. Mundus

32.1 **Plutarch**, *Romulus* 11

... κιζε τὴν πόλιν, ἐκ Τυρρηνίας μεταπεμψάμενος ἄνδρας ἱεροῖς τισι θεσμοῖς καὶ γράμμασιν ὑφηγουμένους ἕκαστα καὶ διδάσκοντας ὥσπερ ἐν τελετῇ. βόθρος γὰρ ὠρύγη περὶ τὸ νῦν Κομίτιον κυκλοτερής, ἀπαρχαί τε πάντων, ὅσοις νόμῳ μὲν ὡς καλοῖς ἐχρῶντο, φύσει δ' ὡς ἀναγκαίοις, ἀπετέθησαν ἐνταῦθα. καὶ τέλος, ἐξ ἧς ἀφῖκτο γῆς ἕκαστος ὀλίγην κομίζων μοῖραν, ἔβαλλον εἰς ταῦτα καὶ συνεμίγνυον. καλοῦσι δὲ τὸν βόθρον τοῦτον ᾧ καὶ τὸν ὄλυμπον ὀνόματι μοῦνδον.

32.2 **Festus** 126 L

Cereris qui mundus appellatur … ter in anno solet patere: VIIII Kal. Sept. … et III Non. Octobr. et VII d. Novembr.

32.3 **Macrobius** 1.16.18

Varro ita scribit: "Mundus cum patet, deorum tristium atque inferum quasi ianua patet."

32.4 Mundo nomen inpositum est ab eo mundo, qui supra nos est: forma enim eius est, ut ex [h]is qui intravere cognoscere potui, adsimilis illae. Eius inferiorem partem, veluti consecratam Dis Manibus clausam omni tempore nisi [h]is diebus qui supra scripti sunt maiores c‹ensuerunt habenda›m.

33. Milliarium Aureum

33.1 **Dio Cassius** 54.8.4

τότε δὲ αὐτός τε προστάτης τῶν περὶ τὴν Ῥώμην ὁδῶν αἱρεθεὶς καὶ τὸ χρυσοῦν μίλιον κεκλημένον ἔστησε ... .

33.2 **Pliny the Elder**, *Naturalis Historia* 3.66

Eiusdem spatium mensura currente a miliario in capite Romani fori statuto ad singulas portas... .

33.3 **Suetonius**, *Otho* 6.2

[Otho], praemonitis consciis, ut se in Foro sub aede Saturni ad miliarium aureum opperirentur, mane Galbam salutavit ... .

33.4 **Plutarch**, *Galba* 24.4

... διὰ τῆς Τιβερίου καλουμένης οἰκίας καταβὰς ἐβάδιζεν εἰς ἀγοράν, οὗ χρυσοῦς εἱστήκει κίων, εἰς ὃν αἱ τετμημέναι τῆς Ἰταλίας ὁδοὶ πᾶσαι τελευτῶσιν.

34. Umbilicus Romae ("Navel of Rome")

34.1 *Notitia*, Region VIII

Forum Romanum vel magnum, continet: ...
templum Concordiae
umbilicum Romae
templum Saturni et Vespasiani et Titi
Capitolium
miliarium aureum
basilicam Juliam
templum Castorum [etc.]

35. Temple of Saturn

35.1 **Varro**, *Lingua Latina* 5.42

Hunc antea montem Saturnium appellatum prodiderunt et ab eo Lati<um> Saturniam terram, ut etiam Ennius appellat. Antiquum oppidum in hoc fuisse Saturnia<m> scribitur. [*Ennius's phrase can be found in Annales 21, Skutch's edition.*]

35.2 **Livy** 2.21.2

[A. Sempronio et M. Minucio] consulibus aedis Saturno dedicata, Saturnalia institutus festus dies.

35.3 **Macrobius** 1.8.3–5

Aedem vero Saturni aerarium Romani esse voluerunt, quod tempore quo incoluit Italiam fertur nullum in eius finibus furtum

esse commissum aut quia sub illo nihil erat cuiusquam privatum:
nec signare solum aut partiri limite campum
fas erat: in medium quaerebant ... [Virgil, *Georgics* 126–7]

Ideo apud eum locaretur populi pecunia communis, sub quo fuissent cunctis universa communia. ... Saturnum Apollodorus alligari ait per annum laneo vinculo et solvi ad diem sibi festum.

35.4 **Lucan**, *Pharsalia* 3.153–168 (*selections*)
Protinus abducto patuerunt templa Metello.
Tunc rupes Tarpeia sonat magnoque reclusas
testatur stridore fores: tum conditus imo
eruitur templo multis non tactus ab annis
Romani census populi, quem Punica bella,
quem dederat Perses, quem victi praeda Philippi 153–8
...
quidquid parcorum mores servastis avorum,
quod dites Asiae populi misere tributum 161–2
...
... Tristi spoliantur templa rapina,
pauperiorque fuit tunc primum Caesare Roma. 167–8

35.5 **Pliny the Elder**, *Naturalis Historia* 33.56

C. Caesar primo introitu urbis civili bello suo ex aerario protulit laterum aureorum XV, argenteorum XXX, et in numerato CCC.

35.6 **Pliny the Elder**, *Naturalis Historia* 15.32

[Oleum vetus] existimaturque et ebori vindicando a carie utile esse: certe simulacrum Saturni Romae intus oleo repletum est.

35.7 *ILS* 886 = *CIL* 10.6087

L(ucius) Munatius...Plancus...aedem Saturni fecit de manibis...

35.8 *ILS* 3326 = *CIL* 6.937

SENATUS POPULUSQUE ROMANUS INCENDIO CONSUMPTUM RESTITUIT.

35.9 **Statius**, *Silvae* 1.6.1–45 (*selections*)
Et Phoebus pater et severa Pallas
et Musae procul ite feriatae:
Iani vos revocabimus Kalendis.
Saturnus mihi compede exsoluta
et multo gravidus mero December
et ridens Iocus et Sales protervi
adsint 1–7

...
Ducat nubila Iuppiter per orbem
et latis pluvias minetur agris,
dum nostri Iovis hi ferantur imbres. 25–7
...
Una vescitur omnis ordo mensa,
parvi, femina, plebs, eques, senatus:
libertas reverentiam remisit. 43–5

35.10 **Horace**, *Satires* 2.7.4–5
... Age, libertate Decembri,
Quando ita maiores voluerunt, utere; narra!

36. The Temple of Castor and Pollux

36.1 **Dionysius of Halicarnassus** 6.13.1–4

Ἐν ταύτῃ λέγονται τῇ μάχῃ Ποστομίῳ τε τῷ δικτάτορι καὶ τοῖς περὶ αὐτὸν τεταγμένοις ἱππεῖς δύο φανῆναι, κάλλει τε καὶ μεγέθει μαρκῷ κρείττους ὧν ἡ καθ' ἡμᾶς φύσις ἐκφέρει, ἐναρχόμενοι γενειᾶν, ἡγούμενοί τε τῆς Ῥωμαϊκῆς ἵππου καὶ τοὺς ὁμόσε χωροῦντας τῶν Λατίνων παίοντες τοῖς δόρασι καὶ προτροπάδην ἐλαύνοντες. καὶ μετὰ τὴν τροπὴν τῶν Λατίνων καὶ τὴν ἅλωσιν τοῦ χάρακος αὐτῶν, περὶ δείλην ὀψίαν τὸ τέλος λαβούσης τῆς μάχης, ἐν τῇ Ῥωμαίων ἀγορᾷ τὸν αὐτὸν τρόπον ὀφθῆναι δύο νεανίσκοι λέγονται, πολεμικὰς ἐνδεδυκότες στολὰς μήκιστοί τε καὶ κάλλιστοι καὶ τὴν αὐτὴν ἡλικίαν ἔχοντες, αὐτοι τε φυλάττοντες ἐπὶ τῶν προσώπων ὡς ἐκ μάχης ἥκοντες τὸ ἐναγώνιον σχῆμα, καὶ τοὺς ἵππους ἱδρῶτι διαβρόχους ἐπαγόμενοι. ἄρσαντες δὲ τὸν ἵππον ἑκάτεροι καὶ ἀπονίψαντες ἀπὸ τῆς λιβάδος ἣ παρὰ τὸ ἱερὸν τῆς Ἑστίας ἀναδίδωσι λίμνην ποιοῦσα ἐμβύθιον ὀλίγην, πολλῶν αὐτοὺς περιστάντων καὶ εἴ τι φέρουσιν καινὸν ἀπὸ στρατοπέδου μαθεῖν ἀξιούντων, τήν τε μάχην αὐτοῖς φράζουσιν ὡς ἐγένετο καὶ ὅτι νικῶσιν· οὓς μεταχωρήσαντας ἐκ τῆς ἀγορᾶς ὑπ' οὐδενὸς ἔτι λέγουσιν ὀφθῆναι, πολλὴν ζήτησιν αὐτῶν ποιουμένου τοῦ καταλειφθέντος τῆς πόλεως ἡγεμόνος. ὡς δὲ τῇ κατόπιν ἡμέρᾳ τὰς παρὰ τοῦ δικτάτορος ἐπιστολὰς ἔλαβον οἱ τῶν κοινῶν προεστῶτες, καὶ σὺν τοῖς ἄλλοις ἅπασι τοῖς ἐν τῇ μάχῃ γενομένοις καὶ τὰ περὶ τῆς ἐπιφανείας τῶν δαιμόνων ἔμαθον, νομίσαντες τῶν αὐτῶν θεῶν εἶναι ἄμφω τὰ φάσματα, ὥσπερ εἰκός, Διοσκούρων ἐπείσθησαν εἶναι τὰ εἴδωλα.

Ταύτης ἐστὶ τῆς παραδόξου καὶ θαυμαστῆς τῶν δαιμόνων ἐπιφανείας ἐν Ῥώμῃ πολλὰ σημεῖα, ὅ τε νεὼς ὁ τῶν Διοσκούρων, ὃν ἐπὶ τῆς ἀγορᾶς κατεσκεύασεν ἡ πόλις ἔνθα φθη τὰ εἴδωλα, καὶ ἡ παρ' αὐτῷ κρήνη καλουμένη τε τῶν θεῶν τούτων καὶ ἱερὰ εἰς τόδε χρόνου νομιζομένη ... . ὑπὲρ ἅπαντα δὲ ταῦτα ἡ μετὰ τὴν θυσίαν ἐπιτελουμένη πομπὴ τῶν ἐχόντων τὸν δημόσιον ἵππον, οἳ κατὰ φυλάς τε καὶ λόχους κεκοσμημένοι στοιχηδὸν ἐπὶ τῶν ἵππων ὀχούμενοι πορεύονται πάντες, ... διὰ τῆς ἀγορᾶς παρὰ τὸ τῶν Διοσκούρων ἱερὸν παρερχόμενοι, ἄνδρες ἔστιν ὅτε καὶ πεντακισχίλιοι φέροντες ὅσα παρὰ τῶν ἡγεμόνων ἀριστεῖα ἔλαβον ἐν ταῖς μάχαις, καλὴ καὶ ἀξία τοῦ μεγέθους τῆς ἡγεμονίας ὄψις.

36.2 **Livy** 2.20.12

Ibi nihil nec divinae nec humanae opis dictator praetermittens aedem Castori vovisse fertur ... .

36.3 **Livy** 2.42.5

Castoris aedes eodem anno idibus Quintilibus dedicata est. Vota erat Latino bello a Postumio dictatore: filius eius duumvir ad id ipsum creatus dedicavit.

36.4 **Cicero**, *In Verrem* 1.130–133, 145

[Verres] hoc voluit clarissimum relinquere indicium latrociniorum suorum, de quo non audire aliquando sed videre cotidie possemus. Quaesivit quis aedem Castoris sartam tectam deberet tradere. ... Audit pupillum esse filium [Iunii]. ... Signa et dona comparere omnia; ipsum templum omni opere esse integrum: indignum isti videri coepit ex tanta aede tantoque opere se non opimum praeda, praesertim a pupillo, discedere.

Venit ipse in aedem Castoris, considerat templum; videt undique tectum pulcherrime laqueatum, praeterea cetera nova atque integra. Versat se; quaerit quid agat. Dicit ei quidam ex illis canibus ...: "Tu, Verres, hic quod moliare nihil habes, nisi forte vis ad perpendiculum columnas exigere." Homo omnium rerum imperitus quaerit quid sit "ad perpendiculum." Dicunt ei fere nullam esse columnam quae ad perpendiculum esse possit. "Nam mehercule," inquit, "sic agamus; columnae ad perpendiculum exigantur." ...

Omnes illae columnae, quas dealbatas videtis, machina apposita, nulla impensa deiectae iisdemque lapidibus repositae sunt. Hoc tu HS DLX. milibus locavisti. Atque in illis columnis dico esse quae a tuo redemptore commotae non sint; dico esse ex qua tantum tectorium vetus deiectum sit et novum inductum.

36.5 **Asconius**, *Commentary on Cicero* Pro Scauro 24

Castoris et Pollucis templum Metellus ... refecerat.

36.6 **Suetonius**, *Julius Caesar* 10.1

[F]actum est, ut communium quoque inpensarum solus [Caesar] gratiam caperet nec dissimularet collega eius Marcus Bibulus, evenisse sibi quod Polluci; ut enim geminis fratribus aedes in Foro constituta tantum Castoris vocaretur, ita suam Caesarisque munificentiam unius Caesaris dici.

36.7 **Suetonius**, *Tiberius* 20

[Tiberius] dedicavit et Concordiae aedem, item Pollucis et Castoris suo fratrisque nomine de manubiis.

36.8 **Ovid**, *Fasti* 1.705–8

At quae venturas praecedit sexta Kalendas,
hac sunt Ledaeis templa dicata deis.
Fratribus illa deis fratres de gente deorum
circa Iuturnae composuere lacus.

36.9 **Suetonius**, *Caligula* 22.1–2

Hactenus quasi de principe, reliqua ut de monstro narranda sunt. ... [Caligula] divinam ex eo maiestatem asserere sibi coepit: [P]artem Palatii ad Forum usque promovit, atque aede Castoris et Pollucis in vestibulum transfigurata, consistens saepe inter fratres deos, medium adorandum se adeuntibus exhibebat.

36.10 **Dio Cassius** 59.28.5

τό τε Διοσκόρειον τὸ ἐν τῇ ἀγορᾷ τῇ Ῥωμαίᾳ ὂν διατεμὼν διὰ μέσου τῶν ἀγαλμάτων ἔσοδον δι' αὐτοῦ ἐς τὸ παλάτιον ἐποιήσατο, ὅπως καὶ πυλωροὺς τοὺς Διοσκόρους, ὥς γε καὶ ἔλεγεν, ἔχῃ.

36.11 **Juvenal** 14.258–62

... si spectes quanto capitis discrimine constent
incrementa domus, aerata multus in arca
fiscus et ad vigilem ponendi Castora nummi,
ex quo Mars Ultor galeam quoque perdidit et res
non potuit servare suas.

36.12 *ILS* 8636 = *CIL* 5.8119.4

Exac(tum) ad X Castor(is), exa(ctum) ad V Casto(ris), exa(ctum) ad III Casto(ris), ex(actum) ad II Cast(oris), ex(actum) ad I Cast(oris), ex(actum) a(d) S(emis) Cas(toris), ex(actum) a(d) : : Cas(toris), ex(actum) ∴ Ca(storis).

37. The Spring and Pool of Juturna

37.1 [Inscription at shrine]

JUTURNA[i] S[acrum]

37.2 **Varro**, *Lingua Latina* 5.71

Lympha Iuturna quae iuvaret: itaque multi aegroti propter id nomen hinc aquam petere solent.

37.3 **Frontinus,** *Aqueducts* 4

Ab urbe condita per annos quadringentos quadraginta unum contenti fuerunt Romani usu aquarum, quas aut ex Tiberi aut ex puteis aut ex fontibus hauriebant. Fontium memoria cum sanctitate adhuc exstat et colitur; salubritatem enim aegris corporibus afferre creduntur, sicut Camenarum … et Iuturnae.

37.4 *ILS* 8943 = *CIL* 6.36951

Optimo et venerabili d. n. Fl. Constantino / maximo, victori pio / semper Aug. / Fl. Maesius Egnatius / Lollianus v.c., curator / aquar(um) et Minic(iae). d. n. m. q. e.

[*On a different side of the statue base*]: Dedicata cum statione / a Fl. Lolliano c. v. cur., kal. Martis / Ianuarino et Iusto conss.

38. Overview of the Forum Basilicas

38.1 **Vitruvius** 5.1.4

Basilicarum loca adiuncta foris quam calidissimis partibus oportet constitui, ut per hiemem sine molestia tempestatium se conferre in eas negotiatores possint. Earumque latitudines ne minus quam ex tertia, ne plus ex dimidia longitudinis constituantur, nisi si loci natura inpedierit et aliter coegerit symmetriam commutari. Sin autem locus erit amplior in longitudine, chalcidica in extremis constituantur, uti sunt in Julia Aquiliana.

38.2 **Pliny the Younger,** *Epistulae* 6.33.2–4,6

Est [mea oratio] pro Attia Viriola, et dignitate personae et exempli raritate et iudicii magnitudine insignis. Nam femina splendide nata, nupta praetorio viro, exheredata ab octogenario patre intra undecim dies quam illi novercam amore captus induxerat, quadruplici iudicio bona paterna repetebat. Sedebant centum et octoginta iudices (tot enim quattuor consiliis colliguntur), ingens utrimque advocatio et numerosa subsellia, praeterea densa circumstantium corona latissimum iudicium multiplici circulo ambibat. Ad hoc stipatum tribunal, atque etiam ex superiore basilicae parte qua feminae qua viri et audiendi (quod difficile) et (quod facile) visendi studio imminebant. Magna exspectatio patrum, magna filiarum, magna etiam novercarum. … Victa est noverca, ipsa heres ex parte sexta… .

39. Early Basilicas

39.1 **Livy** 26.27.2

Eodem tempore septem tabernae quae postea quinque, et argentariae quae nunc Novae [i.e. tabernae] appellantur, arsere; conprehensa postea privata aedificia—neque enim tum basilicae erant—conprehensae Lautumiae forumque piscatorium et Atrium Regium.

39.2 *De Viris Illustribus* 47.5–6

M. Porcius Cato basilicam suo nomine primus fecit.

39.3 **Livy** 39.44.7

... Cato atria duo, Maenium et Titium, in Lautumiis et quattuor tabernas in publicum emit basilicamque ibi fecit, quae Porcia appellata est.

39.4 **Livy** 40.45. 6–7; 40.51.5

Censorum inde comitia habita: creati M. Aemilius Lepidus pontifex maximus et M. Fulvius Nobilior .... Inter hos viros nobiles inimicitiae erant .... M. Fulvius plura et maioris locavit usus: ... basilicam post argentarias novas et forum piscatorium circumdatis tabernis quas vendidit in privatum.

40. The Basilica Aemilia (Basilica Paulli)

40.1 **Pliny the Elder,** *Naturalis Historia* 36.102

Non inter magnifica [dicamus] basilicam Pauli columnis e Phrygibus ... pulcherrima operum quae umquam vidit orbis?

40.2 **Plutarch,** *Caesar* 29.3

μετὰ δὲ Μάρκελλον, ἤδη Καίσαρος τὸν Γαλατικὸν πλοῦτον ἀρύεσθαι ῥύδην ἀφεικότος πᾶσι τοῖς πολιτευομένοις ... Παύλῳ δὲ ὑπατεύοντι χίλια καὶ πεντακόσια τάλαντα δόντος, ἀφ' ὧν καὶ τὴν βασιλικὴν ἐκεῖνος, ὀνομαστὸν ἀνάθημα, τῇ ἀγορᾷ προσεκόσμησεν ἀντὶ τῆς Φουλβίας οἰκοδομηθεῖσαν .... .

40.3 **Cicero,** *Ad Atticum* 4.16.8

Paulus in medio foro basilicam iam paene texerat isdem antiquis columnis. Illam autem quam locavit facit magnificentissimam. Quid quaeris? Nihil gratius illo monumento, nihil gloriosius.

40.4 **Dio Cassius** 49.42.2

καὶ τὴν στοὰν τὴν Παύλου καλουμένην Αἰμίλιος Λέπιδος Παῦλος ἰδίοις τέλεσιν ἐξῳκοδόμησε κἀν τῇ ὑπατείᾳ καθιέρωσεν·

40.5 **Dio Cassius** 54.24.1–3

ἥ τε στοὰ ἡ Παύλειος ἐκαύθη .... ἡ μὲν οὖν στοὰ μετὰ τοῦτο ὀνόματι μὲν ὑπ' Αἰμιλίου, ἐς ὃν τὸ τοῦ ποιήσαντός ποτε αὐτὴν γένος ἐληλύθει, τῷ δὲ ἔργῳ ὑπό τε τοῦ Αὐγούστου καὶ ὑπὸ τῶν τοῦ Παύλου φίλων ἀνῳκοδομήθη·

40.6 **Tacitus**, *Annals* 3.72

Isdem diebus Lepidus ab senatu petivit ut basilicam Pauli, Aemilia monimenta, propria pecunia firmaret ornaretque. ... Lepidus, quamquam pecuniae modicus, avitum decus recoluit.

41. Porticus of Gaius and Lucius

41.1 **Suetonius**, *Augustus* 29.4

Quaedam etiam opera sub nomine alieno, nepotum scilicet et uxoris sororisque [Augustus] fecit, ut porticum basilicamque Gai et Luci ... .

41.2 *CIL* 6.36908

L(ucio) CAESARI AUG(usti) F(ilio) DIVI N(epoti) / PRINCIPI IUVENTU(ti)S CO(n)S(uli) DESIG(nato) / CUM [E]SSET ANN(os) N[A]T(us) XIIII AUG(uri) / SENATUS

42. Basilica Julia

42.1 **Augustus**, *Res Gestae* 20

Forum Iulium et basilicam quae fuit inter aedem Castoris et aedem Saturni coepta profligataque opera a patre meo perfeci et eandem basilicam consumptam incendio, ampliato eius solo, sub titulo nominis filiorum meorum incohavi ... .

42.2 **Dio Cassius** 56.27.5

ἥ τε στοὰ ἡ Ἰουλία καλουμένη ᾠκοδομήθη τε ἐς τιμὴν τοῦ τε Γαΐου καὶ τοῦ Λουκίου τῶν Καισάρων, καὶ τότε καθιερώθη.

42.3 **Quintilian** 12.5.5–6

[C]um diceret, eminere inter aequales Trachalus videbatur. Ea corporis sublimitas erat, is ardor oculorum, frontis auctoritas, gestus praestantia, vox quidem non, ut Cicero desiderat, paene tragoedorum, sed super omnes, quos ego quidem audierim, tragoedos. Certe cum in Basilica Julia diceret primo tribunali, quattuor autem iudicia, ut moris est, cogerentur atque omnia clamoribus fremerent, et auditum eum et intellectum et, quod agentibus ceteris contumeliosissimum fuit, laudatum quoque ex quattuor tribunalibus memini. Sed hoc votum est et rara felicitas.

42.4 **Suetonius**, *Caligula* 37.1

Nepotatus sumptibus omnium prodigorum ingenia superavit ... . Quin et nummos non mediocris summae e fastigio Basilicae Juliae per aliquot dies sparsit in plebem.

43. The Temple of the Divine Julius Caesar (Aedes Divi Julii)

43.1 Appian, *Bellum Civile* 2.143–148

διαθῆκαι δὲ τοῦ Καίσαρος φθησαν φερόμεναι, καὶ εὐθὺς αὐτὰς τὸ πλῆθος ἐκέλευον ἀναγινώσκειν. θετὸς μὲν δὴ τῷ Καίσαρι παῖς ἐγίγνετο ἐν αὐταῖς ὁ τῆς ἀδελφῆς θυγατριδοῦς Ὀκτάουιος, τῷ δήμῳ δὲ ἦσαν ἐνδιαίτημα οἱ κῆποι δεδομένοι καὶ κατ' ἄνδρα Ῥωμαίων τῶν ὄντων ἔτι ἐν ἄστει πέντε καὶ ἑβδομήκοντα Ἀττικαὶ δραχμαί. καὶ ὑπεσαλεύετο αὖθις ἐς ὀργὴν ὁ δῆμος .... ἐπεὶ δὲ καὶ Πείσωνος τὸ σῶμα φέροντος ἐς τὴν ἀγορὰν πλῆθός τε ἄπειρον ἐς φρουρὰν συνέδραμον σὺν ὅπλοις, καὶ μετὰ βοῆς καὶ πομπῆς δαψιλοῦς ἐπὶ τὰ ἔμβολα προυτέθη ... , καὶ ὁ Ἀντώνιος ὧδε ἔχοντας ἰδὼν ... ἔλεγεν ὧδε. (143)

"οὐκ ἄξιον, ὦ πολῖται, τοσοῦδε ἀνδρὸς ἐπιτάφιον ἔπαινον παρ' ἐμοῦ μᾶλλον, ἑνὸς ὄντος, ἢ παρὰ τῆς πατρίδος ὅλης αὐτῷ γενέσθαι. ὅσα δὴ τῆς ἀρετῆς αὐτὸν ὑμεῖς ἀγάμενοι πάντες ὁμαλῶς, ἥ τε βουλὴ καὶ μετὰ αὐτῆς ὁ δῆμος, ἔτι περιόντι ἐψηφίσασθε, ὑμετέραν καὶ οὐκ Ἀντωνίου τάδε φωνὴν εἶναι τιθέμενος ἀναγνώσομαι." καὶ ἀνεγίνωσκε τῷ μὲν προσώπῳ συβαρῷ καὶ σκυθρωπῷ, τῇ φωνῇ δ' ἐνσημαινόμενος ἕκαστα καὶ ἐϊστάμενος, οἷς μάλιστα αὐτὸν ἐν τῷ ψηφίσματι ἐξεθείαζον, ἱερὸν καὶ ἄσυλον ἢ πατέρα πατρίδος ἢ εὐεργέτην ἢ προστάτην οἷον οὐχ ἕτερον ὀνομάζοντες. ἐφ' ἑκάστῳ δὲ τούτων ὁ Ἀντώνιος τὴν ὄψιν καὶ τὴν χεῖρα ἐς τὸ σῶμα τοῦ Καίσαρος ἐπιστρέφων. ...

καὶ αὖθις ἀνεγίνωσκε τοὺς ὅρκους, ἦ μὴν φυλάξειν Καίσαρα καὶ τὸ Καίσαρος σῶμα παντὶ σθένει πάντας ἤ, εἴ τις ἐπιβουλεύσειεν, ἐξώλεις εἶναι τοὺς οὐκ ἀμύναντας αὐτῷ. ... (145)

εὐφορώτατα δὲ ἐς τὸ πάθος ἐκφερόμενος τὸ σῶμα τοῦ Καίσαρος ἐγύμνου καὶ τὴν ἐσθῆτα ἐπὶ κοντοῦ φερομένην ἀνέσειε, λελακισμένην ὑπὸ τῶν πληγῶν καὶ πεφυρμένην αἵματι αὐτοκράτορος. ἐφ' οἷς ὁ δῆμος οἷα χορὸς αὐτῷ πενθιμώτατα συνωδύρετο καὶ ἐκ τοῦ πάθους αὖθις ὀργῆς ἐνεπίμπλατο. ... (146)

ὧδε δὲ αὐτοῖς ἔχουσιν ἤδη καὶ χειρῶν ἐγγὺς οὖσιν ἀνέσχε τις ὑπὲρ τὸ λέχος ἀνδρείκελον αὐτοῦ Καίσαρος ἐκ κηροῦ πεποιημένον· τὸ μὲν γὰρ σῶμα, ὡς ὕπτιον ἐπὶ λέχους, οὐχ ἑωρᾶτο. τὸ δὲ ἀνδρείκελον ἐκ μηχανῆς ἐπεστρέφετο πάντῃ, καὶ σφαγαὶ τρεῖς καὶ εἴκοσιν φθησαν ἀνά τε τὸ σῶμα πᾶν καὶ ἀνὰ τὸ πρόσωπον θηριωδῶς ἐς αὐτὸν γενόμεναι. τήνδε οὖν τὴν ὄψιν ὁ δῆμος οἰκτίστην σφίσι φανεῖσαν οὐκέτι ἐνεγκὼν ἀνῴμωξάν. ... (147)

ὁ δὲ δῆμος ἐπὶ τὸ λέχος τοῦ Καίσαρος ἐπανελθὼν ἔφερον αὐτὸ ἐς τὸ Καπιτώλιον ὡς εὐαγὲς θάψαι τε ἐν ἱερῷ καὶ μετὰ θεῶν θέσθαι. κωλυόμενοι δὲ ὑπὸ τῶν ἱερέων ἐς τὴν ἀγορὰν αὖθις ἔθεσαν, ἔνθα τὸ πάλαι Ῥωμαίοις ἔστι βασίλειον, καὶ ξύλα αὐτῷ καὶ βάθρα, ὅσα πολλὰ ἦν ἐν ἀγορᾷ, καὶ εἴ τι τοιουτότροπον ἄλλο συνενεγκοντες, ... ἐξῆψαν καὶ τὴν νύκτα πανδημεὶ τῇ πυρᾷ παρέμενον, ἔνθα βωμὸς πρῶτος ἐτέθη, νῦν δ᾽ ἐστὶ νεὼς αὐτοῦ Καίσαρος, θείων τιμῶν ἀξιουμένου· ὁ γάρ τοι θετὸς αὐτῷ παῖς Ὀκτάουιος, τό τε ὄνομα ἐς τὸν Καίσαρα μεταβαλὼν καὶ κατ᾽ ἴχνος ἐκείνου τῇ πολιτείᾳ προσιών, τήν τε ἀρχὴν τὴν ἐπικρατοῦσαν ἔτι νῦν, ἐρριζωμένην ὑπ᾽ ἐκείνου, μειζόνως ἐκρατύνατο καὶ τὸν πατέρα τιμῶν ἰσοθέων ἠξίωσεν· ὧν δὴ καὶ νῦν, ἐξ ἐκείνου πρώτου, Ῥωμαῖοι τὸν ἑκάστοτε τὴν ἀρχὴν τήνδε ἄρχοντα, ἢν μὴ τύχῃ τυραννικὸς ὢν ἢ ἐπίμεμπτος, ἀποθανόντα ἀξιοῦσιν, οἳ πρότερον οὐδὲ περιόντας αὐτοὺς ἔφερον καλεῖν βασιλέας. (148)

43.2 Cicero, *Philippics* 2.90–1

[F]uneri tyranni, si illud funus fuit, sceleratissime praefuisti. Tua illa pulchra laudatio, tua miseratio, tua cohortatio; tu, [Antoni] tu, inquam, illas faces incendisti … quibus semustulatus ille est …

43.3 Dio Cassius 44.51.1

... βωμὸν δέ τινα ἐν τῷ τῆς πυρᾶς χωρίῳ ἱδρυσάμενοι (τὰ γὰρ ὀστᾶ αὐτοῦ οἱ ἐξελεύθεροι προανείλοντο καὶ ἐς τὸ πατρῷον μνημεῖον κατέθεντο) θύειν τε ἐπ᾽ αὐτῷ καὶ κατάρχεσθαι τῷ Καίσαρι ὡς καὶ θεῷ ἐπεχείρουν. οἱ οὖν ὕπατοι ἐκεῖνόν τε ἀνέτρεψαν... .

43.4 Suetonius, *Julius Caesar* 84.5, 85

In summo publico luctu exterarum gentium multitudo circulatim suo quaeque more lamentata est praecipueque Iudaei, qui etiam noctibus continuis bustum frequentarunt. …

Postea [plebs] solidam columnam prope viginti pedum lapidis Numidici in Foro statuit inscripsitque "Parenti Patriae."

43.5 Cicero, *Philippics* 1.5

[C]um serperet in urbe infinitum malum idque manaret in dies latius idemque bustum in Foro facerent, qui illam insepultam sepulturam effecerant,…talis animadversio fuit Dolabellae… talisque eversio illius execratae columnae, ut mihi mirum videatur.

43.6 Dio Cassius 47.18.4

καὶ ἡρῷόν οἱ ἔν τε τῇ ἀγορᾷ καὶ ἐν τῷ τόπῳ ἐν ᾧ ἐκέκαυτο προκατεβάλοντο... .

43.7 Dio Cassius 51.22.3

καὶ τοῦτο καὶ τῷ τοῦ Ἰουλίου ἡρῴῳ ὁσιωθέντι τότε ὑπῆρξε· συχνὰ γὰρ καὶ ἐς ἐκεῖνο ἀνετέθη ... .

43.8 Augustus, *Res Gestae* 19, 21

[A]edem Divi Juli ... feci. ... Dona ex manibiis ... in aede divi Iuli ... consacravi ... .

43.9 Dio Cassius 51.19.2

τήν τε κρηπῖδα τοῦ Ἰουλιείου ἡρῴου τοῖς τῶν αἰχμαλωτίδων νεῶν ἐμβόλοις κοσμηθῆναι ... .

43.10 Frontinus, *Aqueducts* 128–9

Quare subscripsi verba legis: "T. Quintius Crispinus consul [gap in text] populum iure rogavit populusque iure scivit in Foro pro rostris aedis Divi Iulii ... ."

43.11 Pliny the Elder, *Naturalis Historia* 2.93–94

Cometes in uno totius orbis loco colitur in templo Romae, admodum faustus divo Augusto iudicatus ab ipso, qui incipiente eo apparuit ludis quos faciebat Veneri Genetrici ... . [H]is verbis id gaudium [Augustus] prodit: "Iis ipsis ludorum meorum diebus sidus crinitum per septem dies ... . Eo sidere significari volgus credidit Caesaris animam inter deorum immortalium numina receptam, quo nomine id insigne simulacro capitis eius, quod mox in Foro consecravimus, adiectum est."

43.12 Ovid, *Metamorphoses* 15.840–42

Hanc animam interea caeso de corpore raptam
fac iubar, ut semper Capitolia nostra Forumque
divus ab excelsa prospectet Iulius aede.

43.13 Pliny the Elder, *Naturalis Historia* 35.91

Quae [opera Apellis] autem nobilissima sint, non est facile dictu. Venerem exeuntem e mari divus Augustus dicavit in delubro patris Caesaris, quae Anadyomene vocatur ... . Consenuit haec tabula carie, aliamque pro ea substituit Nero ... .

44. The Temple of the Divine Vespasian

44.1 *ILS* 255 = *CIL* 6.938

DIVO VESPASIANO AUGUSTO S.P.Q.R. / IMPP. CAESS. SEVERUS ET ANTONINUS PII FELIC. AUGG. RESTITUER(UNT)

44.2 *Curiosum*, Region VIII:

Templum Vespasiani et Titi

45. Arch of Septimius Severus

45.1 ILS 425 = CIL 6.1033

IMP(eratori) CAES(ari) LUCIO SEPTIMIO M(arci) FIL(io) SEVERO PIO PERTINACI AUG(usto) PATRI PATRIAE, PARTHICO ARABICO ET / PARTHICO ADIABENICO PONTIFIC(i) MAXIMO, TRIBUNIC(ia) POTEST(ate) XI, IMP(eratori) XI CO(n)S(uli) III PROCO(n)S(uli) ET / IMP(eratori) CAES(ari) M(arco) AURELIO L(ucii) FIL(io) ANTONINO AUG(usto) PIO FELICI TRIBUNIC(ia) POTEST(ate) VI, CO(n)S(uli) PROCO(n)S(uli) [P(atri) P(atriae) / OPTIMIS FORTISSIMISQUE PRINCIPIBUS / OB REM PUBLICAM RESTITUTAM IMPERIUMQUE POPULI ROMANI PROPAGATUM / INSIGNIBUS VIRTUTIBUS EORUM DOMI FORISQUE S(enatus) P(opulus)Q(ue) R(omanus)

45.2 **Historia Augusta**, *Severus* 16.6

... Parthicum deferentibus sibi patribus triumphum idcirco recusavit, quod consistere in curru adfectus articulari morbo non posset.

45.3 **Suetonius**, *Domitian* 23

Contra senatus adeo laetatus est, ut repleta certatim curia non temperaret quin mortuum contumeliosissimo atque acerbissimo adclamationum genere laceraret, scalas etiam inferri clipeosque et imagines eius coram detrahi et ibidem solo affligi iuberet, novissime eradendos ubique titulos abolendamque omnem memoriam decerneret.

46. Column of Phocas

46.1 *ILS* 837 = *CIL* 6.1200

OPTIMO CLEMENTISS[IMO PIISSI]MOQUE / PRINCIPI DOMINO N(ostro) / F[OCAE IMPERAT]ORI / PERPETUO A D[E]O CORONATO [T]RIUMPHATORI / SEMPER AUGUSTO / SMARADGUS EX PRAEPOS(ito) SACRI PALATII / AC PATRICIUS ET EXARCHUS ITALIAE / DEVOTUS EIUS CLEMENTIAE / PRO INNUMERABILIBUS PIETATIS EIUS BENEFICIIS ET PRO QUIETE / PROCURATA ITAL(iae) AC CONSERVATA LIBERTATE / HANC STA[TUAM MAIESTA]TIS EIUS AURI SPLEND[ORE FULGEN]TEM HUIC / SUBLIMI COLU[M]NA[E AD] PERENNEM IPSIUS GLORIAM IMPOSUIT AC DEDICAVIT / DIE PRIMA MENSIS AUGUSTI, INDICT(ione) UND(ecima) / P(ost) C(onsulatum) PIETATIS EIUS ANNO QUINTO.

V. The Upper Sacra Via

47. Private Houses

47.1 Cicero, *De Republica* 2.53

Eademque mente P. Valerius et fasces primus demitti iussit, cum dicere in contione coepisset, et aedis suas detulit sub Veliam, posteaquam, quod in excelsiore loco Veliae coepisset aedificare eo ipso, ubi rex Tullus habitaverat, suspicionem populi sensit moveri.

47.2 **Vitruvius** 6.5.1–2

[A]nimadvertendum est, quibus rationibus privatis aedificiis propria loca patribus familiarum et quemadmodum communia cum extraneis aedificari debeant. ... Communia autem sunt, quibus etiam invocati suo iure de populo possunt venire, id est vestibula, cava aedium, peristylia, quaeque eundum habere possunt usum. ... [N]obilibus vero, qui honores magistratusque gerundo praestare debent officia civibus, faciunda sunt vestibula regalia alta, atria et peristylia amplissima, silvae ambulationesque laxiores ad decorem maiestatis perfectae.

47.3 **Velleius Paterculus** 2.14.1–3

Tum conversus Drusi animus ... ad dandam civitatem Italiae. Quod cum moliens revertisset e foro, immensa illa et incondita, quae eum semper comitabatur, cinctus multitudine in area domus suae cultello percussus, qui adfixus lateri eius relictus est, intra paucas horas decessit. ...

[Drusi] morum minime omittatur argumentum. Cum aedificaret domum in Palatio in eo loco, ubi est quae quondam

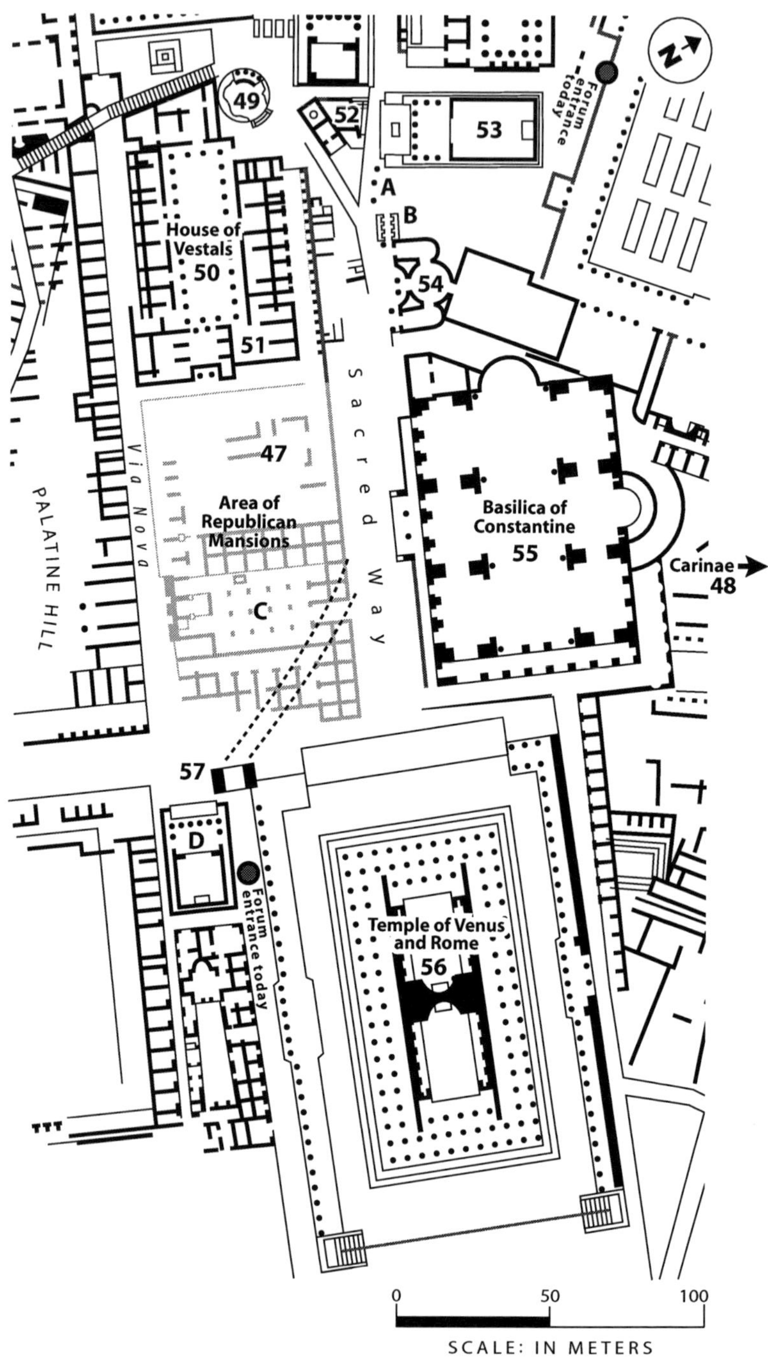

Fig. 24 Upper Sacred Way

Ciceronis, mox Censorini fuit, nunc Statilii Sisennae est, promitteretque ei architectus, ita se eam aedificaturum, ut liber a conspectu immunisque ab omnibus arbitris esset neque quisquam in eam despicere posset, "tu vero" inquit "si quid in te artis est, ita compone domum meam, ut, quidquid agam, ab omnibus perspici possit."

47.4 Cicero, *De Domo Suo* 100

In conspectu prope totius urbis domus est mea… .

47.5 Cicero, *Ad Familiares* 5.6.2

M. C. S. D. P. Sestio L. F. Proquaest:

Ego tua gratulatione commotus, quod ad me pridem scripseras, velle te bene evenire, quod de Crasso domum emissem, emi eam ipsam domum HS xxxv, aliquanto post tuam gratulationem. Itaque nunc me scito tantum habere aeris alieni, ut cupiam coniurare, si qui recipiat. … Omnino semissibus magna copia est.

47.6 Dio Cassius 38.17.6–7

ἥ τε οὐσία αὐτοῦ ἐδημεύθη, καὶ ἡ οικία ὥσπερ τινὸς πολεμίου κατεσκάφη, τό τε ἔδαφος αὐτῆς ἐς νεὼν Ἐλευθερίας ἀνέθηκαν. αὐτῷ τε ἐκείνῳ ἥ τε φυγὴ ἐπετιμήθη καὶ ἡ ἐν τῇ Σικελίᾳ διατριβὴ ἀπερρήθη· τρισχιλίους τε γὰρ καὶ ἑπτακοσίους καὶ πεντήκοντα σταδίους ὑπὲρ τὴν Ῥώμην ὑπερωρίσθη, καὶ προσεπεκηρύχθη ἵν' εἰ δή ποτε ἐντὸς αὐτῶν φανείη, καὶ αὐτὸς καὶ οἱ ὑποδεξάμενοι αὐτὸν ἀνατὶ διόλωνται.

47.7 Velleius Paterculus 2.45.3

[Ciceronis] domus quam infeste a Clodio disiecta erat, tam speciose a senatu restituta est.

47.8 Cicero, *Pro Caelio*, 18

Reprehendistis a patre quod [Caelius] semigrarit. … Qui cum …per aetatem magistratus petere posset, non modo permittente patre, sed etiam suadente ab eo semigravit et, cum domus patris a Foro longe abesset, quo facilius et nostras domus obire et ipse a suis coli posset, conduxit in Palatio non magno domum. …

Sic enim, iudices, reperietis…hanc Palatinam Medeam migrationemque hanc adulescenti causam sive malorum omnium sive potius sermonum fuisse.

47.9 *Handbook on Electioneering*, 1, 34, 36, 43, 52

Quintus Marco Fratri S.D:

[A]more nostro non sum alienum arbitratus ad te perscribere ea quae mihi veniebant in mentem…de petitione tua cogitanti … (1)

Et, quoniam adsectationis mentio facta est, id quoque curandum est ut cottidiana cuiusque generis et ordinis et aetatis utare; nam ex ea ipsa copia coniectura fieri poterit quantum sis in ipso campo virium ac facultatis habiturus. ... [Q]uod eius fieri poterit, certis temporibus descendito; magnam adfert opinionem, magnam dignitatem cottidiana in deducendo frequentia. (34, 36)

Prodest quidem vehementer nusquam discedere, sed tamen hic fructus est adsiduitatis, non solum esse Romae atque in Foro sed adsidue petere, saepe eosdem appellare ... . (43)

Postremo tota petitio cura ut pompae plena sit, ut inlustris, ut splendida, ut popularis sit, ut habeat summam speciem ac dignitatem, ut etiam, si qua possit ratione, competitoribus tuis exsistat aut sceleris aut libidinis aut largitionis accommodata ad eorum mores infamia. (52)

48. The Carinae

48.1 **Virgil**, *Aeneid* 8.359–61

[Evander et Aeneas] ad tecta subibant
pauperis Evandri, passimque armenta videbant
Romanoque Foro et lautis mugire Carinis.

48.2 **Servius**, *Commentary on* Aeneid 8.361

Carinae sunt aedificia facta in carinarum modum, quae erant circa templum Telluris.

48.3 **Cicero**, *Philippics* 2.64–69

Caesar Alexandria se recepit...[et] bona, inquam, Cn. Pompei Magni voci acerbissimae subiecta praeconis! ... [I]nventus est nemo praeter Antonium... .

In eius igitur viri copias cum se subito ingurgitasset, exsultabat gaudio persona de mimo modo egens, repente dives. ... Maximus vini numerus fuit, permagnum optimi pondus argenti, pretiosa vestis, multa et lauta supellex et magnifica multis locis non illa quidem luxuriosi hominis, sed tamen abundantis. Horum paucis diebus nihil erat. ... Apothecae totae nequissimis hominibus condonabantur. Alia mimi rapiebant, alia mimae; domus erat aleatoribus referta, plena ebriorum; totos dies potabatur, atque id locis pluribus. ... Conchyliatis Cn. Pompei peristromatis servorum in cellis lectos stratos videres. ... Tu etiam ingredi illam domum ausus es, tu illud sanctissimum limen intrare, tu illarum aedium dis penatibus os inpurissimum ostendere?...

An tu, illa in vestibulo rostra cum adspexisti, domum tuam te introire putas? ... Necesse est, quamvis sis, ut es, vinulentus et furens, cum tibi obiecta sit species singularis viri, perterritum te de somno excitari, furere etiam saepe vigilantem. Me quidem miseret parietum ipsorum atque tectorum. Quid enim umquam domus illa viderat nisi pudicum…?

48.4 Velleius Paterculus 2.77.1

[Sextus Pompeius] haud absurde, cum in navi Caesaremque et Antonium cena exciperet, dixit in carinis suis se cenam dare, referens hoc dictum ad loci nomen, in quo paterna domus ab Antonio possidebatur.

48.5 Suetonius, *Tiberius* 15.1

Romam reversus deducto in Forum filio Druso statim e Carinis ac Pompeiana domo Esquilias in hortos Maecenatianos transmigravit totumque se ad quietam contulit… .

49. The Temple of Vesta

49.1 Ovid, *Fasti* 6.265–269; 295–298

Forma tamen templi, quae nunc manet, ante fuisse
dicitur, et formae causa probanda subest.
Vesta eadem est et terra: subest vigil ignis utrique:
significant sedem terra focusque suam.
Terra pilae similis… .
…
Esse diu stultus Vestae simulacra putavi,
mox didici curvo nulla subesse tholo:
ignis inexstinctus templo celatur in illo,
effigiem nullam Vesta nec ignis habet.

49.2 Aulus Gellius, 14.7.7

[I]d quoque scriptum [Varro] reliquit, non omnes aedes sacras templa esse ac ne aedem quidem Vestae templum esse.

49.3 Livy 26.27.14

[Flaccus dixit] Vestae aedem petitam et aeternos ignes et conditum in penetrali fatale pignus imperi Romani.

49.4 Ovid, *Fasti* 6.421ff. *(selections)*

Creditur armiferae signum caeleste Minervae
urbis in Iliacae desiluisse iuga. 421–2
…
Auctor in incerto, res est Romana: tuetur
Vesta, quod assiduo lumine cuncta videt.
Heu quantum timuere patres, quo tempore Vesta
arsit… ! 435–8
…
Provolat in medium, et magna "succurrite!" voce

"non est auxilium flere" Metellus ait.
"Pignora virgineis fatalia tollite palmis:
Non ea sunt voto, sed rapienda manu." 443–6
...
[Metellus] haurit aquas tollensque manus, "ignoscite," dixit
"sacra! Vir intrabo non adeunda viro.
Si scelus est, in me commissi poena redundet:
sit capitis damno Roma soluta mei."
Dixit et irrupit. Factum dea rapta probavit
pontificisque sui munere tuta fuit. 449–54

49.5 Pliny the Elder, *Naturalis Historia* 7.141

Metellus orbam luminibus exegit senectam amissis incendio cum Palladium raperet ex aede Vestae, memorabili causa sed eventu misero. Quo fit ut infelix quidem dici non debeat, felix tamen non possit. Tribuit et p(opulus) R(omanus) quod nulli alii ab condito aevo, ut quotiens in senatum iret curru veheretur ad curiam, magnum ei et sublime, sed pro oculis datum.

50. The Vestal Virgins

50.1 Livy 1.20.3

[Numa] virginesque Vestae legit ... . Iis, ut adsiduae templi antistites essent, stipendium de publico statuit, virginitate aliisque caerimoniis venerabiles ac sanctas fecit.

50.2 Servius, *Commentary on* Aeneid 11.339

Futtile vas quoddam est lato ore, fundo angusto, quo utebantur in sacris Vestae, quia aqua ad sacra Vestae hausta in terra non ponitur, quod si fiat, piaculum est: unde excogitatum vas est, quod stare non posset, sed positum statim effunderetur.

50.3 Dionysius of Halicarnassus 2.67

Αἱ δὲ θεραπεύουσαι τὴν θεὸν παρθένοι τέτταρες μὲν ἦσαν κατ' ἀρχὰς τῶν βασιλέων αὐτὰς αἱρουμένων ἐφ' οἷς κατεστήσατο δικαίοις ὁ Νόμας, ὕστερον δὲ διὰ πλῆθος τῶν ἱερουργιῶν ἃς ἐπιτελοῦσιν ἓξ γενόμεναι μέχρι τοῦ καθ' ἡμᾶς διαμένουσι χρόνου ... .

χρόνον δὲ τριακονταετῆ μένειν αὐτὰς ἀναγκαῖον ἁγνὰς γάμων θυηπολούσας τε καὶ τἆλλα θρησκευούσας κατὰ νόμον, ἐν ᾧ δέκα μὲν ἔτη μανθάνειν αὐτὰς ἔδει, δέκα δ' ἐπιτελεῖν τὰ ἱερά, τὰ δὲ λοιπὰ δέκα διδάσκειν ἑτέρας. ἐκπληρωθείσης δὲ τῆς τριακονταετίας οὐδὲν ἦν τὸ κωλῦσον τὰς βουλομένας ἀποθείσας τὰ στέμματα καὶ τὰ λοιπὰ παράσημα τῆς ἱερωσύνης γαμεῖσθαι. καὶ ἐποίησάν τινες τοῦτο πάνυ ὀλίγαι, αἷς ἄζηλοι συνέβησαν αἱ τελευταὶ τῶν βίων καὶ οὐ πάνυ εὐτυχεῖς, ὥστε δι' οἰωνοῦ λαμβάνουσαι τὰς ἐκείνων συμφορὰς αἱ λοιπαὶ παρθένοι μένουσι παρὰ τῇ θεῷ μέχρι θανάτου, τότε δὲ εἰς τὸν τῆς ἐκλιπούσης ἀριθμὸν ἑτέρα πάλιν ὑπὸ τῶν ἱεροφαντῶν ἀποδείκνυται. τιμαὶ δὲ αὐταῖς ἀποδέδονται παρὰ τῆς πόλεως πολλαὶ καὶ καλαί, δι' ἃς οὔτε παίδων αὐταῖς ἐστι πόθος οὔτε γάμων, τιμωρίαι τε ἐπὶ τοῖς ἁμαρτανομένοις κεῖνται μεγάλαι, ὧν ἐξετασταί τε καὶ κολασταὶ κατὰ νόμον εἰσὶν οἱ ἱεροφάνται, τὰς μὲν ἄλλο τι τῶν ἐλαττόνων ἁμαρτανούσας ῥάβδοις μαστιγοῦντες, τὰς δὲ φθαρείσας αἰσχίστῳ τε καὶ ἐλεεινοτάτῳ παραδιδόντες θανάτῳ. ζῶσαι γὰρ ἔτι πομπεύουσιν ἐπὶ κλίνης φερόμεναι τὴν ἀποδεδειγμένην τοῖς νεκροῖς ἐκφοράν, ἀνακλαιομένων αὐτὰς καὶ προπεμπόντων φίλων τε καὶ συγγενῶν, κομισθεῖσαι δὲ μέχρι τῆς Κολλίνης πύλης, ἐντὸς τείχους εἰς σηκὸν ὑπὸ γῆς κατεσκευασμένον ἅμα τοῖς ἐνταφίοις κόσμοις τίθενται καὶ οὔτ' ἐπιστήματος οὔτ' ἐναγισμῶν οὔτ' ἄλλου τῶν νομίμων οὐδενὸς τυγχάνουσι. πολλὰ μὲν οὖν καὶ ἄλλα δοκεῖ μηνύματα εἶναι τῆς οὐχ ὁσίως ὑπηρετούσης τοῖς ἱεροῖς, μάλιστα δὲ ἡ σβέσις τοῦ πυρός, ἣν ὑπὲρ ἅπαντα τὰ δεινὰ Ῥωμαῖοι δεδοίκασιν ἀφανισμοῦ τῆς πόλεως σημεῖον ὑπολαμβάνοντες, ἀφ' ἧς ποτ' ἂν αἰτίας γένηται, καὶ πολλαῖς αὐτὸ θεραπείαις ἐξιλασκόμενοι κατάγουσι πάλιν εἰς τὸ ἱερόν.

50.4 **Livy** 28.11.1, 3, 6

In civitate tanto discrimine belli sollicita, cum omnium secundorum adversorumque causas in deos verterent, multa prodigia nuntiabantur: …

Caere porcus biceps et agnus mas idem feminaque natus erat; et Albae duo soles visos ferebant … . Plus omnibus aut nuntiatis peregre aut visis domi prodigiis terruit animos hominum ignis in aede Vestae exstinctus, caesaque flagro et Vestalis cuius custodia eius noctis fuerat iussu P. Licini pontificis.

50.5 **Livy** 4.44.11–12

Eodem anno Postumia virgo Vestalis de incestu causam dixit crimine innoxia, ab suspicione propter cultum amoeniorem ingeniumque liberius quam virginem decet parum abhorrens. Eam ampliatam, deinde absolutam pro collegii sententia pontifex maximus abstinere iocis colique sancte potius quam scite iussit.

50.6 **Livy** 8.15.7–8

Eo anno Minucia Vestalis suspecta primo propter mundiorem iusto cultum, insimulata deinde apud pontifices ab indice servo, cum decreto eorum iussa esset sacris abstinere familiamque in potestate habere, facto iudicio viva sub terram ad Portam Collinam dextra viam stratam defossa Scelerato Campo; credo ab incesto id ei loco nomen factum.

50.7 **Servius,** *Commentary on* Aeneid 11.206

Senatus prohibuit et lege cavit, ne quis in urbe sepeliretur: unde … virgines Vestae, quia legibus non tenentur, in civitate habent sepulchra; … nocentes virgines Vestae quia legibus non tenentur, licet vivae, tamen intra urbem in Campo Scelerato obruebantur.

50.8 **Pliny the Younger,** *Epistulae* 4.11. 9

[C]um in illud subterraneum [Cornelia] demitteretur, haesissetque descendenti stola, vertit se ac recollegit, cumque ei manum carnifex daret, aversata est et resiluit foedumque contactum quasi plane a casto puroque corpore novissima sanctitate reiecit …

50.9 **Pliny the Younger,** *Epistulae* 7.19.1–2

C. Plinius Prisco Suo S.:

Angit me Fanniae valetudo. Contraxit hanc dum adsidet Iuniae virgini, sponte primum (est enim adfinis), deinde etiam ex auctoritate pontificum. Nam virgines, cum vi morbi atrio Vestae coguntur excedere, matronarum curae custodiaeque mandantur. Quo munere Fannia dum sedulo fungitur, hoc discrimine implicita est.

50.10 *ILS* 4938 = *CIL* 6.32422

OB MERITUM CASTITATIS PUDICITIAE ADQ(ue) IN SACRIS RELIGIONIBUSQUE DOCTRINAE MIRABILIS C / / / / / / E V(irgini) V(estali) MAX(imae), PONTIFICES V(iri) C(larissimi), PROMAG(istro) MACRINIO SOSSIANO V(iro) C(larissimo), P(ontifice) M(aximo?)

50.11 **Prudentius,** *Peristephanon* 2.525–28

Vittatus olim pontifex
adscitur in signum crucis,
aedemque, Laurenti, tuam
Vestalis intrat Claudia.

51. Domus Publica

51.1 **Suetonius,** *Julius Caesar* 46

Habitavit primo in Subura modicis aedibus, post autem pontificatum maximum in Sacra Via domo publica.

51.2 **Pliny the Elder,** *Naturalis Historia* 19.23

Mox Caesar dictator totum Forum Romanum intexit Viamque Sacram ab domo sua et clivum usque in Capitolium, quod munere ipso gladiatorio mirabilius visum tradunt.

52. Regia

52.1 **Solinus** 1.21

Numa in colle primum Quirinali deinde propter aedem Vestae in Regia quae adhuc appellatur.

52.2 **Plutarch**, *Numa* 14.1

ἐδείματο πλησίον τοῦ τῆς Ἑστίας ἱεροῦ τὴν καλουμένην Ῥηγίαν, οἷόν τι βασίλειον οἴκημα· καὶ τὸ πλεῖστον αὐτόθι τοῦ χρόνου διέτριβεν ἱερουργῶν ἢ διδάσκων τοὺς ἱερεῖς ἢ πρὸς ἐννοίᾳ τινὶ τῶν θείων πρὸς αὑτὸν σχολάζων. οἰκίαν δ' εἶχεν ἑτέραν περὶ τὸν Κυρίνου λόθον, ἧς ἔτι νῦν τὸν τόπον ἐπιδεικνύουσιν.

52.3 **Ovid**, *Fasti* 3.353–382 (*selections*)

"Protulerit terris cum totum Cynthius orbem,
Iuppiter imperii pignora certa dabit." 353–4
. . .
Ter tonuit sine nube deus, tria fulgura misit. 369
. . .
Ecce levi scutum versatum leniter aura
decidit. 373–4
. . .
Tum, memor imperii sortem consistere in illo,
consilium multae calliditatis init.
Plura iubet fieri simili caelata figura
error ut ante oculos insidiantis eat. 379–82

52.4 **Dio Cassius** 48.42.4

τυχών τε τῶν ἐπινικίων ... τό τε χρυσίον τὸ παρὰ τῶν πόλεων ἐς αὐτὰ εἰωθὸς δίδοσθαι ἐκ μόνων τῶν Ἰβηρικῶν ἔλαβε, καὶ ἀπ' αὐτοῦ τὸ μέν τι ἐς τὴν ἑορτὴν ἀνάλωσε, τὸ δὲ δὴ πλεῖον ἐς τὸ βασίλειον. κατακαυθὲν γὰρ αὐτὸ ἀνῳκοδόμησε καὶ καθιέρωσεν, ἄλλοις τέ τισι λαμπρῶς κοσμήσας καὶ εἰκόσιν.

52.5 **Servius**, *Commentary on* Aeneid 8.3

Is qui belli susceperat curam, sacrarium Martis ingressus primo ancilia commovebat, post hastam simulacri ipsius, dicens "Mars vigila."

52.6 **Festus** 190 L

October equus appellatur, qui in Campo Martio mense Octobri immolatur quotannis Marti, bigarum victricum dexterior. De cuius capite non levis contentio solebat esse inter Suburanenses et Sacravienses, ut hi in Regiae pariete, illi ad turrim Mamiliam id figerent; eiusdemque coda tanta celeritate perfertur in Regiam, ut ex ea sanguis distillet in focum, participandae rei divinae gratia. Quem hostiae loco quidam Marti bellico deo sacrari dicunt, non ut vulgus putat, quia velut supplicium de eo sumatur, quod Romani Ilio sunt oriundi, et Troiani ita effigie in equi sint capti.

53. Temple of Antoninus and Faustina

53.1 *ILS* 348 = *CIL* 6.1005

DIVO ANTONINO ET / DIVAE FAUSTINAE EX S(enatus) C(onsulto)

53.2 **Historia Augusta**, *Antoninus Pius* 3.7

De huius uxore multa dicta sunt ob nimiam libertatem et vivendi facilitatem, quae iste cum animi dolore compressit.

53.3 **Historia Augusta**, *Antoninus Pius* 6.7

Tertio anno imperii sui [Antoninus Pius] Faustinam uxorem perdidit, quae a senatu consecrata est delatis circensibus atque templo et flaminicis et statuis aureis atque argenteis.

53.4 **Historia Augusta**, *Antoninus Pius* 13.3–4

A senatu divus est appellatus cunctis certatim adnitentibus, cum omnes eius pietatem, clementiam, ingenium, sanctimoniam laudarent. Decreti etiam sunt omnes honores qui optimis principibus ante delati sunt. Meruit et flaminem et circenses et templum et sodales Antoninianos solusque omnium prope principum prorsus sine civili sanguine et hostili, quantum ad se ipsum pertinet, vixit et qui rite comparetur Numae, cuius felicitatem pietatemque et securitatem caerimoniasque semper obtinuit.

53.5 **Historia Augusta**, *Antoninus Pius* 7.7–8

Salaria multis [Antoninus] subtraxit, quos otiosos videbat accipere, dicens nihil esse sordidius, immo crudelius, quam si rem publicam is adroderet qui nihil in eam suo labore conferret. Unde etiam Mesomedi lyrico salarium imminuit.

54. "The Temple of Romulus" (Temple of Jupiter Stator?)

54.1 **Livy** 1.12.1–7

Tenuere tamen arcem Sabini, atque inde postero die, cum Romanus exercitus instructus quod inter Palatium Capitolinumque collem campi est complesset... . Ut Hostius cecidit, confestim Romana inclinatur acies fusaque est ad veterem portam Palatii. Romulus et ipse turba fugientium actus arma ad caelum tollens, "Iuppiter, tuis," inquit, "iussus avibus hic in Palatio prima urbi fundamenta ieci. ... Deme terrorem Romanis fugamque foedam siste! Hic ego tibi templum Statori Iovi, quod monumentum sit posteris tua praesenti ope servatam urbem esse, voveo." Haec precatus, veluti sensisset auditas preces, "Hinc," inquit, "Romani, Iuppiter Optimus Maximus resistere atque iterare pugnam iubet."

54.2 **Ovid**, *Fasti* 6.793–4

Tempus idem Stator aedis habet, quam Romulus olim
ante Palatini condidit ora iugi.

54.3 **Dionysius of Halicarnassus** 2.50.3

Ῥωμύλος μὲν Ὀρθωσίῳ Διὶ παρὰ ταῖς καλουμέναις Μουγωνίσι πύλαις, αἳ φέρουσιν εἰς τὸ Παλάτιον ἐκ τῆς ἱερᾶς ὁδοῦ... .

54.4 **Livy**, 10.36.11; 37.15

[C]onsul manus ad caelum attollens voce clara, ita ut exaudiretur, templum Iovi Statori vovet, si constitisset a fuga Romana acies redintegratoque proelio cecidisset vicissetque legiones Samnitium. ...Iovis Statoris aedem votam, ut Romulus ante voverat; sed fanum tantum, id est locus templo effatus, fuerat.

54.5 **Cicero**, *In Catalinam* 2.12

Quin hesterno die, cum domi meae paene interfectus essem, senatum in aedem Iovis Statoris convocavi, rem omnem ad patres conscriptos detuli. Quo cum Catilina venisset, ...etiam principes eius ordinis partem illam subselliorum ad quam ille accesserat nudam atque inanem reliquerunt.

55. Basilica of Constantine (or Basilica Nova)

55.1 **Aurelius Victor**, *De Caesaribus* 40.26

Cuncta opera, quae magnifice [Maxentius] construxerat, Urbis Fanum atque Basilicam Flavii [Constantini] meritis patres sacravere.

56. Temple of Rome and Venus

56.1 **Dio Cassius** 69. 3.2–3; 4.1–6

Φιλοτιμία τε γὰρ ἀπλήστῳ ἐχρῆτο, καὶ κατὰ τοῦτο καὶ τἆλλα πάντα καὶ τὰ βραχύτατα ἐπετήδευε· καὶ γὰρ ἔπλασσε καὶ ἔγραφε... . ὁ δὲ δὴ φθόνος αὐτοῦ δεινότατος ἐς πάντας τούς τινι προέχοντας ὢν πολλοὺς μὲν καθεῖλε συχνοὺς δὲ καὶ ἀπώλεσε. ...

τὸν δ' Ἀπολλόδωρον τὸν ἀρχιτέκτονα τὸν τὴν ἀγορὰν καὶ τὸ ᾠδεῖον τό τε γυμνάσιον, τὰ τοῦ Τραϊανοῦ ποιήματα, ἐν τῇ Ῥώμῃ κατασκευάσαντα τὸ μὲν πρῶτον ἐφυγάδευσεν, ἔπειτα δὲ καὶ ἀπέκτεινε, λόγῳ μὲν ὡς πλημμελήσαντά τι, τὸ δ' ἀληθὲς ὅτι τοῦ Τραϊανοῦ κοινουμένου τι αὐτῷ περὶ τῶν ἔργων εἶπε τῷ Ἁδριανῷ παραλαλήσαντί τι ὅτι "ἄπελθε καὶ τὰς κολοκύντας γράφε· τούτων γὰρ οὐδὲν ἐπίστασαι." ἐτύγχανε δὲ ἄρα τότε ἐκεῖνος τοιούτῳ τινὶ γράμματι σεμνυνόμενος.

Αὐτοκρατορεύσας οὖν τότε ἐμνησικάκησε καὶ τὴν παρρησίαν αὐτοῦ οὐκ ἤνεγκεν. αὐτὸς μὲν γὰρ τοῦ τῆς Ἀφροδίτης τῆς τε Ῥώμης ναοῦ τὸ διάγραμμα αὐτῷ πέμψας, δι' ἔνδειξιν ὅτι καὶ ἄνευ ἐκείνου μέγα ἔργον γίγνεσθαι δύναται, ἤρετο εἰ εὖ ἔχοι τὸ κατασκεύασμα· ὁ δ' ἀντεπέστειλε περί τε τοῦ ναοῦ ὅτι καὶ μετέωρον αὐτὸν καὶ ὑπεκκεκενωμένον γενέσθαι ἐχρῆν, ἵν' ἔς τε τὴν ἱερὰν ὁδὸν ἐκφανέστερος, ἐξ ὑψηλοτέρου εἴη καὶ ἐς τὸ κοῖλον τὰ μηχανήματα ἐσδέχοιτο, ὥστε καὶ ἀφανῶς συμπήγνυσθαι καὶ ἐξ οὐ προειδότος ἐς τὸ θέατρον ἐσάγεσθαι, καὶ περὶ τῶν ἀγαλμάτων ὅτι μείζονα ἢ κατὰ τὸν τοῦ ὕψους τοῦ μεγάρου λόγον ἐποιήθη· "ἂν γὰρ αἱ θεαί," ἔφη "ἐξαναστήσεσθαί τε καὶ ἐξελθεῖν ἐθελήσωσιν, οὐ δυνηθήσονται." ταῦτα γὰρ ἄντικρυς αὐτοῦ γράψαντος καὶ ἠγανάκτησε καὶ ὑπερήλγησεν ὅτι καὶ ἐς ἀδιόρθωτον ἁμαρτίαν ἐπεπτώκει, καὶ οὔτε τὴν ὀργὴν οὔτε τὴν λύπην κατέσχεν, ἀλλ' ἐφόνευσεν αὐτόν.

56.2 **Dio Cassius** 72.31.1

τῷ δὲ Μάρκῳ καὶ τῇ Φαυστίνῃ ἐψηφίσατο ἡ βουλὴ ἔν τε τῷ Ἀφροδισίῳ τῷ τε Ῥωμαίῳ εἰκόνας ἀργυρᾶς ἀνατεθῆναι καὶ βωμὸν ἱδρυθῆναι, καὶ ἐπ' αὐτοῦ πάσας τὰς κόρας τὰς ἐν τῷ ἄστει γαμουμένας μετὰ τῶν νυμφίων θύειν.

56.3 **Prudentius**, *Contra Symmachum* 1.215–224

Iamque domo egrediens, ut publica festa diesque
et ludos stupuit celsa et Capitolia vidit
laurigerosque deum templis adstare ministros
ac Sacram resonare Viam mugitibus ante
delubrum Romae (colitur nam sanguine et ipsa
more deae, nomenque loci ceu numen habetur,
atque urbis Venerisque pari se culmine tollunt
templa, simul geminis adolentur tura deabus),
vera ratus quaecumque fiant auctore senatu,
contulit ad simulacra fidem…

57. Arch of Titus

57.1 *ILS* 265 = *CIL* 6.945

SENATUS / POPULUSQUE ROMANUS / DIVO TITO DIVI VESPASIANI F(ilio) / VESPASIANO AUGUSTO

57.2 *ILS* 264 = *CIL* 6.944

Senatus populusq(ue) Romanus imp(erator) Tito...quod praeceptis patr[is] consiliisq(ue) et auspiciis gentem Iudaeorum domuit et urbem Hierusolymam, omnibus ante se ducibus regibus gentibus aut frustra petitam aut omnino intem[p]tatam, delevit.

57.3 **Josephus**, *The Jewish War* 5.215–18

παριόντας δ' εἴσω τὸ ἐπίπεδον τοῦ ναοῦ μέρος ἐξεδέχετο. τούτου τοίνυν τὸ μὲν ὕψος ἑξήκοντα πηχῶν καὶ τὸ μῆκος ἴσον, εἴκοσι δὲ πηχῶν τὸ πλάτος ἦν. τὸ δ' ἑξηκοντάπηχυ πάλιν διῄρητο, καὶ τὸ μὲν πρῶτον μέρος ἀποτετμημένον ἐπὶ τεσσαράκοντα πήχεις εἶχεν ἐν ἑαυτῷ τρία τὰ θαυμασιώτατα καὶ περιβόητα πᾶσιν ἀνθρώποις ἔργα, λυχνίαν τράπεζαν θυμιατήριον. ἐνέφαινον δ' οἱ μὲν ἑπτὰ λύχνοι τοὺς πλανήτας· τοσοῦτοι γὰρ ἀπ' αὐτῆς διῄρηντο τῆς λυχνίας· οἱ δ' ἐπὶ τῆς τραπέζης ἄρτοι δώδεκα τόν τε ζῳδιακὸν κύκλον καὶ τὸν ἐνιαυτόν. τὸ θυμιατήριον δὲ διά τῶν τρισκαίδεκα θυμιαμάτων, οἷς ἐκ θαλάσσης ἀνεπίμπλατο καὶ γῆς ἀοικήτου τε καὶ οἰκουμένης, ἐσήμαινεν ὅτι τοῦ θεοῦ πάντα καὶ τῷ θεῷ.

57.4 **Procopius**, *Wars* 4.9.1–3, 5–9

Βελισάριος δὲ ἅμα Γελίμερί τε καὶ Βανδίλοις ἐς Βυζάντιον ἀϊκόμενος γερῶν ἠξιώθη ἃ δὴ ἐν τοῖς ἄνω χρόνοις Ῥωμαίων στρατηγοῖς τοῖς νίκας τὰς μεγίστας καὶ λόγου πολλοῦ ἀξίας ἀναδησαμένοις διετετάχατο. χρόνος δὲ ἀμφὶ ἐνιαυτοὺς ἑξακοσίους παρῳχήκει ἤδη ἐξ ὅτου ἐς ταῦτα τὰ γέρα οὐδεὶς ἐληλύθει, ὅτι μὴ Τίτος τε καὶ Τραϊανός, καὶ ὅσοι ἄλλοι αὐτοκράτορες στρατηγήσαντες ἐπί τι βαρβαρικὸν ἔθνος ἐνίκησαν. τὰ τε γὰρ λάφυρα ἐνδεικνύμενος καὶ τὰ τοῦ πολέμου ἀνδράποδα ἐν μέσῃ πόλει ἐπόμπευσεν, ὃν δὴ θρίαμβον καλοῦσι Ῥωμαῖοι... . ἦν δὲ καὶ ἄργυρος ἕλκων μυριάδας ταλάντων πολλὰς καὶ πάντων τῶν βασιλικῶν κειμηλίων πάμπολύ τι χρῆμα (ἅτε Γιζερίχου τὸ ἐν Ῥώμῃ σεσυληκότος Παλάτιον, ὥσπερ ἐν τοῖς ἔμπροσθεν λόγοις ἐρρήθη), ἐν οἷς καὶ τὰ Ἰουδαίων κειμήλια ἦν, ἅπερ ὁ Οὐεσπασιανοῦ Τίτος μετὰ τὴν Ἱεροσολύμων ἅλωσιν ἐς Ῥώμην ξὺν ἑτέροις τισὶν ἤνεγκε.

Καὶ αὐτὰ τῶν τις Ἰουδαίων ἰδὼν καὶ παραστὰς τῶν βασιλέως γνωρίμων τινὶ "Ταῦτα," ἔφη, "τὰ χρήματα ἐς τὸ ἐν Βυζαντίῳ Παλάτιον ἐσκομίζεσθαι ἀξύμφορον οἴομαι εἶναι. οὐ γὰρ οἷόν τε αὐτὰ ἑτέρωθι εἶναι ἢ ἐν τῷ χώρῳ οὗ δὴ Σολομὼν αὐτὰ πρότερον ὁ τῶν Ἰουδαίων βασιλεὺς ἔθετο. διὰ ταῦτα γὰρ καὶ Γιζέριχος τὰ Ῥωμαίων βασίλεια εἷλε καὶ νῦν τὰ Βανδίλων ὁ Ῥωμαίων στρατός." ταῦτα ἐπεὶ ἀνενεχθέντα βασιλεὺς ἤκουσεν, ἔδεισέ τε καὶ ξύμπαντα κατὰ τάχος ἐς τῶν Χριστιανῶν τὰ ἐν Ἱεροσολύμοις ἱερὰ ἔπεμψεν.

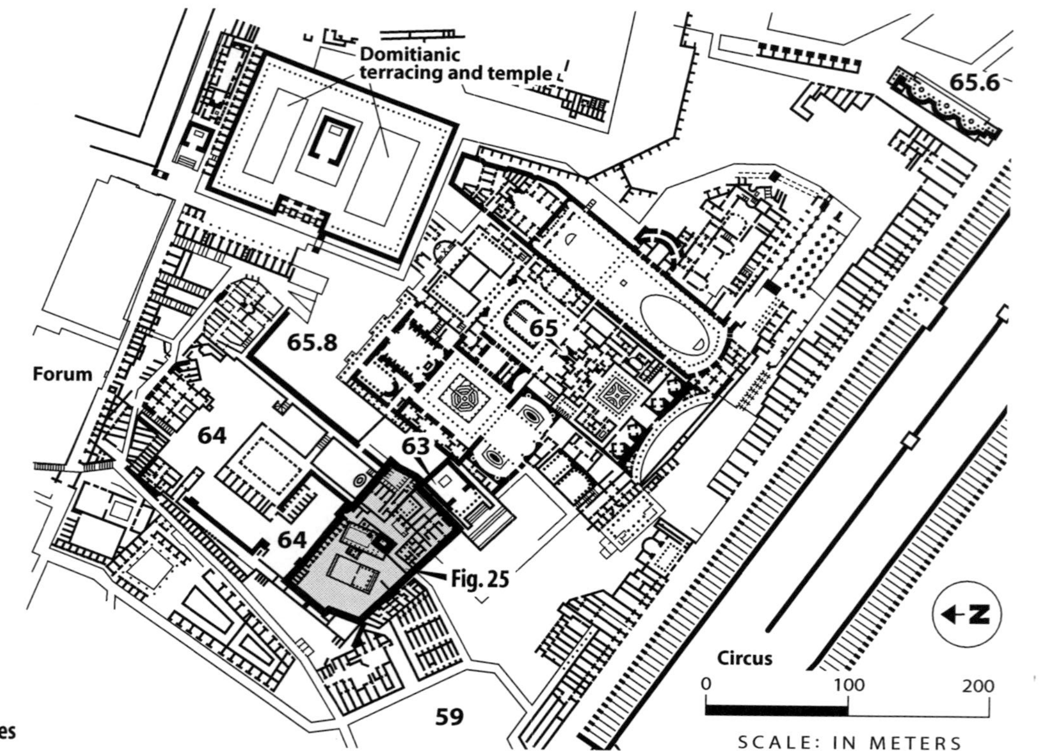

Fig. 30 Palatine Hill in Imperial Times

VI. The Palatine Hill

58. Overview of the Palatine Hill

58.1 **Propertius** 4.1.1–4

Hoc quodcumque vides, hospes, qua maxima Roma est,
ante Phrygem Aeneam collis et herba fuit.
Atque ubi Navali stant sacra Palatia Phoebo
Evandri profugae procubere boves.

59. The Lupercal Cave

59.1 **Dionysius of Halicarnassus** 1.79.8

καὶ ἦν γάρ τις οὐ πολὺ ἀπέχων ἐκεῖθεν ἱερὸς χῶρος ὕλῃ βαθείᾳ συνηρεφὴς καὶ πέτρα κοίλη πηγὰς ἐνιεῖσα, ἐλέγετο δὲ Πανὸς εἶναι τὸ νάπος, καὶ βωμὸς ἦν αὐτόθι τοῦ θεοῦ· εἰς τοῦτο τὸ χωρίον ἐλθοῦσα ἀποκρύπτεται. τὸ μὲν οὖν ἄλσος οὐκέτι διαμένει, τὸ δὲ ἄντρον, ἐξ οὗ ἡ λιβὰς ἐκδίδοται, τῷ Παλλαντίῳ προσῳκοδομημένον δείκνυται κατὰ τὴν ἐπὶ τὸν ἱππόδρομον φέρουσαν ὁδόν, καὶ τέμενός ἐστιν αὐτοῦ πλησίον, ἔνθα εἰκὼν κεῖται τοῦ πάθους λύκαινα παιδίοις δυσὶ τοὺς μαστοὺς ἐπίσχουσα, χαλκᾶ ποιήματα παλαιᾶς ἐργασίας.

59.2 **Dionysius of Halicarnassus** 1.80.1

χρῆν τοὺς περὶ τὸ Παλλάντιον οἰκοῦντας τῶν νέων ἐκ τοῦ Λυκαίου τεθυκότας περιελθεῖν δρόμῳ τὴν κώμην γυμνοὺς ὑπεζωσμένους τὴν αἰδῶ ταῖς δοραῖς τῶν νεοθύτων. τοῦτο δὲ καθαρμόν τινα τῶν κωμητῶν πάτριον ἐδύνατο, ὡς καὶ νῦν ἔτι δρᾶται.

59.3 Plutarch, *Romulus* 21.4–5

καὶ γὰρ ἀρχομένους τῆς περιδρομῆς τοὺς Λουπέρκους ὁρῶμεν ἐντεῦθεν ὅπου τὸν Ῥωμύλον ἐκτεθῆναι λέγουσι. τὰ δὲ δρώμενα τὴν αἰτίαν ποιεῖ δυστόπαστον· σφάττουσι γὰρ αἶγας, εἶτα μειρακίων δυοῖν ἀπὸ γένους προσαχθέντων αὐτοῖς, οἱ μὲν ᾑμαγμένῃ μαχαίρᾳ τοῦ μετώπου θιγγάνουσιν, ἕτεροι δ᾽ ἀπομάττουσιν εὐθύς, ἔριον βεβρεγμένον γάλακτι προσφέροντες. γελᾶν δέ δεῖ τὰ μειράκια μετὰ τὴν ἀπόμαξιν. ἐκ δὲ τούτου τὰ δέρματα τῶν αἰγῶν κατατεμόντες διαθέουσιν ἐν περιζώσμασι γυμνοί, τοῖς σκύτεσι τὸν ἐμποδὼν παίοντες. αἱ δ᾽ ἐν ἡλικίᾳ γυναῖκες οὐ φεύγουσι τὸ παίεσθαι, νομίζουσαι πρὸς εὐτοκίαν καὶ κύησιν συνεργεῖν. ἴδιον δὲ τῆς ἑορτῆς τὸ καὶ κύνα θύειν τοὺς Λουπέρκους.

59.4 Velleius Paterculus 1.15.3

Cassius censor a Lupercali in Palatium versus theatrum facere instituit… .

59.5 Cicero, *De Haruspicum Responso* 24

[Ludos] in Palatio nostri maiores ante templum in ipso Matris Magnae conspectu Megalesibus fieri celebrarique voluerunt?

59.6 Augustus, *Res Gestae* 19

Lupercal…feci.

60. The Temple of Victory

60.1 Livy 10.33.9

Prius tamen quam exiret, militibus edicto Soram iussis convenire, ipse [L. Postumius] aedem Victoriae, quam aedilis curulis ex multaticia pecunia faciendam curaverat, dedicavit.

61. The Temple of the Great Mother Goddess (Magna Mater)

61.1 Livy 29.10.4–5; 11.7; 14.11–14

Civitatem eo tempore repens religio invaserat invento carmine in libris Sibyllinis propter crebrius eo anno de caelo lapidatum inspectis, quandoque hostis alienigena terrae Italiae bellum intulisset, eum pelli Italia vincique posse, si mater Idaea a Pessinunte Romam advecta foret. … Pergamum ad regem [Attalum] venerunt. Is legatos comiter acceptos Pessinuntem in Phrygiam deduxit sacrumque iis lapidem quam matrem deum esse incolae dicebant tradidit ac deportare Romam iussit. …

Postquam navis ad ostium amnis Tiberini accessit, sicut erat iussus, in salum nave evectus ab sacerdotibus deam [P. Cornelius] accepit extulitque in terram. Matronae primores civitatis, inter quas unius Claudiae Quintae insigne est nomen, accepere; cui dubia, ut traditur, antea fama clariorem ad posteros tam religioso ministerio pudicitiam fecit. Eae per manus, succedentes deinde aliae aliis, omni obviam effusa civitate, turibulis ante ianuas positis qua praeferebatur atque accenso ture, precantibus ut volens propitiaque urbem Romanam iniret, in aedem Victoriae quae est in Palatio, pertulere deam pridie idus Apriles; isque dies festus fuit. Populus frequens dona deae in Palatium tulit, lectisterniumque et ludi fuere, Megalesia appellata.

61.2 **Arnobius**, *Against the Pagans*, 7.49

Adlatum ex Phrygia nihil quidem aliud scribitur missum rege ab Attalo, nisi lapis quidam non magnus, ferri manu hominis sine ulla inpressione qui posset, coloris furvi atque atri, angellis prominentibus inaequalis, et quem omnes hodie ipso illo videmus in signo oris loco positum, indolatum et asperum et simulacro faciem minus expressam simulatione praebentem.

61.3 **Ovid**, *Fasti* 4.337–340

Est locus, in Tiberim qua lubricus influit Almo
 et nomen magno perdit in amne minor:
illic purpurea canus cum veste sacerdos
 Almonis dominam sacraque lavit aquis.

61.4 **Martial** 3.47.2

Phygiumque Matris Almo qua lavat ferrum… .

61.5 **Pliny the Elder**, *Naturalis Historia* 18.16

Quo verum anno [204 BC] Mater deum advecta Romam est, maiorem ea aestate messem quam antecedentibus annis decem factam esse tradunt.

61.6 **Livy** 29.37.3

[Censores M. Livius et C. Claudius] aedem Matris Magnae in Palatio faciendam locaverunt.

61.7 **Livy** 36.36.3–4

Per idem fere tempus aedes Matris Magnae Idaeae dedicata est… . Tredecim annis postquam locata erat, dedicavit eam M. Iunius Brutus, ludique ob dedicationem eius facti, quos primos scenicos fuisse Antias Valerius est auctor, Megalesia appellatos.

61.8 Valerius Maximus 1.8.11

...Quintae Claudiae statua in vestibulo templi Matris Deum posita bis ea aede incendio consumpta, prius P. Nasica Scipione et L. Bestia, iterum M. Servilio et L. Lamia consulibus, in sua basi flammis intacta stetit.

61.9 Augustus, *Res Gestae* 19

[A]edem Matris Magnae in Palatio feci.

61.10 Ovid, *Fasti* 4.357–360

Institeram, quare primi Megalesia ludi
urbe forent nostra, cum dea (sensit enim)
"illa deos" inquit "peperit. Cessere parenti,
principiumque data Mater honoris habet."

61.11 Dionysius of Halicarnassus 2.19.3–4

...εἴ τινα κατὰ χρησμοὺς ἐπεισηγάγετο ἱερά, τοῖς ἑαυτῆς αὐτὰ τιμᾷ νομίμοις ἅπασαν ἐκβαλοῦσα τερθρείαν μυθικήν, ὥσπερ τὰ τῆς Ἰδαίας θεᾶς ἱερά. θυσίας μὲν γὰρ αὐτῇ καὶ ἀγῶνας ἄγουσιν ἀνὰ πᾶν ἔτος οἱ στρατηγοὶ κατὰ τοὺς Ῥωμαίων νόμους, ἱερᾶται δὲ αὐτῆς ἀνὴρ Φρὺξ καὶ γυνὴ Φρυγία καὶ περιάγουσιν ἀνὰ τὴν πόλιν οὗτοι μητραγυρτοῦντες, ὥσπερ αὐτοῖς ἔθος, τύπους τε περικείμενοι τοῖς στήθεσι καὶ καταυλούμενοι πρὸς τῶν ἑπομένων τὰ μητρῷα μέλη καὶ τύμπανα κροτοῦντες· Ῥωμαίων δὲ τῶν αὐθιγενῶν οὔτε μητραγυρτῶν τις οὔτε καταυλούμενος πορεύεται διὰ τῆς πόλεως ποικίλην ἐνδεδυκὼς στολὴν οὔτε ὀργιάζει τὴν θεὸν τοῖς Φρυγίοις ὀργιασμοῖς κατὰ νόμον καὶ ψήφισμα βουλῆς.

61.12 Catullus 63 (*selections*)

Sed ubi oris aurei Sol radiantibus oculis
lustravit aethera album, sola dura, mare ferum ...
liquidaque mente vidit sine quis ubique foret, ...
patriam allocuta maestast ita voce miseriter: ... 39–40, 46, 49

"Egone a mea remota haec ferar in nemora domo?
Patria, bonis, amicis, genitoribus abero?
Abero foro, palaestra, stadio et gyminasiis? ...
Ego gymnasi fui flos, ego eram decus olei; ...
Ego nunc deum ministra et Cybeles famula ferar? ...
Iam iam dolet quod egi, iam iamque paenitet." ... 58–60, 64, 68, 73

Ibi iuncta iuga resolvens Cybele leonibus
laevumque pecoris hostem stimulans ita loquitur:

"Agedum," inquit, "age ferox [i], fac ut hunc furor [agitet],
fac uti furoris ictu reditum in nemora ferat,
mea libere nimis qui fugere imperia cupit ..." 76–80
Dea magna, dea Cybebe, dea domina Dindymi,
procul a mea tuus sit furor omnis, era, domo:
alios age incitatos, alios age rabidos. 91–93

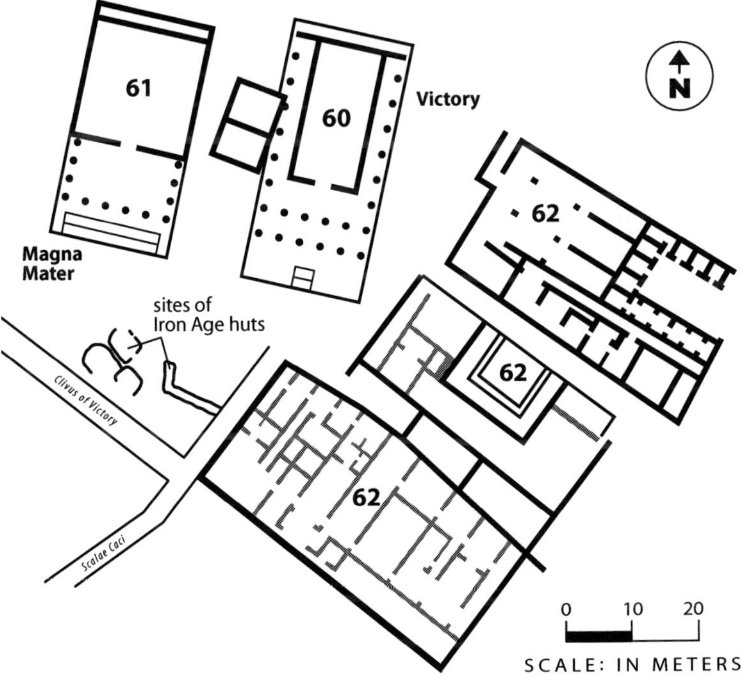

Fig. 31 Palatine detail: Residence of Augustus

62. The House of Augustus (Casa Liviae) (Fig. 31)

62.1 Suetonius, *Augustus* 72.1–2

[Augustus] habitavit primo iuxta Romanum Forum supra Scalas Anularias, in domo quae Calvi oratoris fuerat; postea in Palatio, sed nihilo minus aedibus modicis Hortensianis, et neque laxitate neque cultu conspicuis, ut in quibus porticus breves essent Albanarum columnarum et sine marmore ullo aut insigni pavimento conclavia. Ac per annos amplius quadraginta eodem cubiculo hieme et aestate mansit, quamvis parum salubrem valitudini suae urbem hieme experiretur assidueque in urbe hiemaret. Si quando quid secreto aut sine interpellatione agere proposuisset, erat illi locus in edito singularis, quem Syracusas et technyphion vocabat; huc transibat aut in alicuius libertorum suburbanum; aeger autem in domo Maecenatis cubabat. Ex secessibus praecipue frequentavit maritima insulasque Campaniae aut proxima urbi oppida, Lanuvium, Praeneste, Tibur, ubi etiam in porticibus Herculis templi persaepe ius dixit.

62.2 **Dio Cassius** 53.16.5

καλεῖται δὲ τὰ βασίλεια παλάτιον, οὐχ ὅτι καὶ ἔδοξέ ποτε οὕτως αὐτὰ ὀνομάζεσθαι, ἀλλ' ὅτι ἔν τε τῷ Παλατίῳ ὁ Καῖσαρ ᾤκει καὶ ἐκεῖ τὸ στρατήγιον εἶχε, καί τινα καὶ πρὸς τὴν τοῦ Ῥωμύλου προενοίκησιν φήμην ἡ οἰκία αὐτοῦ ἀπὸ τοῦ παντὸς ὄρους ἔλαβε.

62.3 **Dionysius of Halicarnassus** 1.79.11

Βίος δ' αὐτοῖς ἦν βουκολικὸς καὶ δίαιτα αὐτουργὸς ἐν ὄρεσι τὰ πολλὰ πηξαμένοις διὰ ξύλων καὶ καλάμων σκηνὰς αὐτορόφους· ὧν ἔτι καὶ εἰς ἐμὲ ἦν τις τοῦ Παλλαντίου ἐπὶ τῆς πρὸς τὸν ἱππόδρομον στρεφούσης λαγόνος Ῥωμύλου λεγομένη, ἣν φυλάττουσιν ἱερὰν οἷς τούτων ἐπιμελὲς οὐδὲν ἐπὶ τὸ σεμνότερον ἐξάγοντες, εἰ δέ τι πονήσειεν ὑπὸ χειμῶνος ἢ χρόνου τὸ λεῖπον ἐξακούμενοι καὶ τῷ πρόσθεν ἐξομοιοῦντες εἰς δύναμιν.

62.4 **Dio Cassius** 54.29.8

ἡ τοῦ Ῥωμύλου σκηνὴ ἐκαύθη, κοράκων κρέα ἐς αὐτὴν ἐκ βωμοῦ τινος ἔμπυρα ἐμβαλόντων.

62.5 **Augustus**, *Res Gestae* 34–5

In consulatu sexto et septimo, postquam bella civilia exstinxeram, per consensum universorum potitus rerum omnium, rem publicam ex mea potestate in senatus populique Romani arbitrium transtuli. Quo pro merito meo senatus consulto Augustus appellatus sum et laureis postes aedium mearum vestiti publice coronaque civica super ianuam meam fixa est … .

Tertium decimum consulatum cum gerebam, senatus et equester ordo populusque Romanus universus appellavit me patrem patriae idque in vestibulo aedium mearum inscribendum et in Curia et in Foro Aug. sub quadrigis, quae mihi ex s. c. positae sunt, decrevit.

62.6 **Calendar of Praeneste** for January 13, *CIL* I^2, p. 231

Corona querna uti super ianuam domus Imp. Caesaris Augusti poneretur senatus decrevit quod rem publicam populo Romano restituit.

62.7 **Ovid**, *Fasti* 4.949–54

Aufer, Vesta, diem! Cognati Vesta recepta est
limine: sic iusti constituere patres.
Phoebus habet partem, Vestae pars altera cessit;

quod superest illis, tertius ipse tenet.
State Palatinae laurus, praetextaque quercu
stet domus: aeternos tres habet una deos.

63. The Temple of Apollo

63.1 Velleius Paterculus, 2.81.3

Caesar [Augustus] reversus in urbem contractas emptionibus complures domos per procuratores, quo laxior fieret ipsius, publicis se usibus destinare professus est, templumque Apollonis et circa porticus facturum promisit, quod ab eo singulari exstructum munificentia est.

63.2 Suetonius, *Augustus* 29.3

Templum Apollinis in ea parte Palatinae domus excitavit, quam fulmine ictam desiderari a deo haruspices pronuntiarant; addidit porticus cum bibliotheca Latina Graecaque, quo loco iam senior saepe etiam senatum habuit decuriasque iudicum recognovit.

63.3 Dio Cassius 53.1.13

τό τε Ἀπολλώνιον τὸ ἐν τῷ Παλατίῳ καὶ τὸ τεμένισμα τὸ περὶ αὐτό, τάς τε ἀποθήκας τῶν βιβλίων, ἐξεποίησε καὶ καθιέρωσε.

63.4 Propertius 2.31.1–16 [+32.7–8]

Quaeris, cur veniam tibi tardior? Aurea Phoebi
porticus a magno Caesare aperta fuit.
Tota erat in spatium Poenis digesta columnis,
inter quas Danai femina turba senis.
Hic equidem Phoebus visus mihi pulchrior ipso
marmoreus tacita carmen hiare lyra;
Atque aram circum steterant armenta Myronis,
quattuor artificis, vivida signa, boves.
Tum medium claro surgebat marmore templum,
et patria Phoebo carius Ortygia:
in quo Solis erat supra fastigia currus,
et valvae, Libyci nobile dentis opus;
altera deiectos Parnasi vertice Gallos,
altera maerebat funera Tantalidos.
Deinde inter matrem deus ipse interque sororem
Pythius in longa carmina veste sonat.
Hoc utinam spatiere loco, quodcumque vacabis,
Cynthia!

63.5 **Virgil**, *Aeneid* 8.704–6, 720–2

Actius haec cernens arcum intendebat Apollo
desuper: omnis eo terrore Aegyptus et Indi
omnis Arabs, omnes vertebant terga Sabaei.
. . .
Ipse sedens niveo candentis limine Phoebi
dona recognoscit populorum aptatque superbis
postibus. . . .

63.6 **Suetonius**, *Augustus* 31.1

Postquam vero pontificatum maximum. . .[Augustus] suscepit, quidquid fatidicorum librorum Graeci Latinique generis nullis vel parum idoneis auctoribus vulgo ferebatur, supra duo milia contracta undique cremavit ac solos retinuit Sibyllinos, hos quoque dilectu habito; condiditque duobus forulis auratis sub Palatini Apollinis basi.

63.7 **Ovid**, *Tristia* 3.1 (*selections*)

"Missus in hanc venio timide liber exulis urbem:
da placidam fesso, lector amice, manum;
neve reformida, ne sim tibi forte pudori:
nullus in hac charta versus amare docet. 1–4
. . .
Dicite, lectores, si non grave, qua sit eundum,
quasque petam sedes hospes in urbe liber." 19–20
. . .
Singula dum miror, video fulgentibus armis
conspicuos postes tectaque digna deo,
et "Iovis haec" dixi "domus est?" quod ut esse putarem,
augurium menti querna corona dabat.
Cuius ut accepi dominum, "non fallimur," inquam,
"et magni verum est hanc Iovis esse domum.
Cur tamen opposita velatur ianua lauro,
cingit et augustas arbor opaca fores?
Num quia perpetuos meruit domus ista triumphos,
an quia Leucadio semper amata deo est? 33–42
. . .
Causa superpositae scripto est testata coronae
servatos cives indicat huius ope." 47–48
. . .
Inde tenore pari gradibus sublimia celsis
ducor ad intonsi candida templa dei,
signa peregrinis ubi sunt alterna columnis,
Belides et stricto barbarus ense pater,
quaeque viri docto veteres cepere novique
pectore, lecturis inspicienda patent.

Quarerebam fratres, exceptis scilicet illis,
 quos suus optaret non genuisse pater.
Quaerentem frustra custos me sedibus illis
 praepositus sancto iussit abire loco. 59–68
. . .
Forsitan et nobis olim minus asper et illi
 evictus longo tempore Caesar erit. 75–76
. . .
Interea, quoniam statio mihi publica clausa est,
 privato liceat delituisse loco. 79–80

64. The Palace of Tiberius (Domus Tiberiana)

64.1 Suetonius, *Caligula* 22.1–4

Hactenus quasi de principe, reliqua ut de monstro narranda sunt. ...

Nec multum afuit quin statim diadema sumeret speciemque principatus in regni formam converteret. Verum admonitus et principum et regum se excessisse fastigium, divinam ex eo maiestatem asserere sibi coepit; datoque negotio, ut simulacra numinum religione et arte praeclara, inter quae Olympii Iovis, apportarentur e Graecia, quibus capite dempto suum imponeret, partem Palatii ad Forum usque promovit, atque aede Castoris et Pollucis in vestibulum transfigurata, consistens saepe inter fratres deos, medium adorandum se adeuntibus exhibebat; et quidam eum Latiarem Iovem consalutarunt. ...Et noctibus quidem plenam fulgentemque Lunam invitabat assidue in amplexus atque concubitum, interdiu vero cum Capitolino Iove secreto fabulabatur, modo insusurrans ac praebens in vicem aurem, modo clarius nec sine iurgiis. Nam vox comminantis audita est:

Ἤ μ᾽ ἀνάειρ᾽ ἢ ἐγὼ σέ, [*Iliad* 23.724]

donec exoratus, ut referebat, et in contubernium ultro invitatus super templum Divi Augusti ponte transmisso Palatium Capitoliumque coniunxit. Mox, quo propior esset, in area Capitolina novae domus fundamenta iecit.

64.2 Dio Cassius 59.29.7

καὶ αὐτοῦ πεσόντος οὐδεὶς τῶν παρόντων ἀπέσχετο, ἀλλὰ καὶ νεκρὸν αὐτὸν ὄντα ὠμῶς ἐτίτρωσκον· καί τινες καὶ τῶν σαρκῶν αὐτοῦ ἐγεύσαντο... . Γάιος...τοῖς ἔργοις αὐτοῖς ὡς οὐκ ἦν θεὸς ἔμαθεν.

64.3 Suetonius, *Claudius* 10.1–4

[Q]uinquagesimo anno imperium cepit quantumvis mirabili casu. Exclusus inter ceteros ab insidiatoribus Gai, cum quasi secretum eo desiderante turbam submoverent, in diaetam, cui nomen est Hermaeum, recesserat; neque multo post rumore caedis exterritus prorepsit ad solarium proximum interque praetenta foribus vela se abdidit. Latentem discurrens forte gregarius miles, animadversis pedibus, studio sciscitandi quisnam esset, adgnovit extractumque et prae metu ad genua sibi accidentem imperatorem salutavit. Hinc ad alios commilitiones fluctuantis nec quicquam adhuc quam frementis perduxit. Ab his lecticae impositus et, quia sui diffugerant, vicissim succollantibus in castra delatus est tristis ac trepidus … . Verum postero die et senatu segniore in exsequendis conatibus per taedium ac dissensionem diversa censentium et multitudine, quae circumstabat, unum rectorem iam et nominatim exposcente, armatos pro contione iurare in nomen suum passus est promisitque singulis quina dena sestertia, primus Caesarum fidem militis etiam praemio pigneratus.

64.4 **Juvenal** 6.115–130

Quid privata domus, quid fecerit Eppia, curas?
Respice rivales divorum, Claudius audi
quae tulerit. Dormire virum cum senserat uxor,
sumere nocturnos meretrix Augusta cucullos
ausa Palatino et tegetem praeferre cubili
linquebat comite ancilla non amplius una.
Sed nigrum flavo crinem abscondente galero
intravit calidum veteri centone lupanar
et cellam vacuam atque suam; tunc nuda papillis
prostitit auratis titulum mentita Lyciscae
ostenditque tuum, generose Britannice, ventrem.
Excepit blanda intrantis atque aera poposcit,
continueque iacens cunctorum absorbuit ictus.
Mox lenone suas iam dimittente puellas
tristis abit, et quod potuit tamen ultima cellam
clausit, adhuc ardens rigidae tentigine volvae,
et lassata viris necdum satiata recessit …

64.5 **Dio Cassius** 65.10.4, 11.1

ὀλίγα μὲν ἐν τῷ παλατίῳ ᾤκει, τὸ δὲ δὴ πλεῖστον ἐν τοῖς κήποις τοῖς καλουμένοις Σαλουστιείοις διέτριβε, κἀνταῦθα τὸν βουλόμενον οὐχ ὅτι τῶν βουλευτῶν ἀλλὰ καὶ τῶν ἄλλων ἐσεδέχετο … .

τό τε σύμπαν τῇ μὲν προνοίᾳ τῶν κοινῶν αὐτοκράτωρ ἐνομίζετο, ἐς δὲ δὴ τἆλλα πάντα κοινὸς καὶ ἰσοδίαιτός σίσιν ἦν.

64.6 **Suetonius**, *Domitian* 3.1

Inter initia principatus cotidie secretum sibi horarum sumere [Domitianus] solebat nec quicquam amplius quam muscas captare ac stilo praeacuto configere, ut cuidam interroganti, essetne quis intus cum Caesare, non absurde responsum sit a Vibio Crispo, ne muscam quidem.

64.7 **Historia Augusta**, *Antoninus Pius* 10.4

Cum Apollonium, quem e Chalcide [Antoninus Pius] acciverat, ad Tiberianam domum, in qua habitabat, vocasset, ut ei Marcum Antoninum traderet, atque ille dixisset "non magister ad discipulum debet venire, sed discipulus ad magistrum," risit eum, dicens, "facilius fuit Apollonio a Chalcide Romam venire quam a domo sua in Palatium."

64.8 *ILS* 1773 = *CIL* 6.8654

Iulia Gemella Isidori (uxor) v(ixit) a(nnos) XXV. Albanus Caesar(is) (servus) a supelect(ile) de domu Tiberiana, v(ixit) a(nnos) XLV

65. The Palace of Domitian (Domus Augustiana) (Fig. 32)

65.1 **Plutarch**, *Publicola* 15.5

ὁ μέντοι θαυμάσας τοῦ Καπιτωλίου τὴν πολυτέλειαν, εἰ μίαν εἶδεν ἐν οἰκίᾳ Δομετιανοῦ στοὰν ἢ βασιλικὴν ἢ βαλανεῖον ἢ παλλακίδων δίαιταν ... .

τοιοῦτον ἄν τι πρὸς Δομετιανὸν εἰπεῖν προήχθη· "οὐκ εὐσεβὴς οὐδὲ ἰλότιμος τύ γ' ἐσσί· ἔχεις νόσον· χαίρεις κατοικοδομῶν, ὥσπερ ὁ Μίδας ἐκεῖνος, ἅπαντά σοι χρυσᾶ καὶ λίθινα βουλόμενος γίνεσθαι."

65.2 **Martial** 7.56.1–2

Astra polumque pia cepisti mente, Rabiri,
    Parrhasiam mira qui struis arte domum.

65.3 **Statius**, *Silvae* 1.2.152–157

Pendent innumeris fastigia nixa columnis,
robora Dalmatico lucent satiata metallo.
Excludunt radios silvis demissa vetustis
frigora, perspicui vivunt in marmore fontes.
Nec servat natura vices: hic Sirius alget,
bruma tepet versumque domus sibi temperat annum.

65.4 **Statius**, *Silvae* 4.2.5–8;18–33

Ast ego, cui sacrae Caesar nova gaudia cenae
nunc primum dominaque dedit consurgere mensa,
qua celebrem mea vota lyra, quas solvere grates
sufficiam?
...
Tectum augustum, ingens, non centum insigne columnis,

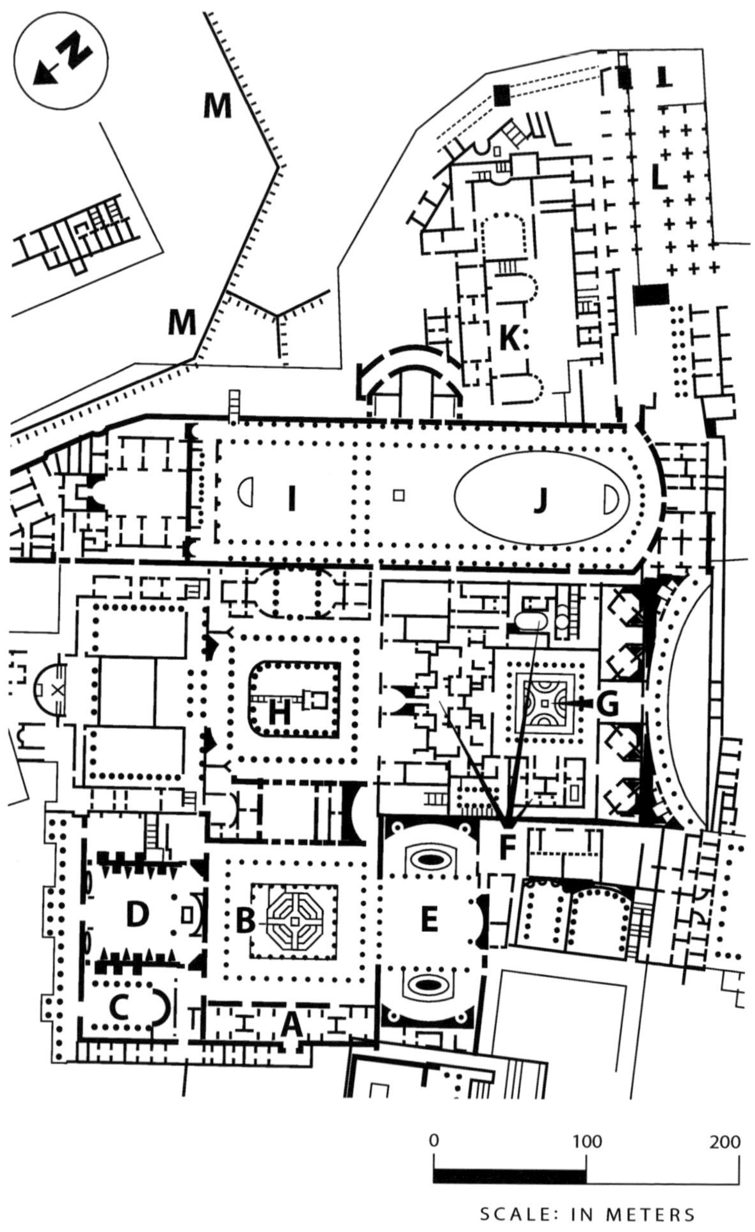

Fig. 32 The Palace of Domitian

sed quantae superos caelumque Atlante remisso
sustentare queant. Stupet hoc vicina Tonantis
regia teque pari laetantur sede locatum
numina. Nec magnum properes escendere caelum;
tanta patet moles effusaeque impetus aulae
liberior campo multumque amplexus operti
aetheros et tantum domino minor; ille penates
implet et ingenti genio iuvat. Aemulus illic
mons Libys Iliacusque nitens et multa Syene
et Chios et glaucae certantia Doridi saxa
Lunaque portandis tantum suffecta columnis.
Longa supra species: fessis vix culmina prendas
visibus auratique putes laquearia caeli.
Hic cum Romuleos proceres trabeataque Caesar
agmina mille simul iussit discumbere mensis … .

65.5 Suetonius, *Domitian* 14.1, 4; 16.2

Per haec terribilis cunctis et invisus, tandem [Domitianus] oppressus est insidiis amicorum libertorumque intimorum simul et uxoris. Annum diemque ultimum vitae iam pridem suspectum habebat … . Tempore vero suspecti periculi appropinquante sollicitior in dies porticuum, in quibus spatiari consuerat, parietes phengite lapide distinxit, e cuius splendore per imagines quidquid a tergo fieret provideret. …

Tunc horas [Domitiano] requirenti pro quinta, quam metuebat, sexta ex industria nuntiata est. His velut transacto iam periculo laetum festinantemque ad corporis curam Parthenius cubiculo praepositus convertit, nuntians esse qui magnum nescio quid afferret, nec differendum. Itaque summotis omnibus in cubiculum se recepit atque ibi occisus est.

65.6 Historia Augusta, *Severus* 24.3

Cum [Septimius Severus] Septizonium faceret, nihil aliud cogitavit, quam ut ex Africa venientibus suum opus occurreret. Nisi absente eo per praefectum urbis medium simulacrum eius esset locatum, aditum Palatinis aedibus, id est regium atrium, ab ea parte facere voluisse perhibetur. Quod etiam post Alexander cum vellet facere, ab haruspicibus dicitur esse prohibitus … .

65.7 *ILS* 1775 = *CIL* 6.8649

D(is) M(anibus) Ti. Claudius Thallus praepositus velariorum domus Augustianae, fec(it) sibi et filis suis … .

65.8 Aulus Gellius 20.1.2

Ad [Caecilium iureconsultum] forte in area Palatina, cum salutationem Caesaris opperiremur, philosophus Favorinus accessit …

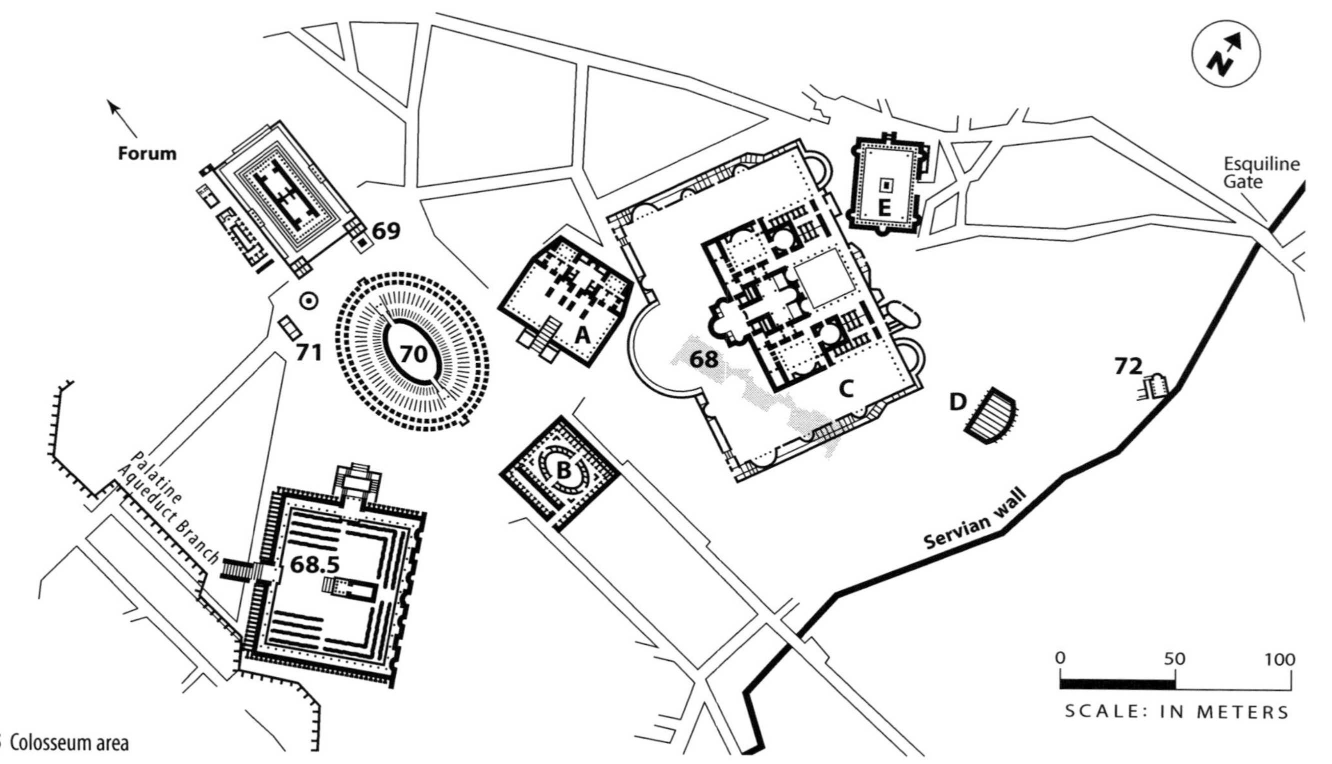

Fig. 35 Colosseum area

VII. The Golden House, the Colosseum, and Esquiline Hill

66. The Fire of A.D. 64

66.1 Plutarch, *Crassus* 2.5

τεκμήρια δὲ τῆς ἱλοπλουτίας αὐτοῦ μέγιστα ποιοῦνται τόν τε τρόπον τοῦ πορισμοῦ καὶ τῆς οὐσίας τὸ μέγεθος. ... ὁρῶν τὰς συγγενεῖς καὶ συνοίκους τῆς Ῥώμης κῆρας ἐμπρησμοὺς καὶ συνιζήσεις διὰ βάρος καὶ πλῆθος οἰκοδομημάτων, ἐωνεῖτο δούλους ἀρχιτέκτονας καὶ οἰκοδόμους. εἶτ᾽ ἔχων τούτους ὑπὲρ πεντακοσίους ὄντας, ἐξηγόραζε τὰ καιόμενα καὶ γειτνιῶντα τοῖς καιομένοις, διὰ φόβον καὶ ἀδηλότητα τῶν δεσποτῶν ἀπ᾽ ὀλίγης τιμῆς προιεμένων, ὥστε τῆς Ῥώμης τὸ πλεῖστον μέρος ὑπ᾽ αὐτῷ γενέσθαι.

66.2 Tacitus, *Annals* 15.38–41

Sequitur clades, forte an dolo principis incertum (nam utrumque auctores prodidere), sed omnibus quae huic urbi per violentiam ignium acciderunt gravior atque atrocior. initium in ea parte circi ortum quae Palatino Caelioque montibus contigua est, ubi per tabernas, quibus id mercimonium inerat quo flamma alitur, simul coeptus ignis et statim validus ac vento citus longitudinem circi corripuit. neque enim domus munimentis saeptae vel templa muris cincta aut quid aliud morae interiacebat. impetu pervagatum incendium plana primum, deinde in edita adsurgens et rursus inferiora populando, antiit remedia velocitate mali et obnoxia urbe artis itineribus hucque et illuc flexis atque enormibus vicis, qualis vetus Roma fuit. ... Nec quisquam defendere audebat, crebris multorum minis restinguere prohibentium, et quia alii palam faces iaciebant atque esse sibi auctorem vociferabantur, sive ut raptus licentius exercerent seu iussu.

Eo in tempore Nero Antii agens non ante in urbem regressus est quam domui eius, qua Palatium et Maecenatis hortos continuaverat, ignis propinquaret. neque tamen sisti potuit quin et Palatium et domus et cuncta circum haurirentur. sed solacium populo exturbato ac profugo campum Martis ac monumenta Agrippae, hortos quin etiam suos patefecit et subitaria aedificia extruxit quae multitudinem inopem acciperent; subvectaque utensilia ab Ostia et propinquis municipiis pretiumque frumenti minutum usque ad ternos nummos. quae quamquam popularia in inritum cadebant, quia pervaserat rumor ipso tempore flagrantis urbis inisse eum domesticam scaenam et cecinisse Troianum excidium, praesentia mala vetustis cladibus adsimulantem.

Sexto demum die apud imas Esquilias finis incendio factus, prorutis per immensum aedificiis ut continuae violentiae campus et velut vacuum caelum occurreret. Necdum positus metus aut redierat plebi spes: rursum grassatus ignis patulis magis urbis locis; eoque strages hominum minor, delubra deum et porticus amoenitati dicatae latius procidere. Plusque infamiae id incendium habuit quia praediis Tigellini Aemilianis proruperat videbaturque Nero condendae urbis novae et cognomento suo appellandae gloriam quaerere. Quippe in regiones quattuordecim Roma dividitur, quarum quattuor integrae manebant, tres solo tenus deiectae: septem reliquis pauca tectorum vestigia supererant, lacera et semusta.

Domuum et insularum et templorum quae amissa sunt numerum inire haud promptum fuerit: sed vetustissima religione, quod Servius Tullius Lunae et magna ara fanumque quae praesenti Herculi Arcas Evander sacraverat, aedesque Statoris Iovis vota Romulo Numaeque regia et delubrum Vestae cum Penatibus populi Romani exusta; iam opes tot victoriis quaesitae et Graecarum artium decora, exim monumenta ingeniorum antiqua et incorrupta, ut quamvis in tanta resurgentis urbis pulchritudine multa seniores meminerint quae reparari nequibant. Fuere qui adnotarent XIIII Kal. Sextilis principium incendii huius ortum, et quo Senones captam urbem inflammaverint. Alii eo usque cura progressi sunt ut totidem annos mensisque et dies inter utraque incendia numerent.

66.3 Suetonius, *Nero* 38.2

Hoc incendium e turre Maecenatiana prospectans laetusque "flammae, " ut aiebat, "pulchritudine" Halosin Ilii in illo suo scaenico habitu decantavit.

66.4 **Tacitus,** *Annals* 15.43

Ceterum urbis quae domui supererant non, ut post Gallica incendia, nulla distinctione nec passim erecta, sed dimensis vicorum ordinibus et latis viarum spatiis cohibitaque aedificiorum altitudine ac patefactis areis additisque porticibus quae frontem insularum protegerent. Eas porticus Nero sua pecunia extructurum purgatasque areas dominis traditurum pollicitus est. Addidit praemia pro cuiusque ordine et rei familiaris copiis finivitque tempus intra quod effectis domibus aut insulis apiscerentur. Ruderi accipiendo Ostiensis paludes destinabat utique naves quae frumentum Tiberi subvectassent onustae rudere decurrerent; aedificiaque ipsa certa sui parte sine trabibus saxo Gabino Albanove solidarentur, quod is lapis ignibus impervius est; iam aqua privatorum licentia intercepta quo largior et pluribus locis in publicum flueret, custodes; et subsidia reprimendis ignibus in propatulo quisque haberet; nec communione parietum, sed propriis quaeque muris ambirentur. Ea ex utilitate accepta decorem quoque novae urbi attulere. Erant tamen qui crederent veterem illam formam salubritati magis conduxisse, quoniam angustiae itinerum et altitudo tectorum non perinde solis vapore perrrumperentur: at nunc patulam latitudinem et nulla umbra defensam graviore aestu ardescere.

66.5 **Suetonius,** *Nero* 16.1

Formam aedificiorum urbis novam excogitavit et ut ante insulas ac domos porticus essent, de quarum solariis incendia arcerentur; easque sumptu suo exstruxit. Destinarat etaim Ostia tenus moenia promovere atque inde fossa mare veteri urbi inducere.

67. The Circus of Gaius and Nero; Christian Persecutions

67.1 **Tacitus,** *Annals* 14.14.4

[A Nerone] clausum valle Vaticana spatium in quo equos regeret haud promisco spectaculo: mox ultro vocari populus Romanus laudibusque extollere ... .

67.2 **Tacitus,** *Annals* 15.44

Sed non ope humana, non largitionibus principis aut deum placamentis decedebat infamia quin iussum incendium crederetur. Ergo abolendo rumori Nero subdidit reos et quaesitissimis poenis adfecit quos per flagitia invisos vulgus Christianos appellabat. Auctor nominis eius Christus Tiberio imperitante per procuratorem Pontium Pilatum supplicio adfectus erat; repressaque in praesens exitiabilis superstitio rursum erumpebat, non modo per Iudaeam, originem eius mali, sed per urbem etiam quo cuncta undique atrocia aut pudenda confluunt celebranturque. Igitur primum correpti qui fatebantur, deinde indicio eorum multitudo ingens haud proinde in crimine incendii quam odio humani generis convicti sunt. Et pereuntibus addita ludibria, ut ferarum tergis contecti laniatu canum interirent, aut crucibus adfixi aut flammandi, atque ubi defecisset dies in usum nocturni luminis urerentur. hortos suos ei spectaculo Nero obtulerat et circense ludicrum edebat, habitu aurigae permixtus plebi vel curriculo insistens. Unde quamquam adversus sontis et novissima exempla meritos miseratio oriebatur, tamquam non utilitate publica sed in saevitiam unius absumerentur.

67.3 **Eusebius**, *Ecclesiastical History* 2.25.5–7

Παῦλος δὴ οὖν ἐπ' αὐτῆς Ῥώμης τὴν κεφαλὴν ἀποτμηθῆναι καὶ Πέτρος ὡσαύτως ἀνασκολοπισθῆναι κατ' αὐτὸν ἱστοροῦνται, καὶ πιστοῦταί γε τὴν ἱστορίαν ἡ Πέτρου καὶ Παύλου εἰς δεῦρο κρατήσασα ἐπὶ τῶν αὐτόθι κοιμητηρίων πρόσρησις, οὐδὲν δὲ ἧττον καὶ ἐκκλησιαστικὸς ἀνήρ, Γάϊος ὄνομα, κατὰ Ζεφυρῖνον Ῥωμαίων γεγονὼς ἐπίσκοπον. ...

Αὐτὰ δὴ ταῦτα περὶ τῶν τόπων, ἔνθα τῶν εἰρημένων ἀποστόλων τὰ ἱερὰ σκηνώματα κατατέθειται, φησίν· "ἐγὼ δὲ τὰ τρόπαια τῶν ἀποστόλων ἔχω δεῖξαι. ἐὰν γὰρ θελήσῃς ἀπελθεῖν ἐπὶ τὸν Βασικανὸν ἢ ἐπὶ τὴν ὁδὸν τὴν Ὠστίαν, εὑρήσεις τὰ τρόπαια τῶν ταύτην ἱδρυσαμένοων τὴν ἐκκλησίαν."

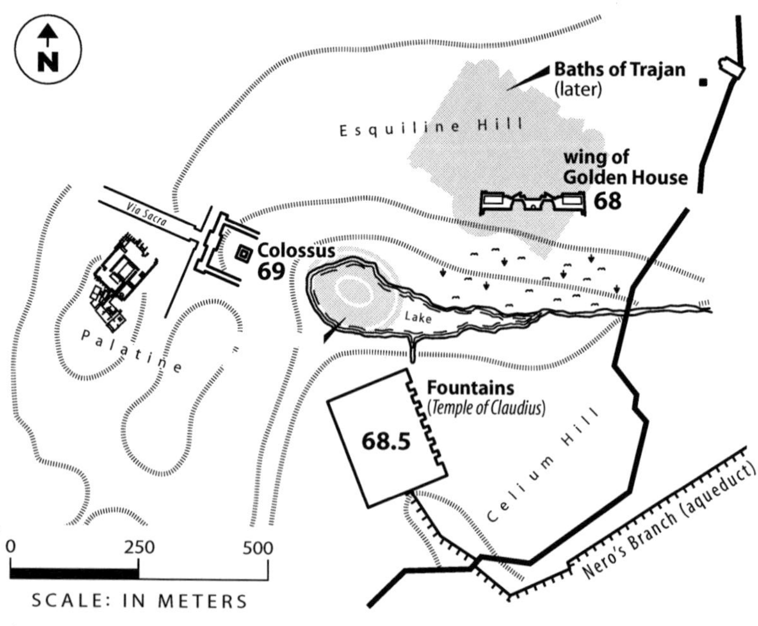

Fig. 36 Nero's Golden House

68. Nero's Golden House (Domus Aurea)(Fig. 36)

68.1 **Tacitus**, *Annals* 15.42.1

Ceterum Nero usus est patriae ruinis extruxitque domum in qua haud proinde gemmae at aurum miraculo essent, solita pridem et luxu vulgata, quam arva et stagna et in modum solitudinum hinc silvae inde aperta spatia et prospectus, magistris et machinatoribus Severo et Celere, quibus ingenium et audacia erat etiam quae natura denegavisset per artem temptare et viribus principis inludere. ...

68.2 **Suetonius**, *Nero* 31.1–2

Non in alia re tamen damnosior quam in aedificando domum a Palatio Esquilias usque fecit, quam primo transitoriam, mox incendio absumptam restitutamque auream nominavit. De cuius spatio atque cultu suffecerit haec rettulisse. Vestibulum eius fuit, in quo colossus CXX pedum staret ipsius effigie; tanta laxitas, ut porticus triplices miliarias haberet; item stagnum maris instar, circumsaeptum aedificiis ad urbium speciem; rura insuper arvis atque vinetis et pascuis silvisque varia, cum multitudine omnis generis pecudum ac ferarum. In ceteris partibus cuncta auro lita, distincta gemmis unionumque conchis erant; cenationes laqueatae tabulis eburneis versatilibus, ut flores, fistulatis, ut unguenta desuper spargerentur; praecipua cenationum rotunda, quae perpetuo diebus ac noctibus vice mundi circumageretur; balineae marinis et albulis fluentes aquis. Eius modi domum cum absolutam dedicaret, hactenus comprobavit, ut se diceret quasi hominem tandem habitare coepisse.

68.3 **Suetonius**, *Nero* 39.2

Mirum [Neronem in n]ullos leniorem quam qui se dictis aut carminibus lacessissent exstitisse. Multa Graece Latineque proscripta aut vulgata sunt, sicut illa: ...

Roma domus fiet: Veios migrate, Quirites,
si non et Veios occupat ista domus.

68.4 **Tacitus**, *Annals* 15.52

Placitum maturare caedem [Neronis] apud Baias in villa Pisonis, ... sed abnuit Piso...: melius apud urbem in illa invisa et spoliis civium extructa domo vel in publico patraturos, quod pro re publica suscepissent.

68.5 **Suetonius**, *Vespasian* 9.1

[Vespasian] fecit ... templum divi Claudi in Caelio monte coeptum quidem ab Agrippina, sed a Nerone prope funditus destructum.

68.6 **Martial**, *De Spectaculis* 2

Hic ubi sidereus propius videt astra colossus
et crescunt media pegmata celsa via,
invidiosa feri radiabant atria regis
unaque iam tota stabat in urbe domus.
Hic ubi conspicui venerabilis Amphitheatri
erigitur moles, stagna Neronis erant.
Hic ubi miramur, velocia munera, thermas,
abstulerat miseris tecta superbus ager.
Claudia diffusas ubi porticus explicat umbras,
ultima pars aulae deficientis erat.
Reddita Roma sibi est et sunt te praeside, Caesar,
deliciae populi, quae fuerant domini.

69. Colossus of Nero

69.1 **Suetonius**, *Nero* 31

Vestibulum eius fuit, in quo colossus CXX pedum staret ipsius effigie.

69.2 **Pliny the Elder**, *Naturalis Historia* 34.39, 41, 45

Moles quippe excogitatas videmus statuarum, quas colossaeas vocant, turribus pares. … Ante omnes autem in admiratione fuit Solis colossus Rhodi, quem fecerat Chares … . Verum omnem amplitudinem statuarum eius generis vicit aetate nostra Zenodorus … . Romam accitus a Nerone, ubi destinatum illius principis simulacro colossum fecit CVIS pedum in longitudinem, qui dicatus Soli venerationi est damnatis sceleribus illius principis.

69.3 **Dio Cassius** 65.15

Ἐπὶ δὲ τοῦ Οὐεσπασιανοῦ ἕκτον καὶ ἐπὶ τοῦ Τίτου τέταρτον ἀρχόντων ... ὅ τε κολοσσὸς ὠνομασμένος ἐν τῇ ἱερᾷ ὁδῷ ἱδρύθη· φασὶ δὲ αὐτὸν τό τε ὕψος ἑκατὸν ποδῶν καὶ τὸ εἶδος οἱ μὲν τὸ τοῦ Νέρωνος οἱ δὲ τὸ τοῦ Τίτου ἔχειν.

69.4 **Historia Augusta**, *Hadrian* 19.12–13

[Hadrianus] transtulit et Colossum stantem atque suspensum per Decrianum architectum de eo loco in quo nunc Templum Urbis est, ingenti molimine, ita ut operi etiam elephantos viginti quattuor exhiberet. Et cum hoc simulacrum post Neronis vultum deletum, cui antea dicatum fuerat, Soli consecrasset, aliud tale Apolodoro architecto auctore facere Lunae molitus est.

69.5 **Dio Cassius** 73.22.3

Καὶ γὰρ τοῦ κολοσσοῦ τὴν κεφαλὴν ἀποτεμὼν καὶ

ἑτέραν ἑαυτοῦ ἀντιθεὶς, καὶ ῥόπαλον δοὺς λέοντά τέ τινα χαλκοῦν ὑποθεὶς ὡς Ἡρακλεῖ ἐοικέναι, ἐπέγραψε, "πρωτόπαλος σεκουτόρων"

69.6 **Pseudo-Bede** (P.L. 94.543)

Quandiu stat Colisaeus, stat et Roma; quando cadet Colisaeus, cadet et Roma. Quando cadet Roma, cadet et mundus.

70. Colosseum (Amphitheatrum Flavii)

70.1 **Inscription** (see A. Claridge, *Rome*, p. 278)

Imp(erator) Caes(ar) Vespasianus Aug(ustus) / Amphitheatrum novum / ex manubiis .... fieri iussit.

70.2 **Suetonius**, *Vespasian* 9.1

[Vespasianus fecit] amphitheatrum urbe media, ut destinasse compererat Augustum.

70.3 **Suetonius**, *Titus* 7.3

[Titus] nemine ante se munificentia minor, amphitheatro dedicato thermisque iuxta celeriter exstructis munus edidit apparatissimum largissimumque; dedit et navale proelium in veteri naumachia, ibidem et gladiatores atque uno die quinque milia omne genus ferarum.

70.4 **Dio Cassius** 66.25

καὶ ἐπὶ μὲν τοῖς ἄλλοις οὐδὲν ἐξαίρετον ἔπραξε, τὸ δὲ δὴ θέατρον τὸ κυνηγετικὸν τό τε βαλανεῖον τὸ ἐπώνυμον αὐτοῦ ἱερώσας πολλὰ καὶ θαυμαστὰ ἐποίησε. γέρανοί τε γὰρ ἀλλήλοις ἐμαχέσαντο καὶ ἐλέφαντες τέσσαρες, ἄλλα τε ἐς ἐνακισχίλια καὶ βοτὰ καὶ θηρία ἀπεσφάγε, καὶ αὐτὰ καὶ γυναῖκες, οὐ μέντοι ἐπιφανεῖς, συγκατειργάσαντο. ἄνδρες τε πολλοὶ μὲν ἐμονομάχησαν, πολλοὶ δὲ καὶ ἀθρόοι ἔν τε πεζομαχίαις καὶ ἐν ναυμαχίαις ἠγωνίσαντο. τὸ γὰρ θέατρον αὐτὸ ἐκεῖνο ὕδατος ἐξαίφνης πληρώσας. ...

ἄλλοι δὲ ἔξω ἐν τῷ ἄλσει τῷ τοῦ Γαΐου τοῦ τε Λουκίου, ὅ ποτε ὁ Αὔγουστος ἐπ᾽ αὐτὸ τοῦτ᾽ ὠρύξατο. ...

ταῦτα μὲν ἐς ὄψιν ἥκοντα καὶ ἐφ᾽ ἑκατὸν ἡμέρας ἐγένετο, παρέσχε δέ τινα καὶ ἐς ὠφέλειαν φέροντα αὐτοῖς· σφαιρία γὰρ ξύλινα μικρὰ ἄνωθεν ἐς τὸ θέατρον ἐρρίπτει, σύμβολον ἔχοντα τὸ μὲν ἐδωδίμου τινὸς τὸ δὲ ἐσθῆτος τὸ δὲ ἀργυροῦ σκεύους, ἄλλο χρυσοῦ ἵππων ὑποζυγίων βοσκημάτων ἀνδραπόδων, ἃ ἁρπάσαντάς τινας ἔδει πρὸς τοὺς δοτῆρας αὐτῶν ἀπενεγκεῖν καὶ λαβεῖν τὸ ἐπιγεγραμμένον.

διατελέσας δὲ ταῦτα, καὶ τῇ γε τελευταίᾳ ἡμέρᾳ καταδακρύσας ὥστε πάντα τὸν δῆμον ἰδεῖν, οὐδὲν ἔτι μέγα ἔπραξεν, ἀλλὰ τῷ ἐπιγιγνομένῳ ἔτει ... μετήλλαξεν.

70.5 **Historia Augusta**, *Commodus* 15.3,6

Spectator gladiatoria [Commodus] sumpsit arma, panno purpureo nudos umeros advelans. … Sane cum illi saepe pugnanti ut deo populus favisset, inrisum se credens populum Romanum a militibus classiariis, qui vela ducebant, in amphitheatro interimi praeceperat. …

70.6 **Dio Cassius** 79.25.2, 3

τό τε θέατρον τὸ κυνηγετικὸν κεραυνοῖς ἐν αὐτῇ τῇ τῶν Ἡφαιστίων ἡμέρᾳ βληθὲν οὕτω κατειέχθη ὥστε τήν τε ἄνω περιβολὴν αὐτοῦ πᾶσαν καὶ τὰ ἐν τῷ τοῦ κύκλου ἐδάφει πάντα κατακαυθῆναι, κἀκ τούτου τὰ λοιπὰ πυρωθέντα θραυσθῆναι. ...

ἡ θέα τῶν μονομαχιῶν ἐν τῷ σταδίῳ ἐπὶ πολλὰ ἔτη ἐτελέσθη.

70.7 **Hisoria Augusta**, *Alexander Severus* 24.3

[Alexander Severus] lenonum vectigal et meretricum et exsoletorum in sacrum aerarium inferri vetuit, sed sumptibus publicis ad instaurationem theatri, Circi, Amphitheatri, Stadii deputavit.

70.8 **Ammianus Marcellinus** 16.10.14

[Constantius II] urbis membra collustrans et suburbana, quicquid viderat primum, id eminere inter alia cuncta sperabat: Iovis Tarpei delubra, quantum terrenis divina praecellunt; lavacra in modum provinciarum exstructa; amphitheatri molem solidatam lapidis Tiburtini compage, ad cuius summitatem aegre visio humana conscendit.

70.9 *ILS* 5635 = *CIL* 6.32094

Decius Marius Venantius Basilius v. c. et inl., praef. urb., patricius, consul ordinarius, arenam et podium quae abominandi terrae motus ruina prostravit, sumptu proprio restituit.

70.10 **Seneca the Younger**, *Epistulae* 7 (*selections*)

Quid tibi vitandum praecipue existimes, quaeris? Turbam. Nondum illi tuto committeris. Ego certe confitebor inbecillitatem meam; numquam mores, quos extuli, refero. … Nihil vero tam damnosum bonis moribus quam in aliquo spectaculo desidere. … Casu in meridianum spectaculum incidi lusus expectans et sales et aliquid laxamenti, quo hominum oculi ab humano cruore acquiescant; contra est. Quicquid ante pugnatum est, misericordia fuit; nunc omissis nugis mera homicidia sunt. … Non galea, non scuto repellitur ferrum. Quo munimenta? Quo artes? Omnia ista mortis morae sunt. Mane leonibus et ursis homines, meridie spectatoribus suis obiciuntur. Interfectores interfecturis iubent obici et victorem in aliam detinent caedem. Exitus pugnantium mors est; ferro et igne res geritur. Haec fiunt dum vacat harena. "Sed latrocinium fecit aliquis, occidit hominem." Quid ergo? Quia occidit ille, meruit ut hoc pateretur; tu quid meruisti, miser, ut hoc spectes? "Occide, verbera, ure! … Quare parum libenter moritur? Plagis agatur in vulnera. …" Intermissum est spectaculum: "Interim iugulentur homines, ne nihil agatur."

70.11 **Augustine,** *Confessions* 6.8

[Alypius] Romam praecesserat, ut ius disceret, et ibi gladiatorii spectaculi hiatu incredibili et incredibiliter abreptus est. Cum enim aversaretur et detestaretur talia, quidam eius amici et condiscipuli, cum forte de prandio redeuntibus pervium esset, recusantem vehementer et resistentem, familiari violentia duxerunt in amphitheatrum crudelium et funestorum ludorum diebus, haec dicentem: "Si corpus meum in locum illum trahitis, numquid et animum et oculos meos in illa spectacula potestis intendere? Adero itaque absens, ac sic et vos et illa superabo."

Quibus auditis illi nihilo setius eum adduxerunt secum, id ipsum forte explorare cupientes, utrum posset efficere. Quo ubi ventum est et sedibus quibus potuerunt locati sunt, fervebant omnia inmanissimis voluptatibus. Ille clausis foribus oculorum interdixit animo, ne in tanta mala procederet. Atque utinam et aures opturasset! Nam quodam pugnae casu, cum clamor ingens totius populi vehementer eum pulsasset, curiositate victus, et quasi paratus, quidquid illud esset, etiam visum contemnere et vincere, aperuit, et percussus est graviore vulnere in anima quam ille in corpore, quem cernere concupivit, cediditque miserabilius quam ille, quo cadente factus est clamor. … Ut enim vidit illum sanguinem, inmanitatem simul ebibit; et non se avertit, sed fixit aspectum, et hauriebat furias et nesciebat, et delectabatur scelere certaminis, et cruenta voluptate inebriabatur. Et non erat iam ille, qui venerat, sed unus de turba, ad quam venerat, et verus eorum socius, a quibus adductus erat.

71. Arch of Constantine

71.1 *ILS* 694 = *CIL* 6.1139

IMP(eratori) CAES(ari) FL(avio) CONSTANTINO MAXIMO / P(io) F(elici) AUGUSTO S(enatus) P(opulus)Q(ue) R(omanus) / QUOD INSTINCTU DIVINITATIS MENTIS / MAGNITUDINE CUM EXERCITU SUO / TAM DE TYRANNO QUAM DE OMNI EIUS / FACTIONE UNO TEMPORE IUSTIS / REM PUBLICAM ULTUS EST ARMIS / ARCUM TRIUMPHIS INSIGNEM DICAVIT

71.2 **Eusebius**, *Life of Constantine* 27–32 (*selections*)

Εὖ δ᾽ ἐννοήσας ὡς κρείττονος ἢ κατὰ στρατιωτικὴν δέοι αὐτῷ βοηθείας διὰ τὰς κακοτέχνους καὶ γοητικὰς μαγγανείας τὰς παρὰ τῷ τυράννῳ ἐσπουδασμένας, θεὸν ἀνεζήτει Βοηθόν ... . ταῦτα παρ᾽ ἑαυτῷ διακρίνας εὖ τε λογισάμενος, ὡς οἱ μὲν πλήθει θεῶν ἐπιθαρσήσαντες και πλείοσιν περιπεπτώκασιν ὀλέθροις. ὡς μηδὲ γένος μὴ φυὴν μὴ ῥίζαν αὐτοῖς, μηδ᾽ ὄνομα μηδὲ μνήμην ἐν ἀνθρώποις ἀπολειφθῆναι, ὁ δὲ πατρῷος αὐτῷ θεὸς τῆς αὐτοῦ δυνάμεως ἐναργῆ καὶ πάμπολλα δείγματα εἴη δεδωκὼς τῷ αὐτοῦ πατρί... . (27)

ἀνεκαλεῖτο δῆτα ἐν εὐχαις τοῦτον, ἀντιβολῶν καὶ ποτνιώμενος φῆναι αὐτῷ ἑαυτὸν ὅστις εἴη καὶ τὴν ἑατοῦ δεξιὰν χεῖρα τοῖς προκειμένοις ἐπορέξαι. εὐχομένῳ δὲ ταῦτα καὶ λιπαρῶς ἱκετεύοντι τῷ βασιλεῖ θεοσημία τις ἐπιφαίνεται παραδοξοτάτη .... ἀμφὶ μεσημβρινὰς ἡλίου ὥρας, ἤδη τῆς ἡμέρας ἀποκλινούσης, αὐτοῖς ὀφθαλμοῖς ἰδεῖν ἔφη ἐν αὐτῷ οὐρανῷ ὑπερκείμενον τοῦ ἡλίου σταυροῦ τρόπαιον ἐκ φωτὸς συνιστάμενον, γραφήν τε αὐτῷ συνῆφθαι λέγουσαν· τούτῳ νίκα. ...

ἐνθυμουμένῳ δ᾽ αὐτῷ καὶ ἐπὶ πολὺ λογιζομένῳ νὺξ ἐπῄει καταλαβοῦσα. ἔνθα δὴ ὑπνοῦντι αὐτῷ τὸν Χριστὸν τοῦ θεοῦ σὺν τῷ φανέντι κατ᾽ οὐρανὸν σημείῳ ὀφθῆναί τε καὶ παρακελεύσασθαι, μίμημα ποιησάμενον τοῦ κατ᾽ οὐρανὸν ὀφθέντος σημείου τούτῳ πρὸς τὰς τῶν πολεμίων συμβολὰς ἀλεξήματι χρῆσθαι. (29)

τούτῳ μὲν οὖν τῷ σωτηρίῳ σημείῳ πάσης ἀντικειμένης καὶ πολεμίας δυνάμεως ἀμυντηρίῳ διὰ παντὸς ἐχρῆτο βασιλεύς, τῶν τε στρατοπέδων ἁπάντων ἡγεῖσθαι τὰ τούτου ὁμοιώματα προσέταττεν. (31)

κἄπειτα φραξάμενος ταῖς εἰς αὐτὸν ἀγαθαῖς ἐλπίσιν ὥρμητο λοιπὸν τοῦ τυραννικοῦ πυρὸς τὴν ἀπειλὴν κατασβέσων. (32)

72. Gardens of Maecenas

72.1 **Varro**, *Lingua Latina* 5.25

Extra oppida a puteis puticuli, quod ibi in puteis obruebantur homines, nisi potius ... puticuli quod putescebant ibi cadavera proiecta, qui locus publicus ultra Esquilias.

72.2 **Horace**, *Satires* 1.8.7–10,14–6

Huc prius angustis eiecta cadavera cellis
conservus vili portanda locabat in arca;
hoc miserae plebi stabat commune sepulcrum. ...
Nunc licet Esquiliis habitare salubribus atque
aggere in aprico spatiari, qua modo tristes
albis informem spectabant ossibus agrum;

72.3 **Horace**, *Odes* 3.29.5–12

... Eripe te morae;
Ne semper udum Tibur et Aefulae
declive contempleris arvum et
Telegoni iuga parricidae.

Fastidiosam desere copiam et
molem propinquam nubibus arduis;
omitte mirari beatae
fumum et opes strepitumque Romae.

72.4 **Suetonius**, *Nero* 38.2

Hoc incendium e turre Maecenatiana prospectans laetusque "flammae" ut aiebat "pulchritudine" Halosin Ilii in illo suo scaenico habitu decantavit.

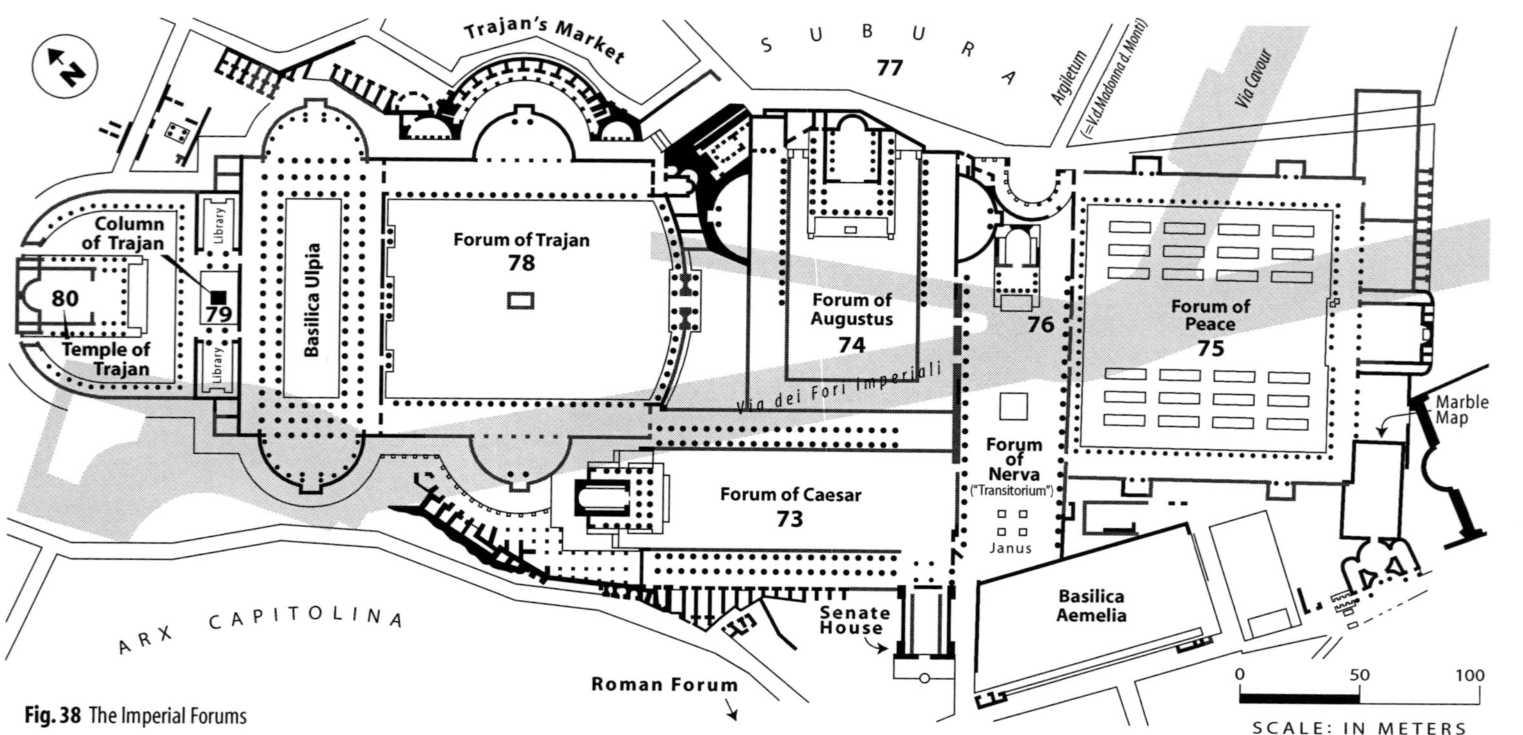

Fig. 38 The Imperial Forums

VIII. The Imperial Forums

73. The Forum of Caesar (Fig.38)

73.1 **Cicero**, *Ad Atticum* 4.16.8 (Loeb, Letter 89)

Nihil gratius illo monumento [= Basilica Pauli], nihil gloriosus. Itaque Caesaris amici, me dico et Oppium, dirumparis licet, in monumentum illud, quod tu tollere laudibus solebas, ut Forum laxaremus et usque ad atrium Libertatis explicaremus, comtempsimus sexcenties sestertium; cum privatis non poterat transigi minore pecunia. Efficiemus rem gloriosissimam; nam in Campo Martio Saepta tributis comitiis marmorea sumus et tecta facturi eaque cingemus excelsa porticu, ut mille passuum conficiatur. Simul adiungetur huic operi villa etiam publica. Dices: "Quid mihi hoc monumentum proderit?" At quid id laboramus?

73.2 **Suetonius**, *Julius Caesar* 26.2

[N]ullum largitionis aut officiorum in quemquam genus publice privatimque omisit. Forum de manubiis incohavit, cuius area super sestertium milies constitit.

73.3 **Appian**, *Bellum Civile* 2.68

θυόμενός τε νυκτὸς μέσης τὸν Ἄρη κατεκάλει καὶ τὴν ἑαυτοῦ πρόγονον Ἀφροδίτην (ἐκ γὰρ Αἰνείου καὶ Ἴλου τοῦ Αἰνείου τὸ τῶν Ἰουλίων γένος παρενεχθέντος τοῦ ὀνόματος ἡγεῖτο εἶναι), νεών τε αὐτῇ νικηφόρῳ χαριστήριον ἐν Ῥώμῃ ποιήσειν εὔχετο κατορθώσας.

73.4 **Appian**, *Bellum Civile* 2.102

ἀνέστησε καὶ τῇ Γενετείρᾳ τὸν νεών, ὥσπερ εὔξατο μέλλων ἐν Φαρσάλῳ μαχεῖσθαι· καὶ τέμενος τῷ νεῷ περιέθηκεν, ὃ Ῥωμαίοις ἔταξεν ἀγορὰν εἶναι, οὐ τῶν ὠνίων, ἀλλ' ἐπὶ πράξεσι συνιόντων ἐς ἀλλήλους, καθὰ καὶ Πέρσαις ἦν τις ἀγορὰ ζητοῦσιν ἢ μανθάνουσι τὰ δίκαια. Κλεοπάτρας τε εἰκόνα καλὴν τῇ θεῷ παρεστήσατο, ἣ καὶ νῦν συνέστηκεν αὐτῇ.

73.5 **Dio Cassius** 43.22.1–2

τῇ δὲ τελευταίᾳ ἐπειδὴ ἐκ τοῦ δείπνου ἐγένοντο, ἔς τε τὴν ἑαυτοῦ ἀγορὰν ἐσῆλθε βλαύτας ὑποδεδεμένος καὶ ἄνθεσι παντοδαποῖς ἐστεφανωμένος... . τὴν γὰρ ἀγορὰν τὴν ἀπ' αὐτοῦ κεκλημένην κατεσκεύαστο· καὶ ἔστι μὲν περικαλλεστέρα τῆς Ῥωμαίας, τὸ δὲ ἀξίωμα τὸ ἐκείνης ἐπηύξησεν, ὥστε καὶ μεγάλην αὐτὴν ὀνομάζεσθαι. ταύτην τε οὖν καὶ τὸν νεὼν τὸν τῆς Ἀφροδίτης, ὡς καὶ ἀρχηγέτιδος τοῦ γένους αὐτοῦ οὔσης, ποιήσας καθιέρωσεν εὐθὺς τότε·

73.6 **Suetonius**, *Julius Caesar* 78.1

Verum praecipuam et exitiabilem sibi invidiam hinc maxime movit. Adeuntis se cum plurimis honorificentissimisque decretis universos patres conscriptos sedens pro aede Veneris Genetricis excepit. Quidam putant retentum a Cornelio Balbo, cum conaretur assurgere; alii, ne conatum quidem omnino, sed etiam admonentem Gaium Trebatium ut assurgeret minus familiari vultu respexisse.

73.7 **Augustus**, *Res Gestae* 20

Forum Julium...perfeci.

73.8 **Vitruvius** 3.3.1-2

Species autem aedium sunt quinque, quarum ea sunt vocabula: pycnostylos, id est crebris columnis … . Ergo pycnostylos est, cuius intercolumnio unius et dimidiatae columnae crassitudo interponi potest, quemadmodum est divi Iulii et in Caesaris foro Veneris … .

73.9 **Dio Cassius** 51.22.3

ἡ Κλεοπάτρα καίπερ καὶ ἡττηθεῖσα καὶ ἁλοῦσα ἐδοξάσθη, ὅτι τά τε κοσμήματα αὐτῆς ἐν τοῖς ἱεροῖς ἡμῶν ἀνάκειται καὶ αὐτὴ ἐν τῷ Ἀφροδισίῳ χρυσῆ ὁρᾶται.

73.10 **Pliny the Elder**, *Naturalis Historia* 34.18

Caesar...loricatam sibi dicari in foro suo passus est.

73.11 Pliny the Elder, *Naturalis Historia* 8.155

Nec Caesaris dictatoris quemquam alium recepisse dorso equus traditur, idemque similis humanis pedes priores habuisse, hac effigie locatus ante Veneris Genetricis aedem.

73.12 Pliny the Elder, *Naturalis Historia* 35.26

Sed praecipuam auctoritatem publice tabulis fecit Caesar dictator Aiace et Media ante Veneris Genetricis aedem dicatis... .

73.13 Pliny the Elder, *Naturalis Historia* 37.11

Pompeius Magnus [dactyliothecam] quae Mithridatis regis fuerat inter dona in Capitolio dicaret ... . Hoc exemplo Caesar dictator sex dactyliothecas in aede Veneris Genetricis consecravit ... .

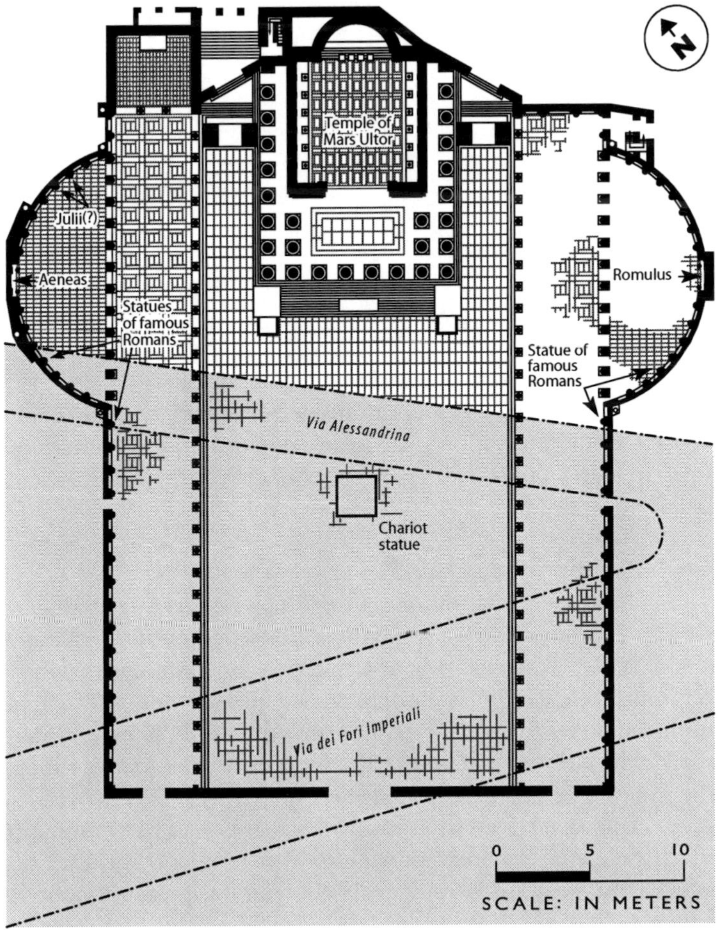

Fig. 40 Forum of Augustus

73.14 **Graffiti** from the Basilica Argentaria, as noted in Dudley's *Urbs Roma*

ABCDEFGIL ... Mantua me genuit ... Arma virumque cano Troiae qui primus ab oris ... Soracti ... Hector ... Caecilius alumnus ... Smirina vale ...

74. The Forum of Augustus (Fig. 40)

74.1 **Pliny the Elder**, *Naturalis Historia* 36.102

[B]asilicam Pauli columnis e Phrygibus mirabilem forumque divi Augusti et templum Pacis Vespasiani Imp. Aug., pulcherrima operum quae umquam vidit orbis?

74.2 **Suetonius**, *Augustus* 56.2

[Augustus] Forum angustius fecit non ausus extorquere possessoribus proximas domos.

74.3 **Macrobius** 2.4.9

Cum multi Severo Cassio accusante absolverentur, et architectus fori Augusti expectationem operis diu traheret, ita [Augustus] iocatus est: "vellem Cassius et meum forum accuset."

74.4 **Augustus**, *Res Gestae* 21

In privato solo Martis Ultoris templum forumque Augustum ex manibiis feci.

74.5 **Augustus**, *Res Gestae* 35

[P]opulusque Romanus universus appellavit me Patrem Patriae, idque in vestibulo aedium mearum inscribendum esse atque in curia et in foro Aug. sub quadrigis, quae mihi ex s.c. positae sunt, decrevit.

74.6 **Suetonius**, *Augustus* 29.1–2

Publica opera plurima [Augustus] exstruxit, e quibus vel praecipua: forum cum aede Martis Ultoris, templum Apollinis in Palatio, aedem Tonantis Iovis in Capitolio. Fori exstruendi causa fuit hominum et iudiciorum multitudo, quae videbatur non sufficientibus duobus etiam tertio indigere; itaque festinatius necdum perfecta Martis aede publicatum est cautumque, ut separatim in eo publica iudicia et sortitiones iudicum fierent. Aedem Martis bello Philippensi pro ultione paterna suscepto voverat; sanxit ergo, ut de bellis triumphisque hic consuleretur senatus, provincias cum imperio petituri hinc deducerentur, quique victores redissent, huc insignia triumphorum conferrent.

74.7 **Velleius Paterculus** 2.39.2

Divus Augustus praeter Hispanias aliasque gentis, quarum titulis forum eius praenitet, paene idem facta Aegypto stipendiaria, quantum pater eius Galliis, in aerarium reditus contulit.

74.8 **Dio Cassius** 55.10.2–4

Τούς τε ἐκ τῶν παίδων ἐξιόντας καὶ ἐς τοὺς ἐφήβους ἐγγραφομένους ἐκεῖσε πάντως ἀϊκνεῖσθαι, καὶ τοὺς ἐπὶ τὰς ἀρχὰς τὰς ἐκδήμους στελλομένους ἐκεῖθεν ἀφορμᾶσθαι, τάς τε γνώμας τὰς περὶ τῶν νικητηρίων ἐκεῖ τὴν βουλὴν ποιεῖσθαι, καὶ τοὺς πέμψαντας αὐτὰ τῷ Ἄρει τούτῳ καὶ τὸ σκῆπτρον καὶ τὸν στέφανον ἀνατιθέναι, καὶ ἐκείνους τε καὶ τοὺς ἄλλους τοὺς τὰς ἐπινικίους τιμὰς λαμβάνοντας ἐν τῇ ἀγορᾷ χαλκοῦς ἵστασθαι, ἄν τέ ποτε σημεῖα στρατιωτικὰ ἐς πολεμίους ἁλόντα ἀνακομισθῇ, ἐς τὸν ναὸν αὐτὰ τίθεσθαι.

74.9 **Suetonius**, *Claudius* 33.1

[Claudius] cibi vinique quocumque et tempore et loco appetentissimus, cognoscens quondam in Augusti foro ictusque nidore prandii, quod in proxima Martis aede Saliis apparabatur, deserto tribunali ascendit ad sacerdotes unaque decubuit.

74.10 **Ovid**, *Fasti* 5.549–570

Fallor, an arma sonant? Non fallimur, arma sonabant:
  Mars venit et veniens bellica signa dedit.
Ultor ad ipse suos caelo descendit honores
  templaque in Augusto conspicienda foro.
Et deus est ingens et opus: debebat in urbe
  non aliter nati Mars habitare sui.
Digna Giganteis haec sunt delubra tropaeis:
  hinc fera Gradivum bella movere decet,
seu quis ab Eoo nos impius orbe lacesset,
  seu quis ab occiduo sole domandus erit.
Perspicit armipotens operis fastigia summi
  et probat invictos summa tenere deos.
Perspicit in foribus diversae tela figurae
  armaque terrarum milite victa suo.
Hinc videt Aenean oneratum pondere caro
  et tot Iuleae nobilitatis avos:
hinc videt Iliaden umeris ducis arma ferentem,
  claraque dispositis acta subesse viris.
Spectat et Augusto praetextum nomine templum,
  et visum lecto Caesare maius opus.
Voverat hoc iuvenis tum, cum pia sustulit arma:
  a tantis Princeps incipiendus erat

74.11 **Ovid**, *Tristia* 2.295–6

Venerit in magni templum, tua munera, Martis,
stat Venus Ultori iuncta, vir[o] ante fores.

74.12 **Suetonius**, *Augustus* 31.5

[Augustus] proximum a dis immortalibus honorem memoriae ducum praestitit, qui imperium p(opuli) R(omani) ex minimo maximum reddidissent. Itaque et opera cuiusque manentibus titulis restituit et statuas omnium triumphali effigie in utraque fori sui porticu dedicavit, professus et [or "est"] edicto: commentum id se, ut ad illorum [vitam] velut ad exemplar et ipse, dum viveret, et insequentium aetatium principes exigerentur a civibus.

74.13 **Augustus**, *Res Gestae* 29

Signa militaria complura per alios duces amissa devictis hostibus reciperavi ex Hispania et Gallia et a Dalmateis. Parthos trium exercitum Romanorum spolia et signa reddere mihi supplicesque amicitiam populi Romani petere coegi. Ea autem signa in penetrali, quod est in templo Martis Ultoris, reposui.

74.14 **Pliny the Elder**, *Naturalis Historia* 22.13

[Scipio Aemelianus was awarded the "siege crown" for rescuing an army] quod et statuae eius in foro suo divus Augustus subscripsit.

74.15 *Elogium* (**Degrassi**, *I.I.*, 13.3.1)

Aen[e]a[s Veneris filius] Latin[orum rex] regnav[it annos III].

74.16 *Elogium* (**Degrassi**, *I.I.*, 13.3.79= *CIL* 6.31606)

Complura oppida de Samnitibus cepit. / Sabinorum et Tuscorum exercitum fudit. / Pacem fieri cum Pyrrho rege prohibuit. / In censura viam Appiam stravit et aquam / in urbem adduxit, aedem Bellonae fecit.

74.17 **Tacitus**, *Annals* 4.15.2–3

Ita quamquam novo homini censorium funus, effigiem apud forum Augusti publica pecunia patres decrevere … .

74.18 **Historia Augusta,** *Severus Alexander* 28.6

[Severus Alexander] statuas … in foro Divi Nervae … locavit … exemplo Augusti, qui summorum virorum statuas in foro suo e marmore conlocavit additis gestis.

74.19 **Suetonius**, *Caligula* 24.3

[Caligula] tres gladios in necem suam praeparatos Marti Ultori addito elogio consecravit.

74.20 **Servius**, *Commentary on* Aeneid 1.294

"Furor impius intus." Non in aede Iani, sed in alia in foro Augusto introeuntibus ad sinistram fuit Bellum pictum et Furor sedens super arma devinctus eo habitu, quo poeta dixit.

74.21 **Pliny**, *Naturalis Historia* 35.27

Super omnes divus Augustus in foro suo celeberrima in parte posuit tabulas duas, quae Belli faciem pictam habent et Triumphum, item Castores ac Victoriam.

75. Forum of Peace (Temple of Peace)

75.1 **Suetonius**, *Vespasian* 9.1

[Vespasianus] fecit et nova opera templum Pacis Foro proximum … .

75.2 **Dio Cassius** 65.15

Ἐπὶ δὲ τοῦ Οὐεσπασιανοῦ ἕκτον καὶ ἐπὶ τοῦ Τίτου τέταρτον ἀρχόντων τὸ τῆς Εἰρήνης τέμενος καθιερώθη.

75.3 **Josephus**, *The Jewish War* 7.158

Μετὰ δὲ τοὺς θριάμβους καὶ τὴν βεβαιοτάτην τῆς Ῥωμαίων ἡγεμονίας κατάστασιν Οὐεσπασιανὸς ἔγνω τέμενος Εἰρήνης κατασκευάσαι· ταχὺ δὲ δὴ μάλα καὶ πάσης ἀνθρωπίνης κρεῖττον ἐπινοίας ἐτετελείωτο. τῇ γὰρ ἐκ τοῦ πλούτου χορηγίᾳ δαιμονίῳ χρησάμενος, ἔτι καὶ τοῖς ἔκπαλαι κατωρθωμένοις γραφῆς τε καὶ πλαστικῆς ἔργοις αὐτὸ κατεκόσμησεν· πάντα γὰρ εἰς ἐκεῖνον τὸν νεὼ συνήχθη καὶ κατετέθη, δι' ὧν τὴν θέαν ἄνθρωποι πρότερον περὶ πᾶσαν ἐπλανῶντο τὴν οἰκουμένην, ἕως ἄλλο παρ' ἄλλοις ἦν κείμενον ἰδεῖν ποθοῦντες. ἀνέθηκε δ' ἐνταῦθα καὶ τὰ ἐκ τοῦ ἱεροῦ τῶν Ἰουδαίων χρυσᾶ κατασκευάσματα σεμνυνόμενος· ἐπ' αὐτοῖς. τὸν δὲ νόμον αὐτῶν καὶ τὰ πορφυρᾶ τοῦ σηκοῦ καταπετάσματα προσέταξεν ἐν τοῖς βασιλείοις ἀποθεμένους φυλάττειν.

75.4 **Pliny the Elder**, *Naturalis Historia* 34.84

Atque ex omnibus, quae rettuli, clarissima quaeque in urbe iam sunt dicata a Vespasiano principe in templo Pacis aliisque eius operibus, violentia Neronis in urbem convecta et in sellariis domus aureae disposita.

75.5 **Herodian** 1.14.2–3

πᾶν τὸ τῆς Εἰρήνης τέμενος κατειέχθη, μέγιστον καὶ κάλλιστον γενόμενον τῶν ἐν τῇ πόλει ἔργων. πλουσιώτατον δὲ ἦν πάντων ἱερῶν, δι' ἀσφάλειαν ἀναθήμασι κεκοσμημένον χρυσοῦ τε καὶ ἀργύρου· ἕκαστος δέ, ἃ εἶχεν, ἐκεῖσε ἐθησαυρίζετο. ἀλλὰ τὸ πῦρ ἐκείνης νυκτὸς πολλοὺς ἐκ πλουσίων πένητας ἐποίησεν.

75.6 **Procopius**, *Wars* 8.21.10–17

Ἤκουσα δὲ καὶ τόνδε τὸν λόγον ἀπαγγέλλοντος Ῥωμαίου ἀνδρός, ἡνίκα ἐπὶ Ῥώμης διατριβὴν εἶχον· ἦν δὲ οὗτος ἀνὴρ τῶν ἀπὸ τῆς συγκλήτου βουλῆς. ἔλεγεν οὖν ὁ Ῥωμαῖος οὗτος ὡς ἄρχοι μὲν Ἰταλίας ποτὲ Ἀταλάριχος ὁ Θευδερίχου θυγατριδοῦς, βοῶν δέ τις ἀγέλη ἐς Ῥώμην ὑπὸ τοῦτον τὸν χρόνον ἀμφὶ δείλην ὀψίαν ἐξ ἀγροῦ ἥκει διὰ τῆς ἀγορᾶς ἣν Φόρον Εἰρήνης καλοῦσι Ῥωμαῖοι· ἐνταῦθα γάρ πη ὁ τῆς Εἰρήνης νεὼς κεραυνόβλητος γενόμενος ἐκ παλαιοῦ κεῖται. ἔστι δέ τις ἀρχαία πρὸ ταύτης δὴ τῆς ἀγορᾶς κρήνη, καὶ βοῦς ἐπὶ ταύτης χαλκοῦς ἕστηκε, Φειδίου, οἶμαι, τοῦ Ἀθηναίου ἢ Λυσίππου ἔργον. ...ἐνταῦθα καὶ τὸ τοῦ Μύρωνος βοΐδιον. ἐπιμελὲς γὰρ ἐγεγόνει τοῖς πάλαι Ῥωμαίοις τῆς Ἑλλάδος τὰ κάλλιστα πάντα ἐγκαλλωπίσματα Ῥώμης ποιήσασθαι.

ἕνα δὲ ταῦρον ἔφη τῶν τηνικάδε παριόντων εὐνοῦχον τῆς τε ἀγέλης ἀπολειπόμενον καὶ ταύτης δὴ τῆς κρήνης ἐπιβατεύσαντα καθύπερθεν βοὸς τοῦ χαλκοῦ στῆναι. τύχῃ δέ τινι παριόντα τινά, Τοῦσκον γένος, κομιδῆ ἄγροικον δόξαντα εἶναι, ξυμβάλλοντα τὸ ποιούμενον φάναι (εἰσὶ γὰρ μαντικοὶ καὶ ἐς ἐμὲ Τοῦσκοι) ὡς εὐνοῦχός ποτε καταλύσει τὸν ἄρχοντα Ῥώμης.

76. Forum of Nerva (Forum Transitorium)

76.1 **Suetonius**, *Domitian* 5

[Domitianus] excitavit …forum quod nunc Nervae vocatur

76.2 **Suetonius**, *Domitian* 15.3

Minervam, quam superstitiose colebat, [Domitianus] somniavit excedere sacrario negantemque ultra se tueri eum posse, quod exarmata esset a Iove.

76.3 *CIL* 6.31213

Imp(erator) Nerva Caesar Aug(ustus) [Germanicus] Pont(ifex) Max(imus) Trib(unicia) Potest(ate) II, Imp(erator) II, Co(n)s(ul) [III P(ater) P(atriae) aedem Mi]nervae fecit.

76.4 **Historia Augusta**, *Alexander Severus* 28.6

Statuas colossas vel pedestres nudas vel equestres divis

imperatoribus in foro Divi Nervae, quod Transitorium dicitur, [Alexander Severus] locavit omnibus cum titulis et columnis aereis, quae gestorum ordinem continerent, exemplo Augusti, qui summorum virorum statuas in foro suo e marmore conlocavit additis gestis.

76.5 **Martial** 10.28

Annorum nitidique sator pulcherrime mundi,
publica quem primum vota precesque vocant,
pervius exiguos habitabas ante penates,
plurima qua medium Roma terebat iter:
nunc tua Caesareis cinguntur limina donis
et fora tot numeras, Iane, quot ora geris.
At tu, sancte pater, tanto pro munere gratus
ferrea perpetua claustra tuere sera.

77. Argiletum and Subura

77.1 **Martial** 1.2.5–8

Ne tamen ignores ubi sim venalis et erres
urbe vagus tota, me duce certus eris:
libertum docti Lucensis quaere Secundum
limina post Pacis Palladiumque forum.

77.2 **Martial** 1.3.1–2

Argiletanas mavis habitare tabernas,
cum tibi, parve liber, scrinia nostra vacent?

77.3 **Suetonius**, *Julius Caesar* 46

[Iulius Caesar] habitavit primo in Subura modicis aedibus; post autem pontificatum maximum in Sacra Via, Domo Publica.

77.4 **Martial** 6.66

Famae non nimium bonae puellam,
quales in media sedent Subura,
vendebat modo praeco Gellianus.
Parvo cum pretio diu liceret,
dum puram cupit approbare cunctis,
attraxit prope se manu negantem
et bis terque quaterque basiavit.
Quid profecerit osculo requiris?
Sescentos modo qui dabat, negavit.

77.5 **Martial** 5.22.5–8

Alta Suburani vincenda est semita clivi
et numquam sicco sordida saxa gradu,

vixque datur longas mulorum rumpere mandras
  quaeque trahi multo marmora fune vides.

77.6 **Juvenal** 3 (*selections*)

Nos urbem colimus tenui tibicine fultam
Magna parte sui; nam sic labentibus obstat
vilicus et, veteris rimae cum texit hiatum,
securos pendente iubet dormire ruina.
Vivendum est illic, ubi nulla incendia, nulli
nocte metus. Iam poscit aquam, iam frivola transfert
Ucalegon, tabulata tibi iam tertia fumant:
tu nescis; nam si gradibus trepidatur ab imis,
ultimus ardebit quem tegula sola tuetur
a pluvia, molles ubi reddunt ova columbae.
193–202

Magnis opibus dormitur in urbe.
Inde caput morbi. Raedarum transitus arto
vicorum in flexu et stantis convicia mandrae
eripient somnum Druso vitulisque marinis.
Si vocat officium, turba cedente vehetur
dives et ingenti curret super ora Liburna
atque obiter leget aut scribet vel dormiet intus;
namque facit somnum clausa lectica fenestra.
Ante tamen veniet: nobis properantibus obstat
unda prior, magno populus premit agmine lumbos
qui sequitur; ferit hic cubito, ferit assere duro
alter, at hic tignum capiti incutit, ille metretam,
pinguia crura luto, planta mox undique magna
calcor, et in digito clavus mihi militis haeret. 235–248

[L]onga coruscat
serraco veniente abies, atque altera pinum
plaustra vehunt; nutant alte populoque minantur.
Nam si procubuit qui saxa Ligustica portat
axis et eversum fudit super agmina montem,
quid superest de corporibus? Quis membra, quis ossa
invenit? Obtritum volgi perit omne cadaver
more animae. 254–261

Respice nunc alia ac diversa pericula noctis:
quod spatium tectis sublimibus unde cerebrum
testa ferit, quotiens rimosa et curta fenestris
vasa cadant, quanto percussum pondere signent
et laedant silicem. Possis ignavus haberi
et subiti casus inprovidus, ad cenam si

intestatus eas: adeo tot fata, quot illa
nocte patent vigiles te praetereunte fenestrae.
Ergo optes votumque feras miserabile tecum,
ut sint contentae patulas defundere pelves.
  Ebrius ac petulans, qui nullum forte cedidit: …
somnum rixa facit. Sed quamvis inprobus annis
atque mero fervens cavet hunc quem coccina laena
vitari iubet et comitum longissimus ordo,
multum praeterea flammarum et aenea lampas.
Me, quem luna solet deducere vel breve lumen
candelae, cuius dispenso et tempero filum,
contemnit. Miserae cognosce prohoemia rixae,
si rixa est, ubi tu pulsas, ego vapulo tantum.

268–278, 282–89

77.7 *ILS* 7547 = *CIL* 6.9284

Q(uintus) Gavius Q(uinti) l(ibertus) Primus crepidarius de Subura, vixit ann(os) XXV.

77.8 *ILS* 7565 = *CIL* 9526

[L]ocus Donati, qui manet in Sebura [m]aiore ad nimfa[s], lintearius, bisomu.

78. Forum of Trajan

78.1 **Dio Cassius** 69.4.1

...τὸν δ' Ἀπολλόδωρον τὸν ἀρχιτέκτονα τὸν τὴν ἀγορὰν...

78.2 **Ammianus Marcellinus** 16.10.15–16

Verum cum ad Traiani forum [Constantius] venisset, singularem sub omni caelo structuram, ut opinamur, etiam numinum assensione mirabilem, haerebat attonitus, per giganteos contextus circumferens mentem, nec relatu effabiles, nec rursus mortalibus appetendos. Omni itaque spe huius modi quicquam conandi depulsa, Traiani equum solum, locatum in atrii medio, qui ipsum principem vehit, imitari se velle dicebat et posse. Cui prope adstans regalis Ormisda…respondit astu gentili: "Ante" inquit "imperator, stabulum tale condi iubeto, si vales; equus quem fabricare disponis, ita late succedat, ut iste quem videmus." Is ipse interrogatus quid de Roma sentiret, id tantum sibi placuisse aiebat, quod didicisset ibi quoque homines mori.

78.3 **Aulus Gellius** 13.25.1–2

In fastigiis fori Traiani simulacra sunt sita circumundique inaurata equorum atque signorum militarium, subscriptumque est: "Ex manubiis." Quaerebat Favorinus, cum in area fori ambularet et amicum suum consulem opperiretur causas pro tribunali cognoscentem … quid nobis videretur significare proprie "manubiarum" illa inscriptio.

78.4 **Historia Augusta**, *Marcus Aurelius* 22.7

Et multi nobiles bello Germanico sive Marcomannico … interierunt. Quibus omnibus statuas in foro Ulpio [Marcus Aurelius] conlocavit.

78.5 **Historia Augusta**, *Alexander Severus* 4

Statuas summorum virorum in foro Traiani [Alexander Severus] conlocavit undique translatas.

78.6 **Historia Augusta**, *Tacitus* 8.1

Ac ne quis me temere Graecorum alicui Latinorumve aestimet credidisse, habet in Bibliotheca Ulpia in armario sexto librum elephantinum, in quo hoc senatus consultum perscriptum est, cui Tacitus ipse manu sua subscripsit.

78.7 **Aulus Gellius** 11.17.1

Edicta veterum praetorum sedentibus forte nobis in bibliotheca templi Traiani et aliud quid quaerentibus cum in manus incidissent, legere atque cognoscere libitum est.

78.8 **Historia Augusta**, *Marcus Aurelius* 17.4–5

Cum autem ad hoc bellum [Marcomannicum] omne aerarium [Marcus Aurelius] exhausisset suum neque in animum induceret, ut extra ordinem provincialibus aliquid imperaret, in foro divi Traiani auctionem ornamentorum imperialium fecit vendiditque aurea pocula et crystallina et murrina, vasa etiam regia et vestem uxoriam sericam et auratam, gemmas quin etiam, quas multas in repositorio sanctiore Hadriani reppererat. Et per duos quidem menses haec venditio celebrata est, tantumque auri redactum ut reliquias belli Marcomannici ex sententia persecutus [est].

78.9 *ILS* 2949 = *CIL* 6.1710

[Cl(audii)] Claudiani v(iri) c(larissimi) / [Cla]udio Claudiano v(iri) c(larissimi), tri/[bu]no et notario, inter ceteras / [de]centes artes prae[g]loriosissimo / [po]etarum, licet ad memoriam sem/piternam carmina ab eodem / scripta sufficiant, adtamen / testimonii gratia ob iudicii sui / [f]idem, dd.[= domini] nn.[= nostri] Arcadius et Honorius / [fe]licissimi ac doctissimi / imperatores senatu petente / statuam in foro divi Traiani / erigi collocarique iusserunt. …

78.10 *ILS* 809 = *CIL* 6.1749

… Invictissimi principes Honorius / Theodosius et Constantius censores / remuneratoresque virtutum / Petronio Maximo v(iro) c(larissimo), praef(ecto) urb(i), ad petitione(m) / senatus amplissimi populiq(ue) Romani statuam, / meritorum perenne monumentum, in foro Ulpio constitui iusserunt. …

79. Column of Trajan

79.1 *ILS* 294 = *CIL* 6.960

SENATUS POPULUSQUE ROMANUS / IMP(eratori) CAESARI DIVI NERVAE F(ilio) NERVAE / TRAIANO AUG(usto) GERM(anico) DACICO, PONTIF(ici) / MAXIMO TRIB(unicia) POT(estate) XVII IMP(eratori) / VI CO(n)S(uli) VI P(atri) P(atriae) / AD DECLARANDUM QUANTAE ALTITUDINIS / MONS ET LOCUS TANTI(s ope)RIBUS SIT EGESTUS

79.2 **Dio Cassius** 68.16

κατεσκεύασε δὲ καὶ βιβλίων ἀποθήκας. καὶ ἔστησεν ἐν τῇ ἀγορᾷ καὶ κίονα μέγιστον, ἅμα μὲν ἐς ταφὴν ἑαυτῷ, ἅμα δὲ ἐς ἐπίδειξιν τοῦ κατὰ τὴν ἀγοράν ἔργου· παντὸς γὰρ τοῦ χωρίου ἐκείνου ὀρεινοῦ ὄντος κατέσκαψε τοσοῦτον ὅσον ὁ κίων ἀνίσχει, καὶ τὴν ἀγορὰν ἐκ τούτου πεδινὴν κατεσκεύασε.

79.3 **Aurelius Victor**, *De Caesaribus* 13.11

[Traiani] exusti corporis cineres … humati Traiani foro sub eius columna et imago superposita, sicut triumphantes solent, in urbem invecta senatu praeenunte et exercitu

79.4 **Eutropius** 8.5.2

Inter divos [Traianus] relatus est solusque omnium intra urbem sepultus est. Ossa conlata in urnam auream in foro, quod aedificavit, sub columna posita sunt.

80. Temple of Trajan

80.1 **Historia Augusta**, *Hadrian* 19.9

Cum opera ubique infinita [Hadrianus] fecisset, numquam ipse nisi in Traiani patris templo nomen suum scripsit.

80.2 *ILS* 306 = *CIL* 6.31215

[E]x s(enatus) c(onsultu) divi[s Tr]aiano Parthico et [Plotinae / im]p(erator) Caes[ar di]vi Traiani Parthici [f(ilius)] divi N[ervae nepos / Traia[nus] Hadrianus Aug(ustus) pont(ifex) m[ax(imus) / trib(unicia) pot(estate)] … co(n)s(ul) III parentibus sui[s].

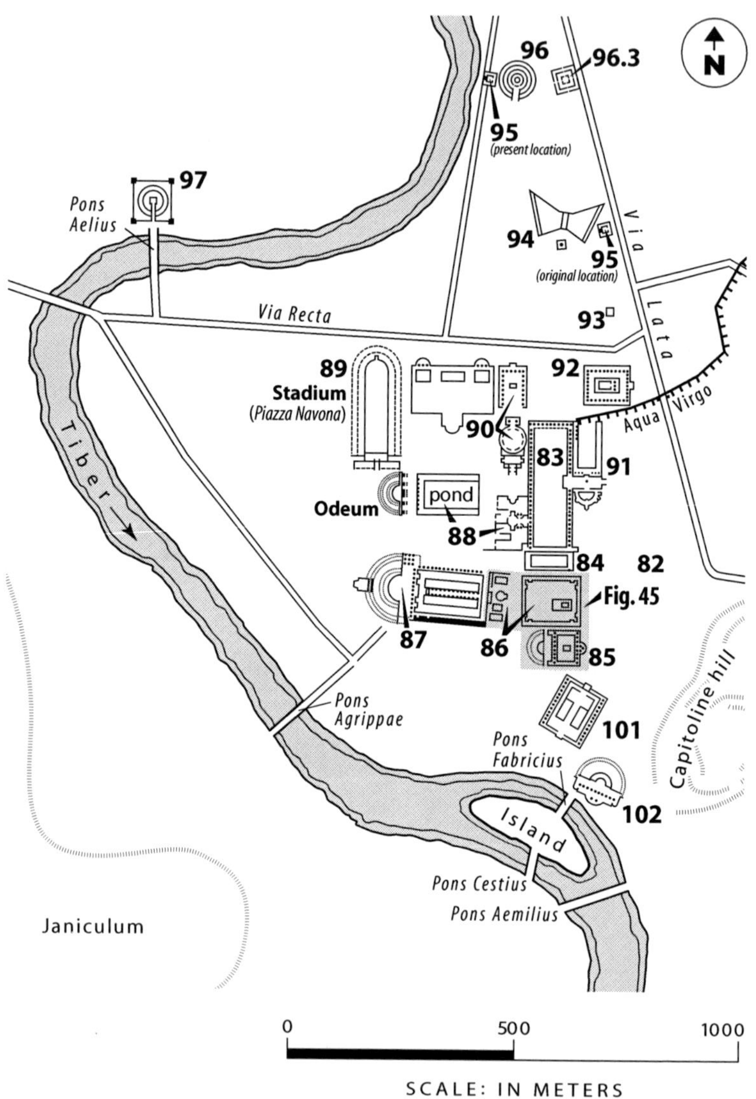

Fig. 43 Campus Martius

IX. The Campus Martius

81. Overview (Figs. 43 and 44)

81.1 **Livy** 2.5.2

Ager Tarquiniorum, qui inter urbem ac Tiberim fuit, consecratus Marti Martius deinde Campus fuit.

81.2 **Strabo** 5.3.8

ἀναθημάτων πολλῶν καὶ καλῶν ἐπλήρωσαν τὴν πόλιν. καὶ γὰρ Πομπήιος καὶ ὁ Θεὸς Καῖσαρ καὶ ὁ Σεβαστὸς καὶ οἱ τούτου παῖδες καὶ οἱ φίλοι καὶ γυνὴ καὶ ἀδελφὴ πᾶσαν ὑπερεβάλλοντο σπουδὴν καὶ δαπάνην εἰς τὰς κατασκευάς· τούτων δὲ τὰ πλεῖστα ὁ Μάρτιος ἔχει κάμπος, πρὸς τῇ φύσει προσλαβὼν καὶ τὸν ἐκ τῆς προνοίας κόσμον. καὶ γὰρ τὸ μέγεθος τοῦ πεδίου θαυμαστόν, ἅμα καὶ τὰς ἁρματοδρομίας καὶ τὴν ἄλλην ἱππασίαν ἀκώλυτον παρέχον τῷ τοσούτῳ πλήθει τῶν σφαίρᾳ καὶ κρίκῳ καὶ παλαίστρᾳ γυμναζομένων· καὶ τὰ περικείμενα ἔργα καὶ τὸ ἔδαφος ποάζον δἰ ἔτους καὶ τῶν λόφων στεφάναι τῶν ὑπὲρ τοῦ ποταμοῦ μέχρι τοῦ ῥείθρου σκηνογραϊκὴν ὄψιν ἐπιδεικνύμεναι δυσαπάλλακτον παρέχουσι τὴν θέαν. πλεσίον δ' ἐστὶ τοῦ πεδίου τούτου καὶ ἄλλο πεδίον καὶ στοαὶ κύκλῳ παμπληθεῖς καὶ ἄλση καὶ θέατρα τρία καὶ ἀμἱθέατρον καὶ ναοὶ πολυτελεῖς καὶ συνεχεῖς ἀλλήλοις, ὡς πάρεργον ἂν δόξαιεν ἀποφαίνειν τὴν ἄλλην πόλιν.

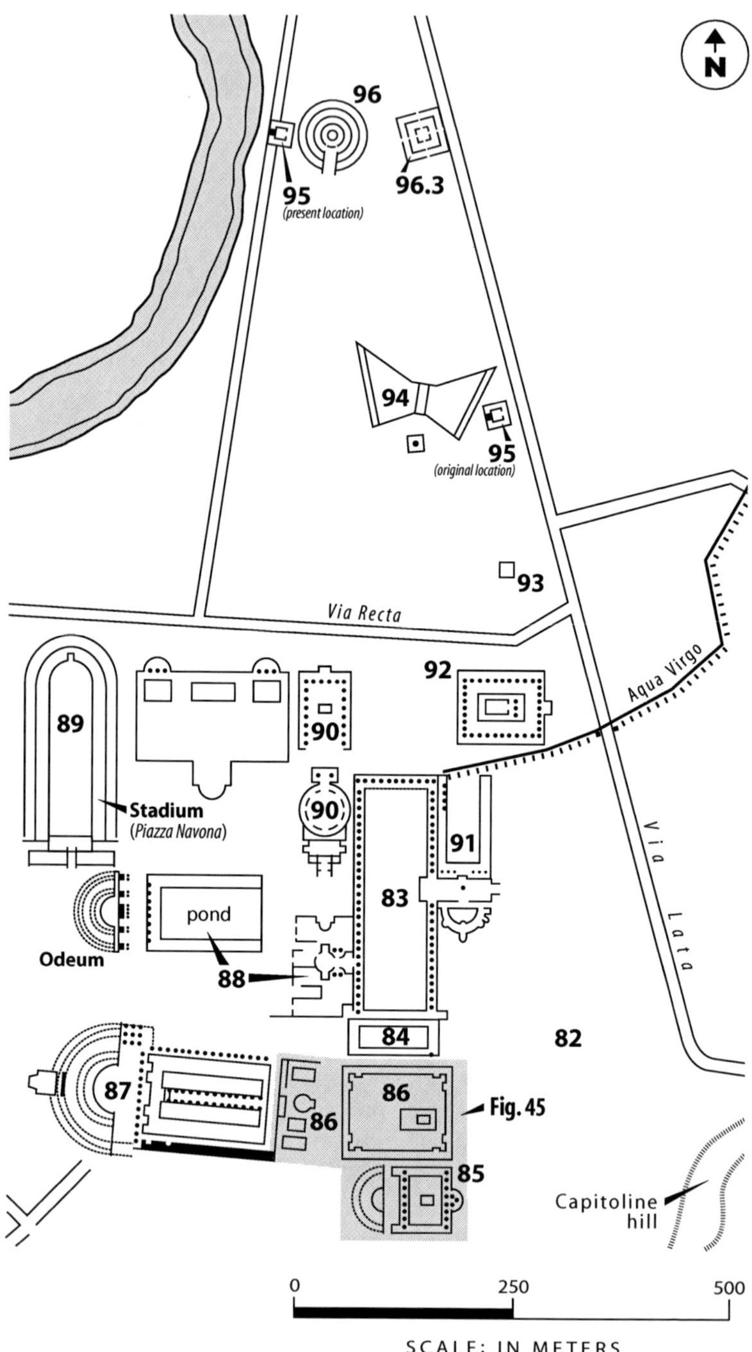

Fig. 44 Campus Martius (detail)

82. The Villa Publica

82.1 **Livy** 4.22.7

Eo anno C. Furius Paculus et M. Geganius Macerinus censores Villam Publicam in Campo Martio probaverunt, ibique primum census populi est actus.

82.2 **Varro**, *De Re Rustica* 3.2.4

[C]um haec [villa] sit communis universi populi, ... cum ad rem publicam administrandam haec sit utilis, ubi cohortes ad dilectum consuli adductae considant, ubi arma ostendant, ubi censores censu admittant populum.

82.3 **Valerius Maximus** 9.2.1

[Q]uattuor legiones contrariae partis fidem suam secutas in Publica Villa nequiquam fallacis dexterae misericordiam implorantes obtruncari iussit.

83. The Voting Pens (Saepta)

83.1 **Cicero**, *Ad Atticum* 4.16.8 (Loeb, Letter 89)

Iam in Campo Martio Saepta tributis comitiis marmorea sumus et tecta facturi eaque cingemus excelsa porticu, ut mille passuum conficiatur. Simul adiungetur huic operi Villa etiam Publica.

83.2 **Frontinus**, *Aqueducts* 22

Arcus Virginis initium habent sub hortis Lucullanis, finiuntur in Campo Martio secundum frontem Saeptorum.

83.3 **Dio Cassius** 53.23.1–2

αὐτός τε τὸ ὄγδοον...υπάτευσε, καὶ ὁ Ἀγρίππας τὰ Σέπτα ὠνομασμένα καθιέρωσεν· ὁδὸν μὲν γὰρ οὐδεμίαν ἐπισκευάσειν ὑπέσχετο, ταῦτα δὲ ἐν τῷ Ἀρείῳ πεδίῳ στοαῖς πέριξ ὑπὸ τοῦ Λεπίδου πρὸς τὰς φυλετικὰς ἀρχαιρεσίας συνῳκοδομημένα καὶ πλαξὶ λιθίναις καὶ ζωγραφήμασιν ἐπεκόσμησεν, Ἰούλια αὐτὰ ἀπὸ τοῦ Αὐγούστου προσαγορεύσας.

83.4 **Suetonius**, *Caligula* 18.1

Munera gladiatoria...in saeptis aliquot [Caligula] edidit... .

83.5 **Martial** 9.59

In Saeptis Mamurra diu multumque vagatus,
hic ubi Roma suas aurea vexat opes,
inspexit molles pueros oculisque comedit,

non hos quos primae prostituere casae,
sed quos arcanae servant tabulata catastae
et quos non populus nec mea turba videt.
Inde satur mensas et opertos exuit orbes
expositumque alte pingue poposcit ebur,
et testudineum mensus quater hexaclinon
ingemuit citro non satis esse suo.
Consulit nares an olerent aera Corinthon,
culpavit statuas et, Polyclite, tuas,
et turbata brevi questus crystallina vitro
murrina signavit seposuitque decem.
Expendit veteres calathos et si qua fuerunt
pocula Mentorea nobilitata manu, 1–16
...
Undecima lassus cum iam discederet hora,
asse duos calices emit et ipse tulit. 21–22

84. The Ballot Office (Diribitorium)

84.1 **Dio Cassius** 55.8.4

τὸ διριβιτώριον ... μὲν γάρ (ἦν δὲ οἶκος μέγιστος τῶν πώποτε μίαν ὀροφὴν σχόντων· νῦν γὰρ δὴ πάσης τῆς στέγης αὐτοῦ καθαιρεθείσης, ὅτι οὐκ ἠδυνήθη αὖθις συστῆναι, ἀχανής ἐστιν) ὅ τε Ἀγρίππας οἰκοδομούμενον κατέλιπε, καὶ τότε συνετελέσθη·

84.2 **Pliny the Elder**, *Naturalis Historia* 16.201

Fuit [trabs] memoria nostra et in porticibus Saeptorum a M. Agrippa relicta aeque miraculi causa, quae Diribitorio superfuerat, XX pedibus brevior [quam CXX], sesquipedali crassitudine.

84.3 **Pliny the Elder**, *Naturalis Historia* 36.102

Non [inter magna opera dicamus] et tectum Diribitori ab Agrippa facti ...?

85. Theater of Balbus (Fig. 45)

85.1 **Suetonius**, *Augustus* 29.4–5

[C]eteros principes viros saepe [Augustus] hortatus est, ut pro facultate quisque monimentis vel novis vel refectis et excultis urbem adornarent. Multaque a multis tunc exstructa sunt, sicut ... a Cornelio Balbo theatrum.

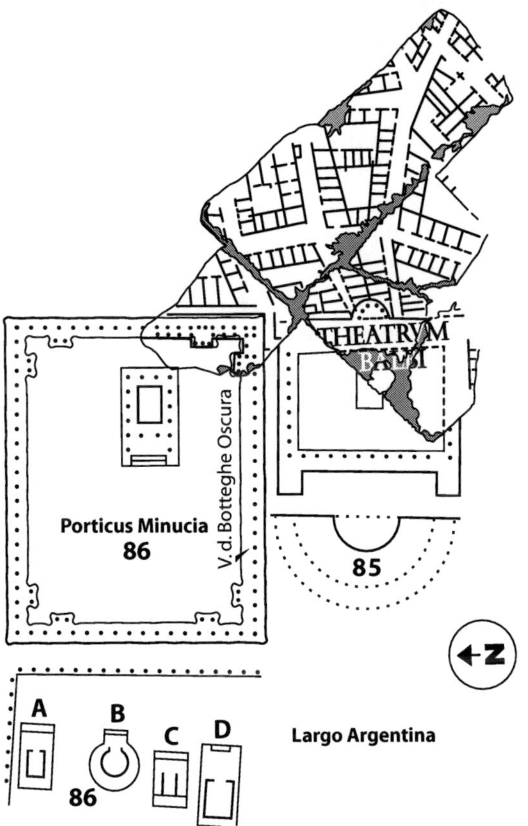

Fig. 45 Fragments of the Marble Plan with the Theater of Balbus

85.2 Dio Cassius 54.25.2

καὶ ἔτυχε γὰρ ἡ ἀγγελία τῆς ἀφίξεως αὐτοῦ ἐν ἐκείναις ταῖς ἡμέραις ἐς τὸ ἄστυ ἐλθοῦσα ἐν αἷς Κορνήλιος Βάλβος τὸ θέατρον τὸ καὶ νῦν ἐπ᾿ αὐτοῦ καλούμενον καθιερώσας θέας ἐπετέλει, ἐπί τε τούτῳ ὡς καὶ αὐτὸς τὸν Αὔγουστον ἐπανάξων ἐσεμνύνετο, καίτοι ὑπὸ τοῦ πλήθους τοῦ ὕδατος, ὅπερ ὁ Τίβερις πλεονάσας ἐπεποιήκει, μηδὲ ἐσελθεῖν ἐς τὸ θέατρον εἰ μὴ πλοίῳ δυνηθείς … .

85.3 Theodosian Code 14.4

Imp(eratores) Arcadius et Honorius Augusti ad populum: "Eos qui in Campo Martio casas seu tuguria collocare tentaverint, sententia viri inlustris praefecti spoliatos omnibus facultatibus tradi in perpetuum exilium praecipimus."

86. The Porticus Minuciae and the Four Republican Temples (Largo Argentina)

86.1 **Augustus**, *Res Gestae* 15

Consul tertium decimum sexagenos denarios plebei, quae tum frumentum publicum accipiebat, dedi; ea millia hominum paullo plura quam ducenta fuerunt.

86.2 *ILS* 6069 = *CIL* 6.10224

C(aius) Sergius C(ai) fil(ius) Alcimus / vixit ann(is) III mensib(us) III / diebus tribus, / frumentum accepit / die X ostio XXXIX …

86.3 **Tacitus**, *Annals* 6.13

[G]ravitate annonae iuxta seditionem ventum, multaque et pluris per dies in theatro licentius efflagitata quam solitum adversum imperatorem [Claudium]. Quis commotus incusavit magistratus patresque, quod non publica auctoritate populum coercuissent addiditque quibus ex provinciis et quanto maiorem quam Augustus rei frumentariae copiam advectaret.

86.4 **Velleius Paterculus** 2.8.3

[C]larus Minucii, qui porticus quae hodieque celebres sunt, molitus est, ex Scordiscis triumphus fuit.

86.5 *Curiosum*, Region IX:

Circus Flamineus continet: …
Porticum Philippi;
Minucias duas veterem et frumentariam;
Cryptam Balbi …

86.6 **Livy** 40.52.4

[M. Aemilius] dedicavit aedem Larum Permarinum in Campo. Voverat eam annis undecim ante L. Aemilius Regillus navali proelio adversus praefectos regis Antiochi.

86.7 *Fasti Praenestini*

[Laribus Perm]arinis in port[icu Mi]nucia.

86.8 **Plutarch**, *Marius* 26.2

ἐνταῦθα νιψάμενος ὁ Μάριος τὰς χεῖρας καὶ πρὸς τὸν οὐρανὸν ἀνασχὼν εὔξατο τοῖς θεοῖς κατὰ ἑκατόμβης. εὔξατο δὲ καὶ Κάτλος ὁμοίως ἀνασχὼν τὰς χεῖρας καθιερώσειν τὴν **Ibus** τύχην τῆς ἡμέρας ἐκείνης.

86.9 **Varro**, *De Re Rustica* 3.5.12

[T]holum, qui est ultra rutundus columnatus, ut est in aede Catuli …

86.10 **Ovid**, *Fasti* 1.463–4

Te quoque lux eadem, Turni soror, aede recepit,
hic ubi Virginea Campus obitur aqua.

87. Theater of Pompey

87.1 **Dio Cassius** 39.38.1

κἀν ταῖς αὐταῖς ἡμέραις ὁ Πομπήιος τὸ θέατρον, ᾧ καὶ νῦν λαμπρυνόμεθα, καθιέρωσε, καὶ ἔν τε ἐκείνῳ θέαν καὶ μουσικῆς καὶ ἀγῶνος γυμνικοῦ.

87.2 **Aulus Gellius** 10.1.7

Tiro Tullius, Ciceronis libertus … scripsit …: "Cum Pompeius" inquit "aedem Victoriae dedicaturus foret, cuius gradus vicem theatri essent, nomenque eius et honores scriberentur, quaeri coeptum est, utrum 'consul tertio' incribendum esset, an 'tertium'. … [Cicero] persuasit igitur Pompeio, ut neque 'tertium' neque 'tertio' scriberetur, sed ad secundum usque 't' fierent litterae … ."

87.3 **Suetonius,** Claudius 21

[Claudius] spectacula quoque complura et magnifica edidit … . Ludos dedicationis Pompeiani theatri, quod ambustum restituerat, e tribunali posito in orchestra commisit, cum prius apud superiores aedes supplicasset perque mediam caveam sedentibus ac silentibus cunctis descendisset.

87.4 **Tertullian**, *De Spectaculis* 1,10

Atquin hoc cum maxime paramus demonstrare, quemadmodum ista [spectacula] non competant verae religioni et vero obsequio erga verum deum. …

[N]unc ad scaenicos ludos dirigemus a loci vitio. Theatrum proprie sacrarium Veneris est. Hoc denique modo id genus operis in saeculo evasit. Nam saepe censores nascentia cum maxime theatra destruebant moribus consulentes, quorum scilicet periculum ingens de lascivia providebant… . Itaque Pompeius Magnus solo theatro suo minor cum illam arcem omnium turpitudinum extruxisset, veritus quandoque memoriae suae censoriam animadversionem Veneris aedem superposuit et ad dedicationem edicto populum vocans non theatrum, sed Veneris templum nuncupavit, cui subiecimus, inquit, gradus spectaculorum.

87.5 **Porphyry,** *Commentary on Horace* Satires 1.2.94

[Catia] adeo vilis fuit, ut in aede Veneris theatri Pompeiani adulterium cum Valerio Siculo colono, tribuno plebis, obducto velo admiserit.

87.6 Vitruvius 5.9.1

Post scaenam porticus sunt constituendae, uti cum imbres repentini ludos interpellaverint, habeat populus, quo se recipiat ex theatro, choragiaque laxamentum habeant ad comparandam. Uti sunt porticus Pompeianae... .

87.7 Cicero, *De Fato* 8

Quid enim loci natura affere potest, ut in porticu Pompeii potius quam in Campo ambulemus?

87.8 Propertius, 2.32.11–16

Scilicet umbrosis sordet Pompeia columnis
  porticus, aulaeis nobilis Attalicis,
et platanis creber pariter surgentibus ordo,
  flumina sopito quaeque Marone cadunt,
et sonitus lymphis toto crepitantibus orbe,
  cum subito Triton ore refundit aquam.

87.9 Pliny the Elder, *Naturalis Historia* 36.41

[Varro] a Coponio quattuordecim nationes, quae sunt circa Pompeium, factas auctor est.

87.10 Pliny the Elder, *Naturalis Historia* 35.59

[Polygnoti] est tabula in porticu Pompei, quae ante curiam eius fuerat, in qua dubitatur ascendentem cum clupeo pinxerit an descendentem.

87.11 Plutarch, *Caesar* 66.1, 3–7

ὁ δὲ δεξάμενος τὸν φόνον ἐκεῖνον καὶ τὸν ἀγῶνα χῶνος, εἰς ὃν ἡ σύγκλητος ἠθροίσθη τότε, Πομπηΐου μὲν εἰκόνα κειμένην ἔχων, Πομπηΐου δὲ ἀνάθημα γεγονὼς τῶν προσκεκοσμημένων τῷ θεάτρῳ, παντάπασιν ἀπέφαινε δαίμονός τινος ὑφηγουμένου καὶ καλοῦντος ἐκεῖ τὴν πρᾶξιν ἔργον γεγονέναι. ...

Ἀντώνιον μὲν οὖν πιστὸν ὄντα Καίσαρι καὶ ῥωμαλέον ἔξω παρακατεῖχε Βροῦτος Ἀλβῖνος, ἐμβαλὼν ἐπίτηδες ὁμιλίαν μῆκος ἔχουσαν· εἰσιόντος δὲ Καίσαρος ἡ βουλὴ μὲν ὑπεξανέστη θεραπεύουσα, τῶν δὲ περὶ Βροῦτον οἱ μὲν ἐξόπισθεν τὸν δίφρον αὐτοῦ περιέστησαν, οἱ δὲ ἀπήντησαν, ὡς δὴ Τιλλίῳ Κίμβρῳ περὶ ἀδελφοῦ φυγάδος ἐντυγχάνοντι συνδεησόμενοι, καὶ συνεδέοντο μέχρι τοῦ δίφρου παρακολουθοῦντες. ὡς δὲ καθίσας διεκρούετο τὰς δεήσεις καὶ προσκειμένων βιαιότερον ἠγανάκτει πρὸς ἕκαστον, ὁ μὲν Τίλλιος τὴν τήβεννον αὐτοῦ ταῖς χερσὶν ἀμφοτέραις συλλαβὼν ἀπὸ τοῦ τραχήλου κατῆγεν· ὅπερ ἦν σύνθημα τῆς ἐπιχειρήσεως. πρῶτος δὲ Κάσκας ξίφει παίει παρὰ τὸν αὐχένα πληγὴν οὐ θανατηφόρον οὐδὲ βαθεῖαν, ἀλλ', ὡς εἰκός, ἐν ἀρχῇ τολμήματος μεγάλου ταραχθείς, ὥστε καὶ τὸν Καίσαρα μεταστραφέντα τοῦ ἐγχειριδίου λαβέσθαι καὶ κατασχεῖν. ...

τοιαύτης δὲ τῆς ἀρχῆς γενομένης τοὺς μὲν οὐδὲν συνειδότας ἔκπληξις εἶχε καὶ φρίκη πρὸς τὰ δρώμενα, μήτε φεύγειν μήτε ἀμύνειν, ἀλλὰ μηδὲ φωνὴν ἐκβάλλειν τολμῶντας. τῶν δὲ παρεσκευασμένων ἐπὶ τὸν φόνον ἑκάστου γυμνὸν ἀποδείξαντος τὸ ξίφος, ἐν κύκλῳ περιεχόμενος καὶ πρὸς ὅ τι τρέψειε τὴν ὄψιν πληγαῖς ἀπαντῶν καὶ σιδήρῳ φερομένῳ καὶ κατὰ προσώπου καὶ κατ' ὀφθαλμῶν διελαυνόμενος ὥσπερ θηρίον ἐνειλεῖτο ταῖς πάντων χερσίν· ἅπαντας γὰρ ἔδει κατάρξασθαι καὶ γεύσασθαι τοῦ φόνου. διὸ καὶ Βροῦτος αὐτῷ πληγὴν ἐνέβαλε μίαν εἰς τὸν βουβῶνα. λέγεται δὲ ὑπό τινων ὡς ἄρα πρὸς τοὺς ἄλλους ἀπομαχόμενος καὶ διαφέρων δεῦρο κἀκεῖ τὸ σῶμα καὶ κεκραγώς, ὅτε Βροῦτον εἶδεν ἐσπασμένον τὸ ξίφος, ἐφειλκύσατο κατὰ τῆς κεφαλῆς τὸ ἱμάτιον καὶ παρῆκεν ἑαυτόν, εἴτε ἀπὸ τύχης εἴτε ὑπὸ τῶν κτεινόντων ἀπωσθείς, πρὸς τὴν βάσιν ἐφ' ἧς ὁ Πομπηΐου βέβηκεν ἀνδριάς. καὶ πολὺ καθῄμαξεν αὐτὴν ὁ φόνος, ὡς δοκεῖν αὐτὸν ἐφεστάναι τῇ τιμωρίᾳ τοῦ πολεμίου Πομπηΐον ὑπὸ πόδας κεκλιμένου καὶ περισπαίροντος ὑπὸ πλήθους τραυμάτων. εἴκοσι γὰρ καὶ τρία λαβεῖν λέγεται· καὶ πολλοὶ κατετρώθησαν ὑπ' ἀλλήλων, εἰς ἓν ἀπερειδόμενοι σῶμα πληγὰς τοσαύτας.

87.12 **Cicero**, *De Divinatione* 2.23

"Quid vero Caesarem putamus, si divinasset fore ut in eo senatu, quem maiore ex parte ipse cooptasset, in curia Pompeia, ante ipsius Pompei simulacrum, tot centurionibus suis inspectantibus, a nobilissimis civibus, partim etiam a se omnibus rebus ornatis, trucidatus ita iaceret ut ad eius corpus non modo amicorum, sed ne servorum quidem quisquam accederet, quo cruciatu animi vitam acturum fuisse?"

87.13 **Suetonius**, *Augustus* 31.5

[Augustus] Pompei quoque statuam contra theatri eius regiam marmoreo iano superposuit translatam e curia, in qua C. Caesar fuerat occisus.

87.14 **Suetonius**, *Julius Caesar* 88

Curiam, in qua occisus est, obstrui placuit Idusque Martias Parricidium nominari, ac ne umquam eo die senatus ageretur.

87.15 **Dio Cassius** 47.19

τό τε οἴκημα ἐν ᾧ ἐσφάγη, παραχρῆμά τε ἔκλεισαν καὶ ὕστερον ἐς ἄφοδον μετεσκεύασαν·

88. The Baths of Agrippa

88.1 **Dio Cassius** 53.27.1–3

Αὔγουστος μὲν ταῦτά τε ἐν τοῖς πολέμοις ἔπραξε, καὶ τὸ τοῦ Ἰανοῦ τεμένισμα ἀνοιχθὲν δι᾽ αὐτοὺς ἔκλεισεν, Ἀγρίππας δὲ ἐν τούτῳ τὸ ἄστυ τοῖς ἰδίοις τέλεσιν ἐπεκόσμησε. Τοῦτο μὲν γὰρ τὴν στοὰν τὴν τοῦ Ποσειδῶνος ὠνομασμένην καὶ ἐξῳκοδόμησεν ἐπὶ ταῖς ναυκρατίαις καὶ τῇ τῶν Ἀργοναυτῶν γραφῇ ἐπελάμπρυνε, τοῦτο δὲ τὸ πυριατήριον τὸ Λακωνικὸν κατεσκεύασε· Λακωνικὸν γὰρ τὸ γυμνάσιον, ἐπειδήπερ οἱ Λακεδαιμόνιοι γυμνοῦσθαι τε ἐν τῷ τότε χρόνῳ καὶ λίπα ἀσκεῖν μάλισα ἐδόκουν, ἐπεκάλεσε.

88.2 **Dio Cassius** 54.29.4

καὶ τότε γοῦν κήπους τέ σίσι καὶ τὸ βαλανεῖον τὸ ἐπώνυμον αὐτοῦ κατέλιπεν, ὥστε προῖκα αὐτοὺς λοῦσθαι, χωρία τινὰ ἐς τοῦτο τῷ Αὐγούστῳ δούς. καὶ ὃς...ταῦτ᾽ ἐδημοσίευσεν... .

88.3 **Pliny the Elder**, *Naturalis Historia* 35.26

Sed praecipuam auctoritatem publice tabulis fecit Caesar dictator… , post eum M. Agrippa, vir rusticitati proprior quam deliciis. … In thermarum quoque calidissima parte marmoribus incluserat parvas tabellas, paulo ante, cum reficerentur, sublatas.

88.4 **Seneca the Younger**, *Epistulae* 83.5

Ille tantus psychrolutes, qui kalendis Ianuariis Euripum salutabam, qui anno novo quemadmodum legere, scribere, dicere aliquid, sic auspicabar in Virginem desilire, primum ad Tiberim transtuli castra, deinde ad hoc solium quod…sol temperat.

88.5 **Ovid**, *Ex Ponto* 1.8.31–38

Nam modo vos animo dulces reminiscor, amici,
  nunc mihi cum cara coniuge nata subit:
Aque domo rursus pulchrae loca vertor ad urbis,
  cunctaque mens oculis pervidet usa suis.
Nunc fora, nunc aedes, nunc marmore tecta theatra,
  nunc subit aequata porticus omnis humo.
Gramina nunc Campi pulchros spectantis in hortos,
  stagnaque et euripi Virgineusque liquor.

88.6 **Tacitus**, *Annals* 15.37

[Nero] quo fidem adquireret nihil usquam perinde laetum sibi, publicis locis struere convivia totaque urbe quasi domo uti. … [I]n stagno Agrippae fabricatus est ratem cui superpositum convivium navium aliarum tractu moveretur. Naves auro et ebore distinctae, remigesque exoleti per aetates et scientiam libidinum componebantur. Volucris et feras diversis e terris et animalia maris Oceano abusque petiverat. Crepidinibus stagni lupanaria adstabant inlustribus feminis completa et contra scorta visebantur nudis corporibus. Iam gestus motusque obsceni; et postquam tenebrae incedebant, quantum iuxta nemoris et circumiecta tecta consonare cantu et luminibus clarescere.

89. Stadium of Domitian; Concert-Hall (Odeum)

89.1 Dio Cassius 53.1.5

τότε δὲ καὶ γυμνικὸς ἀγὼν σταδίου τινὸς ἐν τῷ Ἀρείῳ πεδίῳ ξυλίνου κατασκευασθέντος ἐποιήθη, ὁπλομαχία τε ἐκ τῶν αἰχμαλώτων ἐγένετο.

89.2 Suetonius, *Domitian* 5

[Domitianus] excitavit...et stadium et odeum... .

89.3 Ammianus Marcellinus 16.10.14

[Constantius vidit] Pantheum velut regionem teretem speciosa celsitudine fornicatam; elatosque vertices qui scansili suggestu consurgunt, priorum principum imitamenta portantes, et Urbis Templum Forumque Pacis, et Pompei Theatrum et Odeum et Stadium, aliaque inter haec decora urbis aeternae. Verum cum ad Traiani Forum venisset... .

89.4 Dio Cassius 69.4.1

τὸν δ' Ἀπολλόδωρον τὸν ἀρχιτέκτονα τὸν τὴν ἀγορὰν καὶ τὸ ᾠδεῖον τό τε γυμνάσιον...τὸ μὲν πρῶτον ἐφυγάδευσεν, ἔπειτα δὲ καὶ ἀπέκτεινε... .

89.5 Dio Cassius 75.16.1

ἐγένετο δ' ἐν ταύταις ταῖς ἡμέραις καὶ ἀγὼν γυμνικός, ἐν ᾧ τοσοῦτον πλῆθος ἀθλητῶν ἀναγκασθὲν συνῆλθεν ὥσθ' ἡμᾶς θαυμάσαι πως αὐτοὺς τὸ στάδιον ἐχώρησε. καὶ γυναῖκες δὲ ἐν τῷ ἀγῶνι τούτῳ ἀγριώτατα ἁμιλλώμεναι ἐμαχέσαντο, ὥστε καὶ ἐς τὰς ἄλλας πάνυ ἐπιφανεῖς ἀπ' αὐτῶν ἀποσκώπτεσθαι· καὶ διὰ τοῦτ' ἐκωλύθη μηκέτι μηδεμίαν γυναῖκα μηδαμόθεν μονομαχεῖν.

89.6 Dio Cassius 79.25.3

ἡ θέα τῶν μονομαχιῶν ἐν τῷ σταδίῳ ἐπὶ πολλὰ ἔτη ἐτελέσθη.

89.7 Historia Augusta, *Alexander Severus* 24.3

[Alexander Severus] lenonum vectigal et meretricum et

exsoletorum in sacrum aerarium inferri vetuit, sed sumptibus publicis ad instaurationem theatri, Circi, Amphitheatri, Stadii deputavit.

89.8 **Historia Augusta**, *Elagabalus* 26.3

Omnes de Circo, de theatro, de Stadio, et omnibus locis et balneis meretrices [Elagabalus] collegit in aedes publicas et apud eas contionem habuit quasi militarem, dicens eas conmilitones, disputavitque de generibus schematum et voluptatum.

89.9 **Prudentius**, *Peristephanon* 14

Agnes sepulcrum est Romulea in domo
fortis puellae, martyris inclytae. 1–2
...
Hanc in lupinar trudere publicum
certum est, ad aram ni caput applicat
ac de Minerva iam veniam rogat,
quam virgo pergit temnere virginem. 25–29
...
Sic elocutam publicitus iubet
flexu plateae sistere virginem.
Stantem refugit maesta frequentia,
aversa vultus 38–41
...
Ut vidit Agnes stare trucem virum
mucrone nudo, laetior haec ait:
"Exulto talis quod potius venit
vesanus, atrox, turbidus armiger,
quam si veniret languidus ac tener
mollisque ephebus tinctus aromate,
qui me pudoris funere perderet.
Hic, hic amator iam, fateor, placet." 67–74
...
Uno sub ictu nam caput amputat. 89

90. Pantheon

90.1 *ILS* 129.1 = *CIL* 6.896

M(arcus) AGRIPPA L(ucii) F(ilius) CO(n)S(ul) TERTIUM FECIT

90.2 **Pliny the Elder**, *Naturalis Historia* 36.38

Agrippae Pantheum decoravit Diogenes Atheniensis; in columnis templi eius Caryatides probantur inter pauca operum, sicut in fastigio posita signa, sed propter altitudinem loci minus celebrata.

90.3 **Pliny the Elder**, *Naturalis Historia* 9.120–1

Ex praecepto ministri unum tantum vas ante eam posuere aceti, cuius asperitas visque in tabem margaritas resolvit. Gerebat auribus cum maxime singulare illud et vere unicum naturae opus. Itaque expectante Antonio quidnam esset actura detractum alterum mersit ac liquefactum obsorbuit. ... Comitatur fama unionis eius parem, capta...regina, dissectum, ut esset in utrisque Veneris auribus Romae in Pantheo dimidia eorum cena.

90.4 *ILS* 229 = *CIL* 6.2041

...Isdem co(n)s(ul) pr(idie) idus Ianuar(iae) / in Pantheo, astantibus...fratribus / Arvalibus, sacrificium deae Diae indixit L(ucius) Calpurnius L(ucii) f(ilius) Piso magister... .

90.5 **Historia Augusta**, *Hadrian* 9.10

Romae [Hadrianus] instauravit Pantheum, Saepta, Basilicam Neptuni, sacras aedes plurimas, Forum Augusti, Lavacrum Agrippae; eaque omnia propriis auctorum nominibus consecravit.

90.6 **Dio Cassius** 53.27.2–3

τό τε Πάνθειον ὠνομασμένον ἐξετέλεσε· προσαγορεύεται δὲ οὕτω τάχα μὲν ὅτι πολλῶν θεῶν εἰκόνας ἐν τοῖς ἀγάλμασι, τῷ τε τοῦ Ἄρεως καὶ τῷ τῆς Ἀφροδιτης, ἔλαβεν, ὡς δὲ ἐγὼ νομίζω, ὅτι θολοειδὲς ὂν τῷ οὐρανῷ προσέοικεν. ἠβουλήθη μὲν οὖν ὁ Ἀγρίππας καὶ τὸν Αὔγουστον ἐνταῦθα ἱδρῦσαι, τήν τε τοῦ ἔργου ἐπίκλησιν αὐτῷ δοῦναι· μὴ δεξαμένου δὲ αὐτοῦ μηδέτερον ἐκεῖ μὲν τοῦ προτέρου Καίσαρος, ἐν δὲ τῷ προνάῳ τοῦ τε Αὐγούστου καὶ ἑαυτοῦ ἀνδριάντας ἔστησε.

90.7 **Dio Cassius** 69.7.1

Ἔπραττε δὲ καὶ διὰ τοῦ βουλευτηρίου πάντα τὰ μεγάλα καὶ ἀναγκαιότατα, καὶ ἐδίκαζε μετὰ τῶν πρώτων τοτὲ μὲν ἐν τῷ παλατίῳ τοτὲ δὲ ἐν τῇ ἀγορᾷ τῷ τε Πανθείῳ καὶ ἄλλοθι πολλαχόθι, ἀπὸ βήματος, ὥστε δημοσιεύεσθαι τὰ γιγνόμενα.

90.8 *ILS* 129.2 = *CIL* 6.896

IMP(erator) CAES(ar) L(ucius) SEPTIMIUS SEVERUS PIUS PERTINAX AUG(ustus) ARABICUS ADIABENICUS PARTHICUS MAXIMUS PONTIF(ex) MAX(imus) TRIBUNIC(ia) POTEST(ate) X IMP(erator) XI CO(n)S(ul) III P(ater) P(atriae) PROCO(n)S(ul) ET / IMP(erator) CAES(ar) M(arcus) AURELIUS ANTONINUS PIUS FELIX AUG(ustus) TRIB(unicia) POTESTAT(e) V CO(n)S(ul) PROCO(n)S(ul) PANTHEUM VETUSTATE CORRUPTUM CUM OMNI CULTU RESTITUERUNT

91. Temple of Isis and Serapis

91.1 **Juvenal** 6.527–9

Ibit ad Aegypti finem calidaque petitas
a Meroe portabit aquas ut spargat in aede
Isidis, antiquo quae proxima surgit Ovili.

91.2 **Apuleius,** *Metamorphoses* 11.26

Nec ullum tam praecipuum mihi exinde studium fuit quam cotidie supplicare summo numini reginae Isidis, quae de templi situ sumpto nomine Campensis summa cum veneratione propitiatur.

91.3 **Historia Augusta,** *Alexander Severus* 26.8

[Severus Alexander] Iseum et Serapeum decenter ornavit additis signis et Deliacis et omnibus mysticis.

92. Temple of Hadrian

92.1 **Historia Augusta,** *Antoninus Pius* 8.2

Opera eius [Antonini Pii] haec exstant: Romae, templum Hadriani, honori patris dicatum … .

92.2 **Historia Augusta,** *Lucius Verus* 3.1

Qua die togam virilem Verus accepit, Antoninus Pius ea occasione qua patris templum dedicabat populo liberalis fuit.

92.3 *Notitia,* Regio IX

...pantheum;
basilicam Matidies et Marcianes;
templum divi Antonini et columnam coclidem altam pedes CLXXV s. gradus intus habet CCIII fenestras LVI;
Hadrianeum;
thermas Alexandrianas et Agrippianas...

93. Column of Marcus Aurelius

93.1 **Aurelius Victor,** *De Caesaribus* 16.14

Quod de Romulo aegre creditum est, omnes pari consensu praesumpserunt Marcum caelo receptum esse. Ob cuius honorem templa, columnae multaque alia decreta sunt.

94. The Obelisks of Rome;the Sun-Dial of Augustus

94.1 *ILS* 91 = *CIL* 6.702

IMP(erator) CAESAR DIVI F(ilius) / AUGUSTUS /

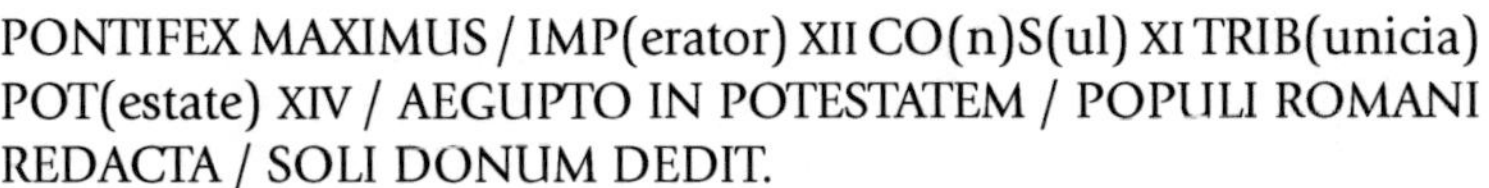

PONTIFEX MAXIMUS / IMP(erator) XII CO(n)S(ul) XI TRIB(unicia) POT(estate) XIV / AEGUPTO IN POTESTATEM / POPULI ROMANI REDACTA / SOLI DONUM DEDIT.

94.2 **Pliny the Elder**, *Naturalis Historia* 36.64, 70

Trabes ex eo [lapide] fecere reges quodam certamine, obeliscos vocantes Solis numini sacratos. Radiorum eius argumentum in effigie est, et ita significatur nomine Aegyptio. …

Super omnia accessit difficultas mari Romam devehendi, spectatis admodum navibus. Divus Augustus eam quae priorem advexerat miraculi gratia Puteolis perpetuis navalibus dicaverat; incendio consumpta ea est. Divus Claudius aliquot per annos adservatam qua C. Caesar inportaverat, omnibus quae umquam in mari visa sunt mirabiliorem, in ipsa turribus Puteolis e pulvere exaedificatis, perductam Ostiam portus gratia mersit. Alia ex hoc cura navium quae Tiberi subvehant… .

94.3 **Pliny the Elder**, *Naturalis Historia* 36.71–73, 74, 75

Is autem obeliscus quem divus Augustus in Circo Magno statuit excisus est a rege Psemetnepserphreo, quo regnante Pythagoras in Aegypto fuit, LXXXV pedum et dodrantis praeter basim eiusdem lapidis; is vero, quem in Campo Martio, novem pedibus minor, a Sesothide. Inscripti ambo rerum naturae interpretationem Aegyptiorum philosophia continent.

Ei qui est in Campo divus Augustus addidit mirabilem usum ad deprendendas solis umbras dierumque ac noctium ita magnitudines, strato lapide ad longitudinem obelisci, cui par fieret umbra brumae confectae die sexta hora paulatimque per regulas, quae sunt ex aere inclusae, singulis diebus decresceret ac rursus augesceret, digna cognitu res, ingenio Facundi Novi mathematici. Is apici auratam pilam addidit, cuius vertice umbra colligeretur in se ipsam, alias enormiter iaculante apice, ratione, ut ferunt, a capite hominis intellecta. Haec observatio XXX iam fere annis non congruit… .

Tertius est Romae in Vaticano Gai et Neronis principum circo … .

Dicantur obiter et pyramides in eadem Aegypto, regum pecuniae otiosa ac stulta ostentatio… .

94.4 **Ammianus Marcellinus** 16.10.17

Constantius … Romam visere gestiebat. … [D]eliberans diu quid ibi ageret, urbis addere statuit ornamentis, ut in Maximo Circo erigeret obesliscum … .

94.5 **Ammianus Marcellinus** 17.4. 1, 12–18 (*selections*)

[O]beliscus Romae in Circo erectus est Maximo [a Constantio]. … (17.4.1)

[D]iscant qui ignorant, veterem principem [Augustum] translatis aliquibus hunc intactum ideo praeterisse, quod deo soli speciali munere dedicatus, fixusque intra ambitiosi templi delubra, quae contingi non poterant, tamquam apex omnium eminebat. Verum Constantinus id parvi ducens, avulsam hanc molem sedibus suis, nihilque committere in religionem recte existimans, si ablatum uno templo miraculum Romae sacraret, id est in templo mundi totius, iacere diu perpessus est, dum translationi pararentur utilia. Quo convecto per alveum Nili, proiectoque Alexandriae, navis amplitudinis antehac inusitatae aedificata est, sub trecentis remigibus agitanda.

Quibus ita provisis, digressoque vita principe memorato, urgens effectus intepuit, tandemque sero impositus navi, per maria fluentaque Tibridis, ...defertur in vicum Alexandri tertio lapide ab urbe seiunctum. Unde chamulcis impositus, tractusque lenius per Ostiensem portam Piscinamque Publicam, Circo illatus est Maximo. ...

Secutaeque aetates alios transtulerunt, quorum unus in Vaticano, alter in hortis Sallusti, duo in Augusti monumento erecti sunt.

Qui autem notarum textus obelisco incisus est veteri, quem videmus in Circo, Hermapionis librum secuti interpretatum litteris subiecimus Graecis: ...

῞Ηλιος βασιλεῖ ῾Ραμέστῃ. δεδώρημαί σοι ἀνὰ πᾶσαν οἰκουμένην μετὰ χαρᾶς βασιλεύειν, ὃν ῞Ηλιος ἰλεῖ. ...

94.6 *ILS* 736, lines 1–6 = *CIL* 6.1163

[Verse inscription on the (now lost) original base of the Lateran obelisk:]

Patris opus munusqu[e suum] tibi, Roma, dicavit
Augustus [toto Constan]tius orbe recepto,
et quod nulla tulit tellus nec viderat aetas
condidit, ut claris exa[equ]et dona triumfis.
Hoc decus ornatum genitor cognominis urbis
esse volens, caesa Thebis de rupe revellit.
...

95. Altar of Augustan Peace (Ara Pacis Augustae)

95.1 **Augustus**, *Res Gestae* 12

Cum ex Hispania Galliaque, rebus in iis provincis prospere gestis, Romam redi, Ti. Nerone P. Quintilio consulibus, aram Pacis Augustae senatus pro reditu meo consacrandam censuit ad Campum Martium, in qua magistratus et sacerdotes virginesque Vestales anniversarium sacrificium facere iussit.

95.2 **Augustus**, *Res Gestae* 11

Aram Fortunae Reducis iuxta aedes Honoris et Virtutis ad Portam Capenam pro reditu meo senatus consacravit, in qua pontifices et virgines Vestales anniversarium sacrificium facere iussit eo die quo consulibus Q. Lucretio et M. Vinucio in urbem ex Syria redi, et diem Augustalia ex cognomine nostro appellavit.

95.3 **Fasti Amiterni**, *CIL* 1^2.244

Fer(iae) ex s(enatus) c(onsulto) q(uod) e(o) d(ie) ara Pacis Aug(ustae) in Camp(o) Mar(tio) constituta est Nerone et Varo co(n)s(ulibus).

95.4 **Fasti Praenestini**, *Inst. It.* 13.2.117

Feriae ex s(enatus) c(onsulto) quo[d eo] die ara Pacis Augusta[e in Campo] Martio dedicata [e]st Druso et Crispino c[o(n)s(ulibus)].

95.5 **Ovid**, *Fasti* 1.709–722

Ipsum nos carmen deduxit Pacis ad aram.
  Haec erit a mensis fine secunda dies.
Frondibus Actiacis comptos redimita capillos,
  Pax, ades et toto mitis in orbe mane.
Dum desint hostes, desit quoque causa triumphi:
  tu ducibus bello gloria maior eris.
Sola gerat miles, quibus arma coerceat, arma,
  canteturque fera nil nisi pompa tuba.
Horreat Aeneadas et primus et ultimus orbis:
  si qua parum Romam terra timebat, amet.
Tura, sacerdotes, pacalibus addite flammis,
  albaque perfusa victima fronte cadat,
utque domus, quae praestat eam, cum pace perennet
  ad pia propensos vota rogate deos.

96. Mausoleum of Augustus

96.1 **Dio Cassius** 50.3.5–4.1

τό τε σῶμα τὸ ἑαυτοῦ ἔν τε τῇ Ἀλεξανδρείᾳ καὶ σὺν ἐκείνῃ ταφῆναι ἐκεκελεύκει.

δι᾿ οὖν ταῦτα ἀγανακτήσαντες ἐπίστευσαν ὅτι καὶ τἆλλα τὰ θρυλούμενα ἀληθῆ εἴη, τοῦτ᾿ ἔστιν ὅτι, ἂν κρατήσῃ, τήν τε πόλιν σφῶν τῇ Κλεοπάτρᾳ χαριεῖται καὶ τὸ κράτος ἐς τὴν Αἴγυπτον μεταθήσει.

96.2 **Strabo** 5.3.8

διόπερ ἱεροπρεπέστατον νομίσαντες τοῦτον τὸν τόπον καὶ τὰ τῶν ἐπιφανεστάτων μνήματα ἐνταῦθα κατεσκεύασαν ἀνδρῶν καὶ γυναικῶν. ἀξιολογώτατον δὲ τὸ Μαυσώλειον καλούμενον, ἐπὶ κρηπῖδος ὑψηλῆς λευκολίθου πρὸς τῷ ποταμῷ χῶμα μέγα, ἄχρι κορυφῆς τοῖς ἀειθαλέσι τῶν δένδρων συνηρεφές· ἐπ᾽ ἄκρῳ μὲν οὖν εἰκών ἐστι χαλκῆ τοῦ Σεβαστοῦ Καίσαρος, ὑπὸ δὲ τῷ χώματι θῆκαί εἰσιν αὐτοῦ καὶ τῶν συγγενῶν καὶ οἰκείων, ὄπισθεν δὲ μέγα ἄλσος περιπάτους θαυμαστοὺς ἔχον· ἐν μέσῳ δὲ τῷ πεδίῳ ὁ τῆς καύστρας αὐτοῦ περίβολος, καὶ οὗτος λίθου λευκοῦ κύκλῳ μὲν περικείμενον ἔχων σιδηροῦν περίφραγμα, ἐντὸς δ᾽ αἰγείροις κατάφυτος.

96.3 **Suetonius**, *Augustus* 100.3–4

Verum adhibito honoribus modo bifariam laudatus est: pro aede Divi Juli a Tiberio et pro rostris veteribus a Druso Tiberi filio, ac senatorum umeris delatus in Campum crematusque. Nec defuit vir praetorius, qui se effigiem cremati euntem in caelum vidisse iuraret. Reliquias legerunt primores equestris ordinis tunicati et discincti pedibusque nudis ac Mausoleo condiderunt. Id opus inter Flaminiam viam ripamque Tiberis sexto suo consulatu exstruxerat circumiectasque silvas et ambulationes in usum populi iam tum publicarat.

96.4 **Virgil**, *Aeneid* 6.872–4

Quantos ille virum magnam Mavortis ad urbem
campus aget gemitus! Vel quae, Tiberine, videbis
funera cum tumulum praeterlabere recentem!

96.5 *Consolation of Livia* 67–74

Condidit Agrippam quo te, Marcelle, sepulcro
  et cepit generos iam locus ille duos.
Vix posito Agrippa tumuli bene ianua clausa est
  percipit officium funeris ecce soror.
Ecce ter ante datis iactura novissima Drusus
  a magno lacrimas Caesare quartus habet.
Claudite iam, Parcae, nimium reserata sepulcra,
  claudite: plus iusto iam domus ista patet.

96.6 **Suetonius**, *Augustus* 101.3

Julias filiam neptemque, si quid iis accidisset, [Augustus] vetuit sepulcro suo inferri.

96.7 *L'Année Epigraphique* 1928.2

Marcellus C(ai) f(ilius) / gener / Augusti Caesaris
Octavia C(ai) f(ilius) / soror / Augu[sti Caesaris]

96.8 *ILS* 164 = *CIL* 6.887

Ossa / Ti(beri) Caesaris divi Aug(usti) f(ilius) / Augusti /

pontificis maximi / trib(unicia) pot(estate) XXXIIX imp(eratoris) VIII co(n)s(ulis) V.

96.9 *ILS* 180 = *CIL* 6.886

Ossa / Agrippinae M(arci) Agrippae [f(ilia)] divi Aug(usti) neptis uxoris / Germanici Caesaris, / matris C(ai) Caesaris Aug(usti) / Germanici principis.

96.10 **Tacitus**, *Annals* 16.6

Poppaea mortem obiit fortuita mariti iracundia, a quo gravida ictu calcis adflicta est. ... Corpus non igni abolitum, ut Romanus mos, sed regum externorum consuetudine differtum odoribus conditur tumuloque Juliorum infertur.

96.11 **Aurelius Victor,** *De Caesaribus* 12.12

[Nervae] corpus a senatu, ut quondam Augusti, honore delatum in sepulcro Augusti sepultum est.

96.12 **Suetonius**, *Augustus* 101.4

Tribus voluminibus, uno mandata de funere suo complexus est, altero indicem rerum a se gestarum, quem vellet incidi in aeneis tabulis, quae ante Mausoleum statuerentur, tertio breviarium totius imperii... .

96.13 **Augustus**, *Res Gestae* 19–21

Curiam et continens ei Chalcidicum, templumque Apollinis in Palatio cum porticibus, aedem divi Iuli, Lupercal, porticum ad circum Flaminium, quam sum appellari passus ex nomine eius qui priorem eodem in solo fecerat Octaviam, pulvinar ad Circum Maximum, aedes in Capitolio Iovis Feretri et Iovis Tonantis, aedem Quirini, aedes Minervae et Iunonis Reginae et Iovis Libertatis in Aventino, aedem Larum in summa Sacra Via, aedem deum Penatium in Velia, aedem Iuventatis, aedem Matris Magnae in Palatio feci.

Capitolium et Pompeium theatrum utrumque opus impensa grandi refeci sine ulla inscriptione nominis mei. Rivos aquarum compluribus locis vetustate labentes refeci, et aquam quae Marcia appellatur duplicavi fonte novo in rivum eius inmisso. Forum Iulium et basilicam quae fuit inter aedem Castoris et aedem Saturni, coepta profligataque opera a patre meo perfeci et eandem basilicam consumptam incendio, ampliato eius solo, sub titulo nominis filiorum m[eorum incohavi et, si vivus non perfecissem, perfici ab heredibus meis iussi. Duo et octoginta templa deum in urbe consul sextum ex auctoritate senatus refeci, nullo praetermisso quod eo tempore refici debebat. Consul septimum viam Flaminiam ab urbe Ariminum refeci pontesque omnes praeter Mulvium et Minucium.

In privato solo Martis Ultoris templum Forumque Augustum ex manibiis feci. Theatrum ad aedem Apollinis in solo magna ex parte a privatis empto feci, quod sub nomine M. Marcelli generi mei esset. Dona ex manibiis in Capitolio et in aede divi Iuli et in aede Apollinis et in aede Vestae et in templo Martis Ultoris consacravi, quae mihi constiterunt HS circiter milliens. …

96.14 **Suetonius**, *Augustus* 28.3

Urbem neque pro maiestate imperii ornatam et inundationibus incendiisque obnoxiam excoluit adeo, ut iure sit gloriatus marmoream se relinquere, quam latericiam accepisset.

97. Mausoleum of Hadrian

97.1 **Historia Augusta**, *Hadrian* 19.11

[Hadrianus] fecit et sui nominis pontem et sepulchrum iuxta Tiberim … .

97.2 **Dio Cassius** 69.23.1

ἔζησε δὲ ἔτη μὲν δύο καὶ ἑξήκοντα μῆνας δὲ πέντε καὶ ἡμέρας ἐννεακαίδεκα, καὶ ἐμονάρχησεν ἔτη εἴκοσι καὶ μῆνας ἕνδεκα. ἐτάφη δὲ πρὸς αὐτῷ τῷ ποταμῷ, πρὸς τῇ γεφύρᾳ τῇ Αἰλίᾳ· ἐνταῦθα γὰρ τὸ μνῆμα κατεσκευάσατο. Τὸ γὰρ τοῦ Αὐγούστου ἐπεπλήρωτο, καὶ οὐκέτι οὐδεὶς ἐν αὐτῷ ἐτέθη.

97.3 **Historia Augusta**, *Antoninus Pius* 8.2

Opera [Antonini Pii] haec exstant:…instauratum… sepulchrum Hadriani… .

97.4 *ILS* 322 = *CIL* 6.984

Imp(eratori) Caesari divi Traiani Parthici filio divi / Nervae nepoti Traiano Hadriano Augusto / pont. max., trib. pot. XXII, imp. II, cos. III, p.p., et divae Sabinae, imp(erator) Caesar T(itus) Aelius Hadrianus Antoninus Aug(ustus) Pius / pontifex max(imus), tribun(icia) potest(ate) II, co(n)s(ul) II design(atus) III p(ater) p(atriae), / parentibus suis.

97.5 *ILS* 349 = *CIL* 6.987

Divae Faustinae Augustae…Antonini Pii…

97.6 *ILS* 346 = *CIL* 6.986

Imp(eratori) Caesari Tito Aelio / Hadriano Antonino / Aug(usto) Pio pontifici max(imo), / tribun(icia) pot(estate) XXIIII, / imp(eratori) II, co(n)s(uli) IIII, p(atri) p(atriae).

97.7 **Historia Augusta**, *Commodus* 17.1–4

His incitati, licet nimis sero, Quintus Aemilius Laetus praefectus et Marcia concubina eius inierunt coniurationem ad occidendum eum. Primumque ei venenum dederunt; quod cum minus operaretur, per athletam, cum quo exerceri solebat, eum strangularunt. …

Corpus eius ut unco traheretur atque in Tiberim mittetur, senatus et populus postulavit, sed postea iussu Pertinacis in monumentum Hadriani translatum est.

97.8 *ILS* 401 = *CIL* 6.992

Imperatori Caesari divi Marci Antonini…, divi Pii nepoti, divi Hadriani pronepoti, / divi Traiani Parthici abnepoti, divi Nervae adnepoti…Commodo… .

97.9 **Herodian** 3.15.7; 4.1.3–4

οὕτως δὴ τὰ τῆς βασιλείας ἀμφότεροι διοικοῦντες ἐν ὁμοτίμῳ ἀρχῇ ἀπᾶραι τῆς Βρεττανίας ἠθέλησαν, ἔς τε τὴν Ῥώμην ἠπείγοντο κομίζοντες τὰ τοῦ πατρὸς λείψανα· τὸ γὰρ σωμάτιον πυρὶ παραδόντες, τήν τε κόνιν σὺν ἀρώμασιν ἐς κάλπιν ἀλαβάστρου ἐμβαλόντες, ἀπεκόμιζον ἐς τὴν Ῥόμην, ἐς τὰ βασίλεια ἀποθησόμενοι ἱερὰ μνήματα. ...

ὡς δὲ ἀφίκοντο ἐς τὴν Ῥώμην...ἡγοῦντο δ᾽ αὐτοὶ μὲν τὴν βασίλειον φέροντες πορφύραν, εἵποντο δ᾽ ὄπισθεν αὐτοῖς οἱ τὴν ὕπατον ἀρχὴν τότε διέποντες, κάλπιν φέροντες ἔνθα ἦν τὰ Σεβήρου λείψανα. οἵ τε προσαγορεύοντες τοὺς νέους αὐτοκράτορας παριόντες καὶ τὴν κάλπιν προσεκύνουν. ἐκείνην μὲν οὖν παραπέμψαντες...ἀπέθεντο ἐν τῷ νεῷ ἔνθα Μάρκου τε καὶ τῶν πρὸ αὐτοῦ βασιλέων ἱερὰ μνήματα δείκνυται·

97.10 **Historia Augusta**, *Severus* 19.3

[Severus] inlatus sepulchro Marci Antonini, quem ex omnibus imperatoribus tantum coluit… .

97.11 **Dio Cassius** 79.9.1

τοῦ δ᾽ οὖν Ἀντωνίνου τό τε σῶμα ἐκαύθη, καὶ τὰ ὀστᾶ ἐν τῷ Ἀντωνινείῳ, κρύφα νυκτὸς ἐς τὴν Ῥώμην κομισθέντα, ἐτέθη· πάνυ γὰρ πάντες οἱ βουλευταὶ καὶ οἱ ἰδιῶται, καὶ ἄνδρες καὶ γυναῖκες, ἰσχυρότατα αὐτὸν ἐμίσησαν.

97.12 **Procopius**, *Wars* 5.22.12–22

ἐν τούτῳ δὲ Γότθων προσβολὴ ἑτέρα ἐς πύλην Αὐρηλίαν ἐγίνετο τρόπῳ τοιῷδε. Ἀδριανοῦ τοῦ Ῥομαίων αὐτοκράτορος τάφος ἔξω πύλης Αὐρηλίας ἐστίν, ἀπέχων τοῦ περιβόλου ὅσον λίθου βολήν, θέαμα λόγου πολλοῦ ἄξιον. πεποίηται γὰρ ἐκ λίθου Παρίου καὶ οἱ λίθοι ἐπ᾽ ἀλλήλοις μεμύκασιν, οὐδὲν ἄλλο ἐντὸς ἔχοντες. πλευραί τε αὐτοῦ τέσσαρές εἰσιν ἴσαι ἀλλήλαις, εὖρος μὲν σχεδόν τι ἐς λίθου βολὴν ἑκάστη ἔχουσα, μῆκος δὲ ὑπὲρ τὸ τῆς πόλεως τεῖχος· ἀγάλματά τε ἄνω ἐκ λίθου εἰσὶ τοῦ αὐτοῦ ἀνδρῶν τε καὶ ἵππων θαυμάσια οἷα. τοῦτον δὴ τὸν τάφον οἱ παλαιοὶ ἄνθρωποι (ἐδόκει γὰρ τῇ πόλει ἐπιτείχισμα εἶναι) τειχίσμασι δύο ἐς αὐτὸν ἀπὸ τοῦ περιβόλου διήκουσι περιβάλλουσι καὶ μέρος εἶναι τοῦ τείχους πεποίηνται. ἔοικε γοῦν πύργῳ ὑψηλῷ πύλης τῆς ἐκείνῃ προβεβλημένῳ. ... (5.12–14)

οἱ Γότθοι πύλῃ τῇ Αὐρηλίᾳ καὶ τῷ ᾿Αδριανοῦ πύργῳ προσέβαλλον, μηχανὴν μὲν οὐδεμίαν ἔχοντες, κλιμάκων δὲ πάμπολύ τι ἐπαγόμενοι χρῆμα καὶ τοξευμάτων πλήθει ῥᾷον ἔς τε ἀπορίαν καταστήσασθαι τοὺς πολεμίους οἰόμενοι καὶ τοῦ ἐνταῦθα φυλακτηρίου κρατήσειν δι᾽ ὀλιγανθρωπίαν οὐδενὶ πόνῳ θύρας δὲ προβεβλημένοι ἐβάδιζον, οὐδὲν ἐλασσουμένας τῶν ἐν Πέρσαις θυρεῶν, καὶ ἔλαθόν γε τοὺς ἐναντίους ἀγχοτάτω αὐτῶν ἥκοντες. ὑπὸ γὰρ τῇ στοᾷ κρυπτόμενοι ἦλθον ἣ ἐς τὸν Πέτρου τοῦ ἀποστόλου νεὼν διήκει. ἐνθένδε φανέντες ἐξαπιναίως ἔργου εἴχοντο, ὡς μήτε τῇ καλουμένῃ βαλλιστρᾳ χρῆσθαι τοὺς φύλακας οἵους τε εἶναι (οὐ γὰρ πέμπουσιν ὅτι μὴ ἐξ ἐναντίας αἱ μηχαναὶ αὗται τὰ βέλη) οὐ μὴν οὐδὲ τοῖς τοξεύμασι τοὺς ἐπιόντας ἀμύνεσθαι, τοῦ πράγματος σφίσι διὰ τὰς θύρας ἀντιστατοῦντος. ἐπεὶ δὲ καρτερῶς τε οἱ Γότθοι ἐνέκειντο, βάλλοντες συχνὰ ἐς τὰς ἐπάλξεις, καὶ τὰς κλίμακας ἤδη προσθήσειν τῷ τειχίσματι ἔμελλον... .

χρόνον μέν τινα ὀλίγον ἔκπληξις τοῖς ῾Ρωμαίοις ἐγένετο οὐκ ἔχουσι καθ᾽ ὅ τι χρὴ ἀμυνομένους σωθῆναι, μετὰ δὲ ξυμφρονήσαντες τῶν ἀγαλμάτων τὰ πλεῖστα, μεγάλα λίαν ὄντα, διέφθειρον, αἴροντές τε λίθους περιπληθεῖς ἐνθένδε χερσὶν ἀμφοτέραις κατὰ κορυφὴν ἐπὶ τοὺς πολεμίους ἐρρίπτουν, οἱ δὲ βαλλόμενοι ἐνεδίδοσαν. (5.19–22)

X. The Forum Boarium and Aventine Hill

98. Overview of the Forum Boarium (Fig. 54)

98.1 **Valerius Maximus** 5.4.7

Ignoscite, vetustissimi foci, veniamque aeterni date ignes, si a vestro sacratissimo templo ad necessarium magis quam speciosum urbis locum contextus operis nostri progressus fuerit: nulla enim acerbitate Fortunae, nullis sordibus pretium carae Pietatis evilescit; quin etiam eo certius quo miserius experimentum habet.

98.2 **Suetonius**, *Augustus* 40.5

Negotium aedilibus [Augustus] dedit, ne quem posthac paterentur in Foro Circove nisi positis lacernis togatum consistere.

99. Circus Flaminius

99.1 **Livy** 3.54.15

Ea omnia in pratis Flaminiis concilio plebis acta, quem nunc Circum Flaminium appellant.

99.2 **Livy**, *Periochae,* Bk. 20

C. Flaminius censor Viam Flaminiam muniit et Circum Flaminium exstruxit.

99.3 **Varro**, *Lingua Latina.* 5.154

[C]ircus Flaminius dicitur, qui circum aedificatus est Flaminium Campum, et quod ibi quoque Ludis Tauriis equi circum metas currunt.

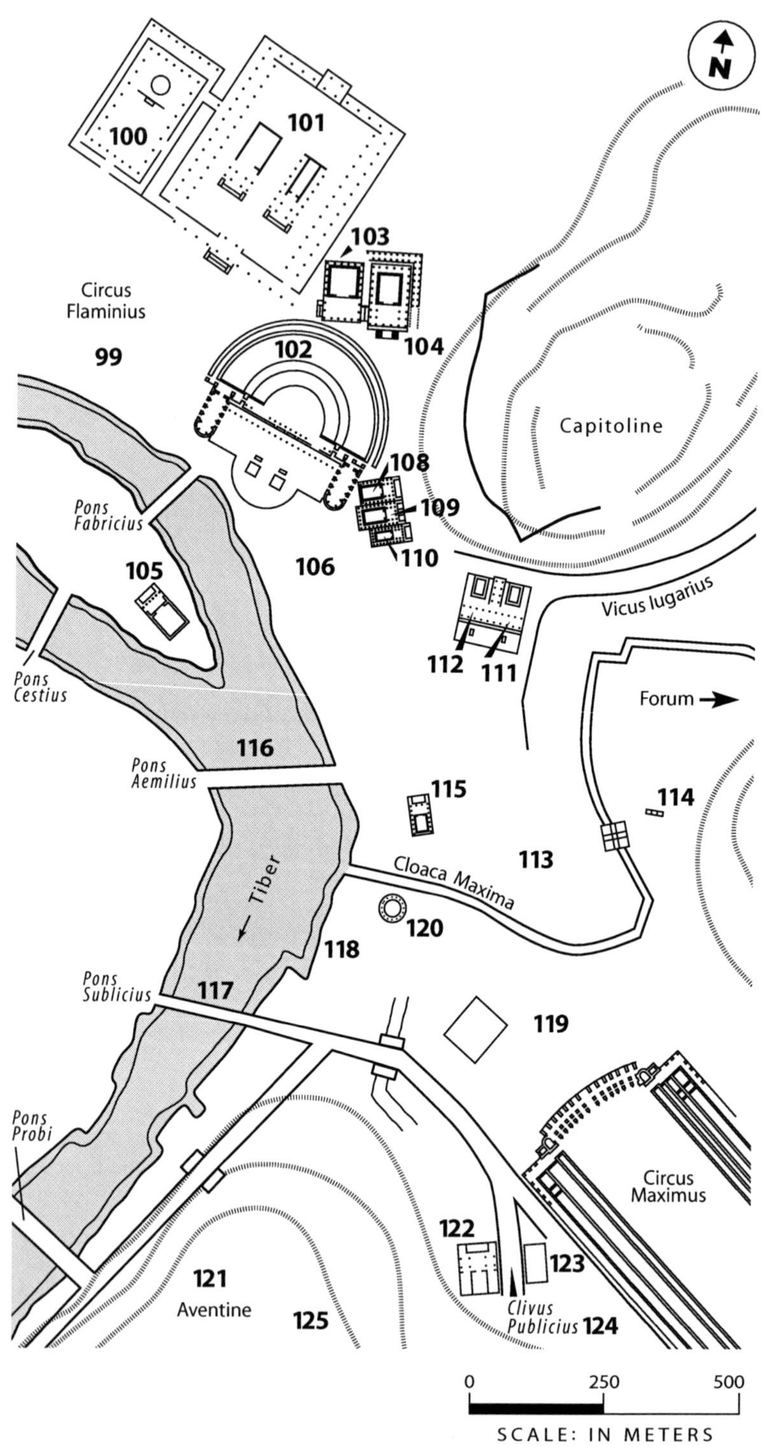

Fig. 54 Forum Boarium to Aventine hill

99.4 Cicero, *Ad Atticum* 1.14.1

[L]evissimus tribunus pl. Fufius in contionem producit Pompeium. Res agebatur in Circo Flaminio, et erat in eo ipso loco illo die nundinarum πανήγυρις.

100. Temple of Hercules Musarum

100.1 Cicero, *Pro Archia* 27

Iam vero ille qui cum Aetolis Ennio comite bellavit Fulvius non dubitavit Martis manubias Musis consecrare. Qua re in qua urbe imperatores prope armati poetarum nomen et Musarum delubra coluerunt, in ea non debent togati iudices a Musarum honore et a poetarum salute abhorrere.

100.2 *Pareg.* 9.7.3 (Baehrens)

Aedem Herculis Musarum in Circo Flaminio Fulvius ille Nobilior ex pecunia censoria fecit, non id modo secutus, quod ipse litteris et summi poetae amicitia duceretur, sed quod in Graecia cum esset imperator acceperat Heraclem Musagetem esse, id est comitem ducemque Musarum, idemque primus novem signa Camenarum ex Ambraciensi oppido translata sub tutela fortissimi numinis consecravit, ut res est, quia mutuis opibus et premiis iuvari ornarique deberent: Musarum quies defensione Herculis et virtus Herculis voce Musarum.

101. The Porticus of Octavia (earlier, the Porticus of Metellus)

101.1 **Livy** 39.2.11

[M. Aemilius Lepidus] proelio ultimo, quo cum Liguribus signis collatis conflixit, aedem Iunoni Reginae vovit.

101.2 **Velleius Paterculus** 1.11.3–5

Hic est Metellus Macedonicus, qui porticus, quae fuerunt circumdatae duabus aedibus sine inscriptione positis, quae nunc Octaviae porticibus ambiuntur, fecerat, quique hanc turmam statuarum equestrium, quae frontem aedium spectant, hodieque maximum ornamentum eius loci, ex Macedonia detulit. Cuius turmae hanc causam referunt, Magnum Alexandrum impetrasse a Lysippo, singulari talium auctore operum, ut eorum equitum, qui ex ipsius turma apud Granicum flumen ceciderant, expressa similitudine figurarum faceret statuas et ipsius quoque iis interponeret.

Hic idem primus omnium Romae aedem ex marmore in iis ipsis monumentis molitus huius vel magnificentiae vel luxuriae princeps fuit.

101.3 **Suetonius**, *Augustus* 29.4–5

Quaedam etiam opera sub nomine alieno, nepotum scilicet et uxoris sororisque [Augustus] fecit, ut ... porticus ... Octaviae theatrumque Marcelli. Sed et ceteros principes viros saepe hortatus est, ut pro faculatate quisque monimentis vel novis vel refectis et excultis urbem adornarent. Multaque a multis tunc exstructa sunt, sicut a Marcio Philippo aedes Herculis Musarum, ... a Cornelio Balbo theatrum, a Statilio Tauro amphitheatrum, a M. vero Agrippa complura et egregia.

101.4 **Pliny the Elder**, *Naturalis Historia* 36.42–43

Nec Saurum atque Batrachum obliterari convenit, qui fecere templa Octaviae porticibus inclusa ... . In Iovis aede ex iis pictura cultusque reliquus omnis femineis argumentis constat; erat enim facta Iunoni, sed, cum inferrentur signa, permutasse geruli traduntur, et id religione custoditum, velut ipsis diis sedem ita partitis. Ergo et in Iunonis aede cultus est qui Iovis esse debuit.

101.5 *CIL* 6.1034

[Imp(erator) Caes(ar) L(ucius) Septimiu]S SEVERUS PIUS PERTINAX AUG(ustus) ARABIC(us) AD[iabenic(us) Par]THIC(us) MAXIMUS / TRIB(unicia) POTEST(ate) XI IMP(erator) XI CO(n)S(ul) III P(ater) P(atriae) ET / [Imp(erator) Caes(ar) M(arcus) Aureliu]S ANTONINUS PIUS FELIX AUG. [Trib(unicia) Potest(ate) VI] CO(n)S(ul) PROCO(n)S(ul) / INCENDIO CORRUPTAM REST[ituerunt]

101.6 **Suetonius**, *De Grammaticis* 21

[Augusto] delegante, curam ordinandarum bibliothecarum in Octaviae porticu [C. Melissus] suscepit.

101.7 *ILS* 1972 = *CIL* 6.2348

Philoxenus Iulian. / public. de porticu Octaviae a bibliotheca Graeca.

101.8 **Ovid**, *Tristia* 3.1.69–70

Altera templa peto, vicino iuncta theatro:
haec quoque erant pedibus non adeunda meis.

102. Theater of Marcellus

102.1 **Livy** 40.51.3

[Lepidus censor] theatrum et proscaenium ad Apollinis ... locavit.

102.2 **Dio Cassius** 43.49.3

θέατρόν τέ τι κατὰ τὸν Πομπήιον οἰκοδομῆσαι ἐθελήσας προκατεβάλετο μέν, οὐκ ἐξετέλεσε δέ. ἀλλὰ τοῦτο μὲν ὁ Αὔγουστος μετὰ ταῦτα ἐκποιήσας ἀπὸ Μάρκου Μαρκέλλου τοῦ ἀδελφιδοῦ ἐπωνόμασε· τὰς δὲ οἰκίας τούς τε ναοὺς τοὺς ἐν τῷ χορίῳ ἐκείνῳ ὄντας ὁ Καῖσαρ καθελὼν αἰτίαν ἔλαβεν, ὅτι τε τὰ ἀγάλματα, ξύλινα πλὴν ὀλίγων ὄντα, κατέκαυσε, καὶ θησαυροὺς χρημάτων συχνοὺς εὑρὼν πάντας αὐτοὺς ἐσφετερίσατο.

102.3 **Augustus**, *Res Gestae* 21

Theatrum ad aedem Apollinis in solo magna ex parte a privatis empto feci, quod sub nomine M. Marcelli generi mei esset.

102.4 *ILS* 5050.156–8 = *CIL* 6.32323

Ludos...committimus...i]n thea[tro quod est] in Circo Flaminio... .

102.5 **Pliny the Elder**, *Naturalis Historia* 8.65

[Augustus] Q. Tuberone Paullo Fabio Maxumo coss. IIII. non. Mai. theatri Marcelli dedicatione tigrim primus omnium Romae ostendit in cavea mansuefactam... .

102.6 **Suetonius**, *Vespasian* 19.1

[Vespasianus] ludis, per quos scaena Marcelliani theatri restituta dedicabatur, vetera quoque acroamata revocaverat. Apellari tragoedo quadringenta, Terpno Diodoroque citharoedis ducena, nonnullis centena, quibus minimum, quadragena sestertia super plurimas coronas aureas dedit.

103. Temple of Apollo Medicus

103.1 **Livy** 4.25.3

Pestilentia eo anno aliarum rerum otium praebuit. Aedis Apollini pro valetudine populi vota est. .. Magna tamen clades in urbe agrisque promiscua hominum pecorumque pernicie accepta.

103.2 **Livy** 4.29.7

Cn. Iulius consul aedem Apollonis absente collega sine sorte dedicavit. Aegre id passus Quinctius cum dimisso exercitu in urbem redisset, nequiquam in senatu est conquestus.

103.3 **Asconius**, *Toga* 80–81

Ne...erretis, quod his temporibus aedes Apollinis in Palatio fuit nobilissima, admonendi estis...a Cicerone ...illam demonstrari, quae est extra portam Carmentalem, inter Forum

Holitorium et Circum Flaminium. Ea enim sola tum quidem Romae Apollinis aedes.

103.4 **Livy** 39.4.1–2, 5.6

M. Fulvius proconsul ex Aetolia redit; isque ad aedem Apollinis in senatu cum de rebus in Aetolia Cephallaniaque ab se gestis disseruisset, petit a patribus ut ... sibi triumphum decernerent. ... His victus castigationibus tribunus cum templo excessisset, referente Ser. Sulpicius praetore, triumphus M. Fulvio est decretus.

103.5 **Pliny the Elder**, *Naturalis Historia* 36.28

[H]aesitatio est in templo Apollinis Sosiani, Niobae liberos morientes Scopas an Praxiteles fecerit.

104. Temple of Bellona

104.1 **Festus** 30 L

Bellona dicebatur dea bellorum, ante cuius templum erat columella, quae bellica vocabatur, super quam hastam iaciebant, cum bellum indicebatur.

104.2 **Livy** 10.19.17, 22

Dicitur Appius in medio pugnae discrimine, ita ut inter prima signa manibus ad caelum sublatis conspiceretur, ita precatus esse: "Bellona, si hodie nobis victoriam duis, ast ego tibi templum voveo." ... Castra capta direptaque; praeda ingens parta et militi concessa est. Septem milia octingenti hostium occisi ....

104.3 **Ovid**, *Fasti* 6.205–208

Prospicit a templo summum brevis area Circum
  est ibi non parvae parva columna notae:
hinc solet hasta manu, belli praenuntia, mitti,
  in regem et gentes cum placet arma capi.

104.4 **Seneca the Younger**, *De Clementia* 1.12.2

Quis tamen umquam tyrannus tam avide humanum sanguinem bibit quam [Sulla], qui septem milia civium Romanorum contrucidari iussit et, cum in vicino ad aedem Bellonae sedens exaudisset conclamationem tot milium sub gladio gementium exterrito senatu: "Hoc agamus," inquit, "Patres Conscripti; seditiosi pauculi meo iussu occiduntur."

105. Tiber Island and the Temple of Aesculapius

105.1 **Livy** 2.5.2–4

Ager Tarquiniorum, qui inter urbem ac Tiberim fuit, consecratus Marti Martius deinde Campus fuit. Forte ibi tum seges farris dicitur fuisse matura messi. Quem campi fructum quia religiosum erat consumere, desectam cum stramento segetem magna vis hominum simul immissa corbibus fudere in Tiberim tenui fluentem aqua, ut mediis caloribus solet. Ita in vadis haesitantis frumenti acervos sedisse inlitos limo; insulam inde paulatim, et aliis quae fert temere flumen eodem invectis, factam. Postea credo additas moles manuque adiutum, ut tam eminens area firmaque templis quoque ac porticibus sustinendis esset.

105.2 **Livy**, *Periochae* 11

Cum pestilentia civitas laboraret, missi legati, ut Aesculapi signum Romam ab Epidauro transferrent, anguem, qui se in navem eorum contulerat, in quo ipsum numen esse constabat, deportaverunt; eoque in insulam Tiberis egresso eodem loco aedis Aesculapio constituta est.

105.3 *ILS* 2194 = *CIL* 6.19

Aesculapio et Hy/giae M(arcus) Ulpius Ho/noratus dec(urio) / eq(uitum) sing(ularum) imp(eratori) n(ostro), / pro salute sua /suorumque et / L(uci) Iuli Helicis me/dici, qui curam / mei diligenter egit / secundum deos… .

105.4 **Suetonius**, *Claudius* 25.2

Cum quidam aegra et adfecta mancipia in insulam Aesculapi taedio medendi exponerent, omnes qui exponerentur liberos esse [Claudius] sanxit.

105.5 *ILS* 5892 = *CIL* 1305

L(ucius) FABRICIUS, C(ai) F(ilius) CUR(ator) VIAR(um), / FACIUNDUM (pontem) COERAVIT.

[**note**: coeravit = curavit]

106. The Forum Holitorium

106.1 **Varro**, *Lingua Latina* 5.146

Ubi quid generatim, additum ab eo cognomen, ut Forum Bovarium, Forum Holitorium: hoc erat antiquum Macellum, ubi holerum copia. … Secundum Tiberim ad [Port]unium Forum Piscarium vocant.

107. Temple of Pietas

107.1 **Livy** 40.34.4–6

Aedes duae eo anno dedicatae sunt:...altera in Foro Holitorio Pietatis. Eam aedem dedicavit M'. Acilius Glabrio duumvir; statuamque auratam, quae prima omnium in Italia statua aurata est, patris Glabrionis posuit. Is erat qui ipse eam aedem voverat, quo die cum rege Antiocho ad Thermopylas depugnasset, locaveratque idem ex senatus consulto.

107.2 **Pliny the Elder**, *Naturalis Historia* 7.121

Pietatis exempla infinita quidem toto orbe extitere, sed Romae unum cui comparari cuncta non possint. Humilis in plebe et ideo ignobilis puerpera, supplicii causa carcere inclusa matre cum impetrasset aditum, a ianitore semper excussa ante ne quid inferret cibi, deprehensa est uberibus suis alens eam. Quo miraculo matris salus donata filiae pietati est ambaeque perpetuis alimentis, et locus ille eidem consecratus deae, C. Quinctio M'. Acilio coss. templo Pietatis extructo in illius carceris sede, ubi nunc Marcelli theatrum est.

107.3 **Festus** 105 L

Lactaria columna in Foro Olitorio dicta, quod ibi infantes lacte alendos deferebant.

108. Temple of Janus

108.1 **Tacitus**, *Annals* 2.49

Isdem temporibus deum aedis vetustate aut igni abolitas coeptasque ab Augusto [Tiberius] dedicavit: ... Iano templum, quod apud Forum Holitorium C. Duilius struxerat, qui primus rem Romanum prospere mari gessit triumphumque navalem de Poenis meruit.

109. Temple of Juno Sospita

109.1 **Livy** 32.30.10

Consul principio pugnae [contra Insubres] vovit aedem Sospitae Iunoni, si eo die hostes fusi fugatique fuissent; a militibus clamor sublatus compotem voti consulem se facturos ...

109.2 **Livy** 34.53.3

Aedes eo anno aliquot dedicatae sunt: una Iunonis Matutae in Foro Olitorio, vota locataque quadriennio ante a C. Cornelio consule Gallico bello.

109.3 **Julius Obsequens** 55 (*Loeb* Livy XIV, p. 292)

Metella Caecilia somnio Iunonem Sospitam profugientem, quod immunde sua templa foedarentur, cum suis precibus aegre revocatam diceret, aedem matronarum sordidis obscenisque corporis coinquinatam ministeriis, in qua etiam sub simulacro deae cubile canis cum fetu erat, commundatam supplicationibus habitis pristino splendore restituit.

110. Temple of Hope

110.1 **Tacitus**, *Annals* 2.49

Spei aedes a Germanico sacratur: hanc A. Atilius voverat eodem [Punico] bello.

110.2 **Cicero**, *De Legibus* 2.28

Quoniamque expectatione rerum bonarum erigitur animus, recte etiam Spes a Calatino consecrata est.

110.3 **Livy** 21.62.4

[A]edem Spei, quae est in Foro Olitorio, fulmine ictam… .

110.4 **Livy** 25.7.5–6

[C]reati sunt…triumviri…reficiendis aedibus [aliis]…et Spei extra portem, quae priore anno incendio consumptae fuerant.

111. Temple of Mater Matuta

111.1 **Ovid**, *Fasti* 6. 479–80, 545–7

Hac ibi [= in Foro Boario] luce ferunt Matutae sacra parenti
sceptriferas Servi templa dedisse manus.
…
Leucothea Grais, Matuta vocabere nostris;
in portus nato ius erit omne tuo,
quem nos Portunum, sua lingua Palaemona dicet.

111.2 **Livy** 5.19.6

[Camillus] vovit Veiis captis se … aedem… Matutae Matris refectam dedicaturum, iam ante ab rege Ser. Tullio dedicatam.

111.3 **Festus**, p.122M

Matrem Matutam antiqui ob bonitatem appellabant.

111.4 **Lucretius**, 5.656–7

Tempore item certo roseam Matuta per oras
aetheris auroram differt et lumina pandit … .

111.5 Livy 41.28.8–10

Eodem anno tabula in aede Matris Matutae cum indice hoc posita est: "Ti. Semproni Gracchi consulis imperio auspicioque legio exercitusque populi Romani Sardiniam subegit. In ea provincia hostium caesa aut capta supra octoginta milia. Re publica felicissume gesta atque liberatis sociis, vectigalibus restitutis, exercitum salvom atque incolumem plenissimum praeda domum reportavit. Iterum triumphans in urbem Romam redit. Cuius rei ergo hanc tabulam donum Iovi dedit." Sardiniae insulae forma erat, atque in ea simulacra pugnarum picta.

112. Temple of Fortuna

112.1 Ovid, *Fasti* 6.569–72

Lux eadem, Fortuna, tua est auctorque locusque;
 sed superiniectis quis latet iste togis?
Servius est, et constat enim, sed causa latendi
 discrepat... .

112.2 Pliny the Elder, *Naturalis Historia* 8.194,197

[A]uctor est M. Varro factam ... ab ea [=Tanaquile] togam regiam undulatam in aede Fortunae, qua Ser. Tullius fuerat usus. ... Servi Tulli praetextae quibus signum Fortunae ab eo dicatae coopertum erat, duravere ad Seiani exitum, mirumque fuit neque diffluxisse eas neque teredinum iniurias sensisse annis quingentis sexaginta.

112.3 Valerius Maximus 1.8.11

Servii Tullii statua, cum aedis Fortunae conflagrasset, inviolata mansit.

112.4 Livy 24.47.15–16

Romae foedum incendium per duas noctes ac diem unum tenuit. Solo aequata omnia inter Salinas ac portam Carmentalem cum Aequimaelio Iugarioque vico et templis Fortunae ac Matris Matutae.

112.5 Livy 25.7.5–6

[C]reati sunt...triumviri...reficiendis aedibus Fortunae et Matris Matutae intra portam Carmentalem...quae priore anno incendio consumptae fuerant.

112.6 Livy 33.27.3–4

L. Stertinius ex ulteriore Hispania, ne temptata quidem triumphi spe, quinquaginta milia pondo argenti in aerarium intulit et de manubiis duos fornices in Foro Boario ante Fortunae aedem et

Matris Matutae, unum in Maximo Circo fecit et his fornicibus signa aurata inposuit.

113. Forum Boarium

113.1 **Varro**, *Lingua Latina* 5.146

Ubi quid generatim, additum ab eo cognomen, ut Forum Bovarium... .

113.2 **Ovid**, *Fasti* 6.477–8

Pontibus et magno iuncta est celeberrima Circo
area, quae posito de bove nomen habet.

113.3 **Tacitus**, *Annals* 12.24

[I]nitium condendi, et quod pomerium Romulus posuerit, noscere haud absurdum reor. Igitur a Foro Boario, ubi aereum tauri simalcrum aspicimus, quia id genus animalium aratro subditur, sulcus designandi oppidi coeptus ut magnam Herculis aram amplecteretur.

114. Arch of the Argentarii

114.1 *ILS* 426 = *CIL* 6.1035

IMP(eratori) CAES(ari) L(ucio) SEPTIMIO SEVERO PIO PERTINACI AUG(usto) ARABIC(o), ADIABENIC(o), PARTH(ico) MAX(imo), FORTISSIMO, FELICISSIMO, / PONTIF(ici) MAX(imo), TRIB(unicia) POTEST(ate) XII, IMP(eratori) XI, CO(n)S(uli) III, PATRI PATRIAE, / ET IMP(eratori) CAES(ari) M(arco) AURELIO ANTONINO PIO FELICI AU(usto), TRIB(unicia) POTEST(ate) VII, CO(n)S(ul) [III, P(atri) P(atriae), PROCO(n)S(uli) FORTISSIMO FELICISSIMOQUE PRINCIPI] ET / IULIAE AUG(ustae) MATRI AUG(usti) [N(ostri)] ET CASTRORUM ET [SENATUS ET PATRIAE ET] IMP. CAES. M. AURELI ANTONINI PII FELICIS AUG. / [PARTHICI MAXIMI BRITTANNICI MAXIMI], ARGENTARI ET NEGOTIANTES BOARI HUIUS [LOCI QUI INVEHENT], DEVOTI NUMINI EORUM.

[Note: the brackets indicate the parts of the inscription that replaced an earlier text referring to Geta and other family members later condemned by Caracalla.]

115. Temple of Portunus

115.1 **Varro**, *Lingua Latina* 6.19

Portunalia dicta a Portuno, cui eo die aedes in portu Tiberino facta et feriae institutae.

115.2 **Fasti** for August 17: Degrassi, *Insc. It.* 13.2.496
Portuno ad Pontem Aemilium.

115.3 **Fronto**, *Letters* 1.7.2 (*Loeb* I, p. 164)
[P]leraque propria venustate carentia gratiam sibimet alienam extrinsecus mutuantur. ... Idem evenit floribus et coronis; alia dignitate sunt in Portunio quom a coronariis veneunt, alia quom a sacerdotibus in templo porriguntur.

115.4 **Varro**, *Lingua Latina* 5.146
Ubi quid generatim, additum ab eo cognomen, ut ... secundum Tiberim ad [Port]unium Forum Piscarium vocant.

116. Pons Aemilius

116.1 **Livy** 40.51.2, 4
Opera ex pecunia attributa divisaque inter se haec [M. Aemilius Lepidus et M. Fulvius Nobilior] fecerunt. ... M. Fulvius plura et maioris locavit usus: portum et pilas pontis in Tiberi, quibus pilis fornices post aliquot annos P. Scipio Africanus et L. Mummius censores locaverunt imponendos.

117. Pons Sublicius

117.1 **Livy** 1.33.6
Ianiculum quoque adiectum, non inopia loci, sed ne quando ea arx hostium esset. Id non muro solum sed etiam ob commoditatem itineris Ponte Sublicio, tum primum in Tiberi facto, coniungi urbi placuit.

117.2 **Livy** 2.10.1–12
Cum hostes adessent, pro se quisque in urbem ex agris demigrant, urbem ipsam saepiunt praesidiis. Alia muris, alia Tiberi obiecto videbantur tuta: Pons Sublicius iter paene hostibus dedit, ni unus vir fuisset, Horatius Cocles; id munimentum illo die fortuna urbis Romanae habuit.

Qui positus forte in statione pontis, cum captum repentino impetu Ianiculum atque inde citatos decurrere hostes vidisset trepidamque turbam suorum arma ordinesque relinquere, reprehensans singulos, obsistens obtestansque deum et hominum fidem testabatur nequiquam deserto praesidio eos fugere; si transitum pontem a tergo reliquissent, iam plus hostium in Palatio Capitolioque quam in Ianiculo fore. Itaque monere, praedicere ut pontem ferro, igni, quacumque vi possint, interrumpant: se impetum hostium, quantum corpore uno posset obsisti, excepturum. Vadit inde in primum aditum pontis, insignisque

inter conspecta cedentium pugnae terga obversis comminus ad ineundum proelium armis ipso miraculo audaciae obstupefecit hostis. Duos tamen cum eo pudor tenuit, Sp. Lartium ac T. Herminium, ambos claros genere factisque.

Cum his primam periculi procellam et quod tumultuosissimum pugnae erat parumper sustinuit; deinde eos quoque ipsos exigua parte pontis relicta revocantibus qui rescindebant cedere in tutum coegit. Circumferens inde truces minaciter oculos ad proceres Etruscorum nunc singulos provocare, nunc increpare omnes: servitia regum superborum, suae libertatis immemores alienam oppugnatum venire. Cunctati aliquamdiu sunt, dum alius alium, ut proelium incipiant, circumspectant. Pudor deinde commovit aciem, et clamore sublato undique in unum hostem tela coniciunt. Quae cum in obiecto cuncta scuto haesissent, neque ille minus obstinatus ingenti pontem obtineret gradu, iam impetu conabantur detrudere virum, cum simul fragor rupti pontis, simul clamor Romanorum alacritate perfecti operis sublatus, pavore subito impetum sustinuit. Tum Cocles "Tiberine pater," inquit, "te sancte precor, haec arma et hunc militem propitio flumine accipias." Ita sic armatus in Tiberim desiluit multisque superincidentibus telis incolumis ad suos tranavit, rem ausus plus famae habituram ad posteros quam fidei. Grata erga tantam virtutem civitas fuit: statua in Comitio posita; agri quantum uno die circumaravit datum.

117.3 Plutarch, *Numa* 9.2–3

οἱ δὲ πλεῖστοι μάλιστα καὶ τὸ γελώμενον τῶν ὀνομάτων δοκιμάζουσιν, ὡς οὐδὲν ἀλλ᾽ ἢ γεφυροποιοὺς τοὺς ἄνδρας ἐπικληθέντας ἀπὸ τῶν ποιουμένων περὶ τὴν γέφυραν ἱερῶν, ἁγιωτάτων καὶ παλαιοτάτων ὄντον· πόντεμ γὰρ οἱ Λατῖνοι τὴν γέφυραν ὀνομάζουσιν. εἶναι μέντοι καὶ τὴν τήρησιν αὐτῆς καὶ τὴν ἐπισκευήν, ὥσπερ ἄλλο τι τῶν ἀκινήτων καὶ πατρίων ἱερῶν, προσήκουσαν τοῖς ἱερεῦσιν. οὐ γὰρ θεμιτόν, ἀλλ᾽ ἐπάρατον ἡγεῖσθαι Ῥωμαίους τὴν κατάλυσιν τῆς ξυλίνης γεφύρας. λέγεται δὲ καὶ τὸ πάμπαν ἄνευ σιδήρου κατὰ δή τι λόγιον συγγεγομφῶσθαι διὰ τῶν ξύλων. ἡ δὲ λιθίνη πολλοῖς ὕστερον ἐξειργάσθη χρόνοις ὑπ᾽ Αἰμιλίου ταμιεύοντος. οὐ μὴν ἀλλὰ καὶ τὴν ξυλίνην τῶν Νομᾶ χρόνων ἀπολείπεσθαι λέγουσιν, ὑπὸ Μαρκίου τοῦ Νομᾶ θυγατριδοῦ βασιλεύοντος ἀποτελεσθεῖσαν.

117.4 Pliny the Elder, *Naturalis Historia* 36.100

Cyzici et buleuterium vocant aedificium amplum, sine ferreo clavo ita disposita contignatione ut eximantur traves sine fulturis ac reponantur. Quod item Romae in Ponte Sublicio religiosum est, posteaquam Coclite Horatio defendente aegre revolsus est.

118. The Boat of Aeneas

118.1 Procopius, *Wars* 4.22.5–8

καίτοι ἀνθρώπων μάλιστα πάντων ὧν ἡμεῖς ἴσμεν ἰλοπόλιδες Ῥωμαῖοι τυγχάνουσιν ὄντες, περιστέλλειν τε τὰ πάτρια πάντα καὶ διασώζεσθαι ἐν σπουδῇ ἔχουσιν, ὅπως δὴ μηδὲν ἀφανίζηται Ῥώμῃ τοῦ παλαιοῦ κόσμου. οἵ γε καὶ πολύν τινα βεβαρβαρωμένοι αἰῶνα τάς τε πόλεως διεσώσαντο οἰκοδομίας καὶ τῶν ἐγκαλλωπισμάτων τὰ πλεῖστα, ὅσα οἷόν τε ἦν χρόνῳ τε τοσούτῳ τὸ μῆκος καὶ τῷ ἀπαμελεῖσθαι δι᾽ ἀρετὴν τῶν πεποιημένων ἀντέχειν. ἔτι μέντοι καὶ ὅσα μνημεῖα τοῦ γένους ἐλέλειπτο ἔτι, ἐν τοῖς καὶ ἡ ναῦς Αἰνείου, τοῦ τῆς πόλεως οἰκιστοῦ καὶ εἰς τόδε κεῖται, θέαμα παντελῶς ἄπιστον. νεώσοικον γὰρ ποιησάμενοι ἐν μέσῃ τῇ πόλει, παρὰ τὴν τοῦ Τιβέριδος ὄχθην, ἐνταῦθά τε αὐτὴν καταθέμενοι, ἐξ ἐκείνου τηροῦσιν.

118.2 Virgil, *Aeneid* 8.86ff.

Thybris ea fluvium, quam longa est, nocte tumentem
leniit, et tacita refluens ita substitit unda,
mitis ut in morem stagni placidaeque paludis
sterneret aequor aquis, remo ut luctamen abesset.
Ergo iter inceptum celerant rumore secundo:
labitur uncta vadis abies; mirantur et undae,
miratur nemus insuetum fulgentia longe
scuta virum fluvio pictasque innare carinas.
Olli remigio noctemque diemque fatigant
et longos superant flexus, variisque teguntur
arboribus, viridisque secant placido aequore silvas.
Sol medium caeli conscenderat igneus orbem
cum muros arcemque procul ac rara domorum
tecta vident, quae nunc Romana potentia caelo
aequavit, tum res inopes Evandrus habebat.
Ocius advertunt proras urbique propinquant.
Forte die sollemnem illo rex Arcas honorem
Amphitryoniadae magno divisque ferebat
ante urbem in luco. … 86–104
…
Rex Evandrus ait: "non haec sollemnia nobis,
has ex more dapes, hanc tanti numinis aram
vana superstitio veterumque ignara deorum
imposuit: saevis, hospes Troiane, periclis
servati facimus meritosque novamus honores.
185–189

119. Ara Maxima

119.1 **Propertius** 4.9 (*selections*)

Amphitryoniades qua tempestate iuvencos
egerat a stabulis, o Erythea, tuis,
venit ad invictos pecorosa Palatia montes,
et statuit fessos fessus et ipse boves,
qua Velabra suo stagnabant flumine quaque
nauta per urbanas velificabat aquas.
Sed non infido manserunt hospite Caco
incolumes: furto polluit ille Iovem.
Incola Cacus erat, metuendo raptor ab antro,
per tria partitos qui dabat ora sonos.
Hic, ne certa forent manifestae signa rapinae,
aversos cauda traxit in antra boves,
nec sine teste deo: furem sonuere iuvenci,
furis et implacidas diruit ira fores.
Maenalio iacuit pulsus tria tempora ramo
Cacus, et Alcides sic ait: "ite boves,
Herculis ite boves, nostrae labor ultime clavae,
bis mihi quaesiti, bis mea praeda, boves,
arvaque mugitu sancite Bovaria longo:
nobile erit Romae pascua vestra Forum." 1–20
...
"Haec nullis umquam pateat veneranda puellis,
Herculis externi ne sit inulta sitis." 69–70

119.2 **Servius**, *Commentary on* Aeneid 8.271

"Maxima": ingens enim est Ara Herculis, sicut videmus hodieque post ianuas Circi Maximi.

119.3 **Tacitus**, *Annals* 5.41

[Q]uae amissa sunt numerum inire haud promptum fuerit: sed vetustissima religione...magna ara fanumque quae praesenti Herculi Arcas Evander sacraverat... .

119.4 **Varro**, *Lingua Latina* 6.54

[E]x mercibus libamenta porrecta sunt Herculi in aram... . [P]raetor urbanus quotannis...Herculi immolat publice iuvencam.

119.5 **Macrobius** 3.6.16–7

[P]ropria observatio est in Herculis sacris epulari sedentes. ... Custoditur in eodem loco ut omnes aperto capite sacra faciant.

120. The Round Temple (Hercules Olivarius)

120.1 Macrobius 3.6.10

Varro *Divinarum* libro quarto victorem Herculem putat dictum, quod omne genus animalium vicerit. Romae autem Victoris Herculis aedes duae sunt, una ad Portam Trigeminam, altera in Foro Boario.

120.2 Pliny the Elder, *Naturalis Historia* 34.33

Fuisse autem statuariam artem familiarem Italiae quoque et vetustam, indicant Hercules ab Evandro sacratus, ut produnt, in Foro Boario, qui triumphalis vocatur atque per triumphos vestitur habitu triumphali… .

120.3 Pliny the Elder, *Naturalis Historia* 10.79

Romae in aedem Herculis in Foro Boario nec muscae nec canes intrant.

120.4 Pliny the Elder, *Naturalis Historia* 35.19

[C]elebrata est in Foro Boario aede Herculis Pacui poetae pictura. Enni sorore genitus hic fuit clarioremque artem eam Romae fecit gloria scaenae. Postea non est spectata honestis manibus… .

121. The Aventine Hill

121.1 Dionysius of Halicarnassus 3.43.1–2

Πρῶτον μὲν τῇ πόλει μοῖραν οὐ μικρὰν προσέθηκε τειχίσας τὸν λεγόμενον Ἀουεντῖνον· ἔστι δὲ λόφος ὑψηλὸς ἐπιεικῶς ὀκτωκαίδεκά που σταδίων τὴν περίμετρον, ὃς τότε μὲν ὕλης παντοδαπῆς μεστὸς ἦν,πλείστης δὲ καὶ καλλίστης δάφνης, ἐφ᾽ ἧς Λαυρῆτον ὑπὸ Ῥωμαίων καλεῖται τόπος τις ἐπ᾽ αὐτοῦ· νῦν δὲ οἰκιῶν ἐστι πλήρης ἅπας, ἔνθα σὺν πολλοῖς ἄλλοις καὶ τὸ τῆς Ἀρτέμιδος ἱερὸν ἵδρυται, εἴργεται δὲ ἀφ᾽ ἑτέρου τῶν συμπεριεχομένων τῇ Ῥώμῃ λόφων τοῦ καλουμένου Παλλαντίου, περὶ ὃν ἡ πρώτη κατασκευασθεῖσα πόλις ἱδρύθη, βαθείᾳ καὶ στενῇ φάραγγι· ἐν δὲ τοῖς ὕστερον χρόνοις ἐχώσθη πᾶς ὁ μεταξὺ τῶν λόφων αὐλών.

τοῦτον δὴ τὸν λόφον ἐπιτείχισμα κατὰ τῆς πόλεως ὁρῶν ἐσόμενον, εἴ τις αὐτῇ ἐπίοι στρατός, τείχει καὶ τάφρῳ περιέλαβε καὶ τοὺς μεταχθέντας ἐκ Τελλήνης τε καὶ Πολιτωρίου καὶ τῶν ἄλλων πόλεων ὅσων ἐκράτησεν ἐν τούτῳ τῷ χωρίῳ καθίδρυσεν.

121.2 Livy 1.33.1–2

[Ancus] Politorium, urbem Latinorum, vi cepit, secutusque morem regum priorum, qui rem Romanam auxerant hostibus in

civitatem accipiendis, multitudinem omnem Romam traduxit, et cum circa Palatium, sedem veterum Romanorum, Sabini Capitolium atque arcem, Caelium montem Albani implessent, Aventinum novae multitudini datum. Additi eodem haud ita multo post, Tellenis Ficanaque captis, novi cives.

121.3 **Dionysius** of Halicarnassus 10.32.2–4

τὸν ὑπὲρ τοῦ λόφου νόμον εἰσέφερεν. ἦν δὲ τοιόσδε· ὅσα μὲν ἰδιῶταί τινες εἶχον ἐκ τοῦ δικαίου κτησάμενοι, ταῦτα τοὺς κυρίους κατέχειν· ὅσα δὲ βιασάμενοί τινες ἢ κλοπῇ λαβόντες ᾠκοδομήσαντο, κομισαμένους τὰς δαπάνας, ἃς ἂν οἱ διαιτηταὶ γνῶσι, τῷ δήμῳ παραδιδόναι· τὰ δὲ ἄλλα, ὅσα ἦν δημόσια, χωρὶς ὠνῆς τὸν δῆμον παραλαβόντα διελέσθαι. ἐδίδασκέ τε ὅτι τοῦτο τὸ πολίτευμα εἰς πολλὰ μὲν καὶ ἄλλα συνοίσει τῇ πόλει, μάλιστα δὲ εἰς τὸ μὴ στασιάζειν ἔτι περὶ τῆς δημοσίας χώρας τοὺς πένητας ἣν οἱ πατρίκιοι κατεῖχον. ...

ὁ νόμος ἐκυρώθη, ὅς ἐστιν ἐν στήλῃ χαλκῇ γεγραμμένος, ἣν ἀνέθεσαν ἐν τῷ Αὐεντίνῳ κομίσαντες εἰς τὸ τῆς Ἀρτέμιδος ἱερόν.

122. The Temple of Ceres

122.1 **Dionysius of Halicarnassus** 6.17.2–3

ναῶν κατασκευὰς ἐξεμίσθωσε Δήμητρι καὶ Διονύσῳ καὶ Κόρῃ κατ' εὐχήν. ἐσπάνισαν γὰρ αἱ τροφαὶ τοῦ πολέμου κατ' ἀρχὰς καὶ πολὺν αὐτοῖς παρέσχον φόβον ὡς ἐπιλείψουσαι, τῆς τε γῆς ἀκάρπου γενομένης καὶ τῆς ἔξωθεν ἀγορᾶς οὐκέτι παρακομιζομένης διὰ τὸν πόλεμον. διὰ τοῦτο τὸ δέος ἀνασκέψασθαι τὰ Σιβύλλεια τοὺς φύλακας αὐτῶν κελεύσας, ὡς ἔμαθεν ὅτι τούτους ἐξιλάσασθαι τοὺς θεοὺς οἱ χρησμοὶ κελεύουσιν, εὐχὰς αὐτοῖς ἐποιήσατο μέλλων ἐξάγειν τὸν στρατόν, ἐὰν εὐετηρία γένηται κατὰ τὴν πόλιν ἐπὶ τῆς ἰδίας ἀρχῆς οἵα πρότερον ἦν, ναούς τε αὐτοῖς καθιδρύσεσθαι καὶ θυσίας καταστήσεσθαι καθ' ἕκαστον ἐνιαυτόν.

122.2 **Dionysius of Halicarnassus** 6.94.3

Κάσσιος... τὸν νεὼν τῆς τε Δήμητρος καὶ Διονύσου καὶ Κόρης ἐν τῷ μεταξὺ χρόνῳ καθιέρωσεν, ὅς ἐστιν ἐπὶ τοῖς τέρμασι τοῦ μεγίστου τῶν ἱπποδρόμων ὑπὲρ αὐτὰς ἱδρυμένος τὰς ἀφέσεις ... .

122.3 **Tacitus**, *Annals* 2.49

[Tiberius] deum aedis vetustate aut igni abolitas coeptasque ab Augusto dedicavit, Libero Liberaeque et Cereri iuxta Circum Maximum, quam A. Postumius dictator voverat ... .

122.4 **Nonius** 43M

Pandere Varro existimat ea causa dici, quod, qui ope indigerent et ad asylum Cereris confugissent, panis daretur: pandere ergo quasi panem dare.

122.5 **Dionysius of Halicarnassus** 6.89.3

"Δήμαρχον ἄκοντα, ὥσπερ ἕνα τῶν πολλῶν, μηδεὶς μηδὲν ἀναγκαζέτω δρᾶν, μηδὲ μαστιγούτω μηδ' ἐπιταττέτω μαστιγοῦν ἑτέρῳ μηδ' ἀποκτιννύτω μηδ' ἀποκτείνειν κελευέτω. ἐὰν δέ τις τῶν ἀπηγορευμένων τι ποιήσῃ, ἐξάγιστος ἔστω, καὶ τὰ χρήματα αὐτοῦ Δήμητρος ἱερά, καὶ ὁ κτείνας τινὰ τῶν ταῦτ' εἰργασμένων φόνου καθαρὸς ἔστω."

122.6 **Livy** 3.55.7,13,15

[C]um religione inviolatos eos [=tribunos] tum lege etiam [consules Valerius et Horatius] fecerunt, sanciendo ut qui tribunis plebis aedilibus iudicibus decemviris nocuisset, eius caput Iovi sacrum esset, familia ad aedem Cereris Liberi Liberaeque venum iret. … Institutum etiam ab iisdem consulibus ut senatus consulta in aedem Cereris ad aediles plebis deferrentur, quae ante arbitrio consulum supprimebantur vitiabanturque. … Haec omnia ut invitis, ita non adversantibus patriciis transacta … .

122.7 **Valerius Maximus** 1.1.15

[Senatus] post Cannensem cladem decrevit ne matronae ultra tricesimum diem luctus suos extenderent, uti ab his sacra Cereris peragi possent, quia maiore paene Romanarum virium parte in execrabili ac diro solo iacente nullius penates maeroris expertes erant. Itaque matres ac filiae coniugesque et sorores nuper interfectorum abstersis lacrimis depositisque doloris insignibus candidam induere vestem et aris tura dare coactae sunt. Qua quidem constantia optinendae religionis magnus caelestibus iniectus est rubor ulterius adversus eam saeviendi gentem, quae ne iniuriarum quidem acerbitate ab eorum cultu absterreri potuerit.

122.8 **Cicero**, *In Verrem* 2.36

Nunc sum designatus aedilis; habeo rationem quid a populo Romano acceperim; mihi ludos sanctissimos maxima cum cura et caerimonia Cereri Libero Liberaeque faciundos, mihi Floram matrem populo plebique Romanae ludorum celebritate placandam, mihi ludos antiquissimos, qui primi Romani appellati sunt, cum dignitate maxima et religione Iovi Iunoni Minervaeque esse faciundos … .

122.9 **Vitruvius** 3.3.5

In araeostylis autem nec lapideis nec marmoreis epistyliis

uti datur, sed imponendae de materia trabes perpetuae. Et ipsarum aedium species sunt varicae, barycephalae, humiles, latae, ornanturque signis fictilibus aut aereis inauratis earum fastigia tuscanico more, uti est ad Circum Maximum Cereris … item Capitoli..

122.10 Pliny the Elder, *Naturalis Historia* 34.15

Romae simulacrum ex aere factum Cereri primum reperio ex peculio Sp. Cassi, quem regnum adfectantem pater ipsius interemerit.

122.11 Livy 10.23.13

[A]b aedilibus plebeiis L. Aelio Paeto et C. Fulvio Curvo ex multaticia item pecunia, quam exegerunt pecuariis damnatis, ludi facti pateraeque aureae ad Cereris positae.

123. The Temple of Flora

123.1 Tacitus, *Annals* 2.49

[Tiberius] deum aedis vetustate aut igni abolitas coeptasque ab Augusto dedicavit … eodemque in loco [= iuxta Circum Maximum] aedem Florae ab Lucio et Marco Publiciis aedilibus constitutam … .

123.2 Ovid, *Fasti* 5.261–359 (*selections*)

"Forsitan in teneris tantum mea regna coronis
  esse putes. Tangit numen et arva meum.
Si bene floruerint segetes, erit area dives;
  si bene floruerit vinea, Bacchus erit;
si bene floruerint oleae, nitdissimus annus. 261–65
…
At si neglegimur, magnis iniuria poenis
  solvitur … . 303–4
  me quoque Romani praeteriere patres. 312
…
Lilia deciderant, violas arere videres,
  filaque punicei languida facta croci. 317–8
…
Florebant oleae; venti nocuere protervi:
  florebant segetes; grandine laesa seges;
in spe vitis erat; caelum nigrescit ab Austris,
  et subita frondes decutiuntur aqua. 321–4
…
Turba quidem cur hos celebret meretricia ludos,
  non ex difficili causa petita subest.
Non est de tetricis, non est de magna professis,

volt sua plebeio sacra patere choro,
et monet aetatis specie, dum floreat, uti;
contemni spinam, cum cecidere rosae.
Cur tamen, ut dantur vestes Cerialibus albae,
sic haec est cultu versicolore decens?
An quia maturis albescit messis aristis,
et color et species floribus omnis inest?
Adnuit. 349–59

124. Clivus Publicius

124.1 **Frontinus**, *Aqueducts* 5

Incipit distribui Appia imo Publicii Clivo ad Portam Trigeminam, qui locus Salinae appellantur.

124.2 **Varro**, *Lingua Latina* 5.158

Clivos Publicius [vocatur] ab aedilibus plebei Publiciis qui eum publice aedificarunt.

124.3 **Ovid**, *Fasti* 5.283–94

Venerat in morem populi depascere saltus,
idque diu licuit, poenaque nulla fuit.
Vindice servabat nullo sua publica volgus;
iamque in privato pascere inertis erat.
Plebis ad aediles perducta licentia talis
Publicios: animus defuit ante viris.
Rem populus recipit, multam subiere nocentes:
vindicibus laudi publica cura fuit.
Multa data est ex parte mihi, magnoque favore
victores ludos instituere novos.
Parte locant clivum, qui tunc erat ardua rupes:
utile nunc iter est, Publiciumque vocant.

125. The Temple of Diana

125.1 **Dionysius of Halicarnassus** 4.26.3–4

συνεβούλευεν αὐτοῖς ἱερὸν ἄσυλον ἀπὸ κοινῶν ἀναλωμάτων ἐν Ῥώμῃ κατασκευάσασθαι, ἐν ᾧ θύσουσί τε αἱ πόλεις συνερχόμεναι καθ' ἕκαστον ἐνιαυτὸν ἰδίας τε καὶ κοινὰς θυσίας καὶ πανηγύρεις ἄξουσιν, ἐν οἷς ἂν ὁρίσωσι χρόνοις, καί, εἴ τι γένοιτο πρόσκρουσμα αὐταῖς πρὸς ἀλλήλας, κατὰ τῶν ἱερῶν τοῦτο διαλύσονται, ταῖς ἄλλαις πόλεσιν ἐπιτρέψασαι τὰ ἐγκλήματα διαγνῶναι. ...

καὶ μετὰ τοῦτο κατεσκεύασεν ἐξ ὧν ἅπασαι συνήνεγκαν αἱ πόλεις χρημάτων τὸν τῆς Ἀρτέμιδος νεών, τὸν ἐπὶ τοῦ μεγίστου τῶν ἐν τῇ Ῥώμῃ λόφων ἱδρυμένον Ἀουεντίνου.

125.2 Livy 1.45.1,2

[Servius,] ne semper armis opes adquirerentur, consilio augere imperium conatus est, simul et aliquod addere urbi decus. ... [P]erpulit tandem, ut Romae fanum Dianae populi Latini cum populo Romano facerent. Ea erat confessio caput rerum Romam esse, de quo totiens armis certatum fuerat.

125.3 Festus 460 L

Servorum dies festus vulgo existimatur Idus Augustae, quod eo die Ser. Tullius, natus servus, aedem Dianae dedicaverit in Aventino.

125.4 Strabo 5.3.12

τὸ δ' Ἀρτεμίσιον, ὃ καλοῦσι Νέμος, ἐκ τοῦ ἐν ἀριστερᾷ μέρους τῆς ὁδοῦ τοῖς ἐξ Ἀρικίας ἀναβαίνουσιν. ...

καὶ γὰρ τι βαρβαρικὸν κρατεῖ καὶ Σκυθικὸν περὶ τὸ ἱερὸν ἔθος. καθίσταται γὰρ ἱερεὺς ὁ γενηθεὶς αὐτόχειρ τοῦ ἱερωμένου πρότερον δραπέτης ἀνήρ· ξιφήρης οὖν ἐστιν ἀεί, περισκοπῶν τὰς ἐπιθέσεις, ἕτοιμος ἀμύνεσθαι.

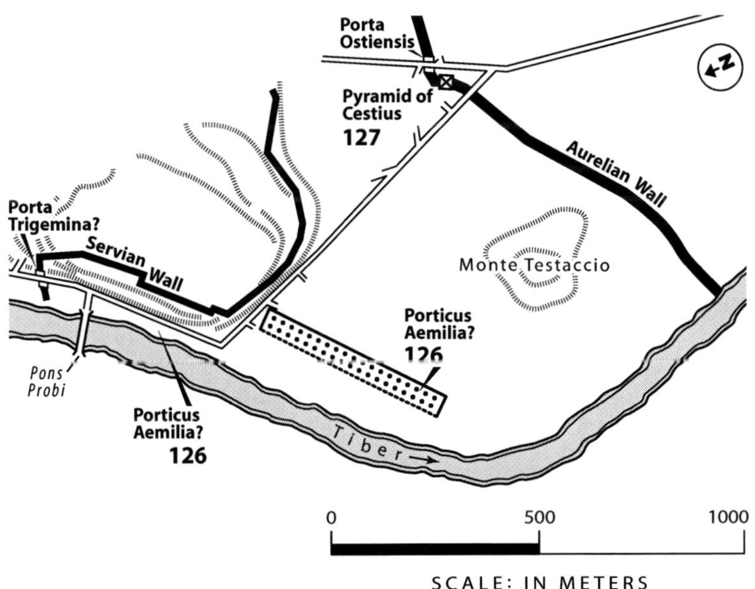

Fig. 57 South Side of Aventine Hill

126. Tiber ports and warehouses; the Porticus Aemilia (Fig. 57)

126.1 Livy 35.10.12

Aedilitatis insignis eo anno fuit M. Aemilii Lepidi et L. Aemilii Pauli; multos pecuarios damnarunt; ex ea pecunia... porticum unam extra Portam Trigeminam, emporio ad Tiberim adiecto... .

126.2 Livy 41.27.8–9

[Censores eo anno Q. Fulvius Flaccus et A. Postumius Albinus] extra Portam Trigeminam emporium lapide straverunt stipitibusque saepserunt, et Porticum Aemiliam reficiendam curarunt, gradibusque ascensum ab Tiberi in emporium fecerunt.

127. Pyramid of Cestius

127.1 *ILS* 917 = *CIL* 6.1374

C(aius) CESTIUS L(uci) F(ilius) POB(lilia tribu) EPULO PR(aetor) TR(ibunus) / PL(ebis) VII VIR EPULONUM

OPUS APSOLUTUM (est) EX TESTAMENTO DIEBUS CCCXXX / ARBITRATU PONTI P(ubli) F(ili) CLA(udia tribu) MELAE HEREDIS ET POTHI L(iberti).

XI. Circus Maximus to the Tomb of the Scipios

128. Circus Maximus

128.1 Varro, *Lingua Latina* 6.20

Consualia dicta a Conso, quod tum feriae publicae ei deo et in Circo ad aram eius ab sacerdotibus ludi illi, quibus virgines Sabinae raptae.

128.2 Livy 1.35.7–9

Bellum primum cum Latinis [Tarquinius Priscus] gessit, … praedaque inde maiore quam quanta belli fama fuerat revecta, ludos opulentius instructiusque quam priores reges fecit. Tum primum Circo qui nunc Maximus dicitur designatus locus est. Loca divisa patribus equitibusque ubi spectacula sibi quisque facerent; fori appellati. Spectavere furcis duodenos ab terra spectacula alta sustinentibus pedes. Ludicrum fuit equi pugilesque, ex Etruria maxime acciti. Sollemnes deinde annui mansere ludi, Romani Magnique varie appellati.

128.3 Dionysius of Halicarnassus 3.68

κατεσκεύσε δὲ καὶ τὸν μέγιστον τῶν ἱπποδρόμων Ταρκύνιος τὸν μεταξὺ τοῦ τε Ἀουεντίνου καὶ τοῦ Παλλαντίου κείμενον πρῶτος ὑποστέγους ποιήσας περὶ αὐτὸν καθέδρας (τέως γὰρ ἑστῶτες ἐθεώρουν) ἐπ᾽ ἰκρίοις, δοκῶν ξυλίναις σκηναῖς ὑποκειμένων· καὶ διελὼν τοὺς τόπους εἰς τριάκοντα φράτρας ἑκάστῃ μοῖραν ἀπέδωκε μίαν, ὥστε ἐν τῇ προσηκούσῃ χώρᾳ καθεζόμενον ἕκαστον θεωρεῖν.

ἔμελλε δὲ ἄρα σὺν χρόνῳ καὶ τοῦτο τὸ ἔργον ἐν τοῖς

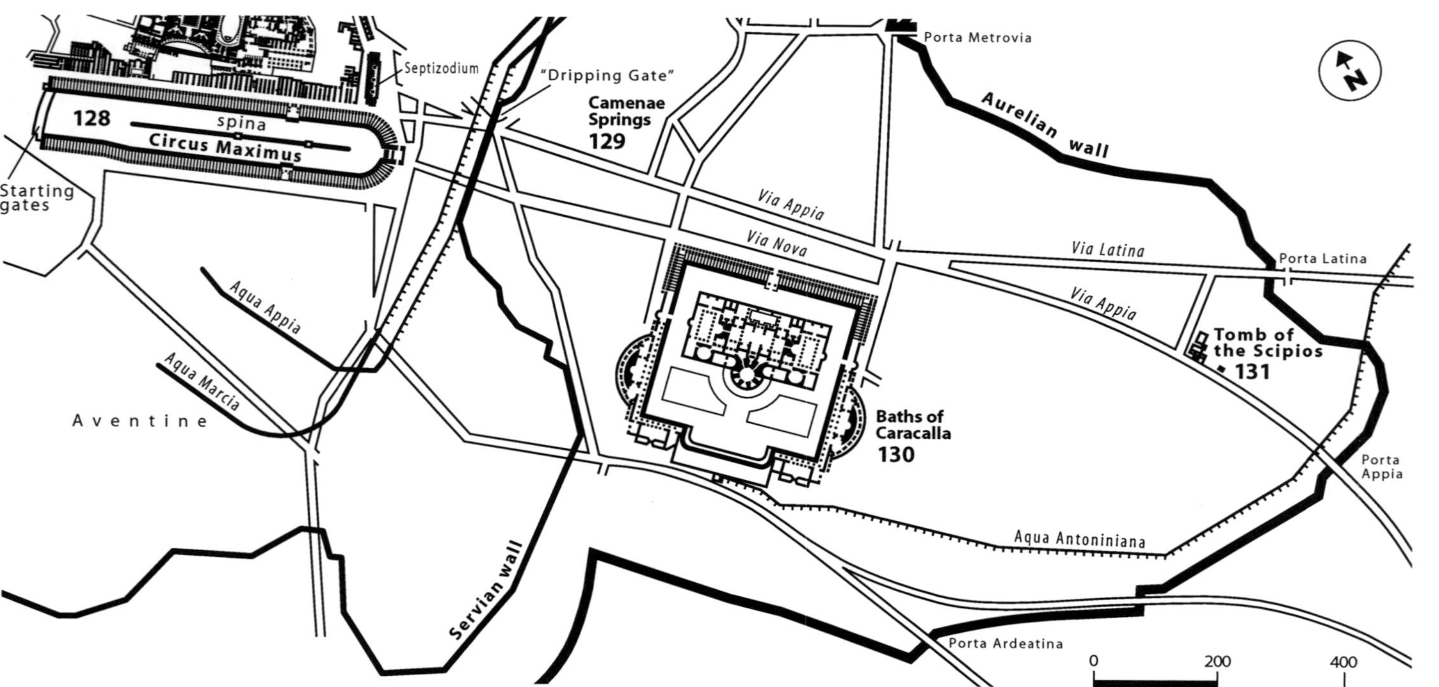

Fig. 59 Circus Maximus to Tomb of Scipios

πάνυ καλοῖς καὶ θαυμαστοῖς κατασκευάσμασι τῆς πόλεως γενήσεσθαι. μῆκος μὲν γὰρ τοῦ ἱπποδρόμου τριῶν καὶ ἡμίσους ἐστὶ σταδίων, εὖρος δὲ τεττάρων πλέθρων· πέριξ δὲ αὐτοῦ κατά τε τὰς μείζους πλευρὰς καὶ κατὰ μίαν τῶν ἐλαττόνων εὔριπος εἰς ὑποδοχὴν ὕδατος ὀρώρυκται βάθος τε καὶ πλάτος δεκάπους.

μετὰ δὲ τὸν εὔριπον ᾠκολόμηνται στοαὶ τρίστεγοι. τούτων δὲ αἱ μὲν ἐπίπεδοι λιθίνας ἔχουσιν ὥσπερ ἐν τοῖς θεάτροις ὀλίγον ὑπερανεστηκυίας ἀλλήλων καθέδρας, αἱ δ' ὑπερῷοι ξυλίνας. συνάγονται δ' εἰς τὸ αὐτὸ καὶ συνάπτουσιν ἀλλήλαις αἱ μείζους ὑπὸ τῆς ἐλάττονος, μηνοειδὲς ἐχούσης τὸ σχῆμα, συγκλειόμεναι, ὥστε μίαν ἐκ τῶν τριῶν γίνεσθαι στοὰν ἀμϊθέατρον ὀκτὼ σταδίων ἱκανὴν ὑποδέξασθαι πεντεκαΐδεκα μυριάδας ἀνθρώπων. ἡ δὲ λοιπὴ τῶν ἐλαττόνων πλευρῶν αἴθριος ἀνειμένη ψαλιδωτὰς ἱππαφέσεις ἔχει διὰ μιᾶς ὕσπληγος ἅμα πάσας ἀνοιγομένας.

ἔστι δὲ καὶ περὶ τὸν ἱππόδρομον ἔξωθεν ἑτέρα στοὰ μονόστεγος ἐργαστήρια ἔχουσα ἐν αὐτῇ καὶ οἰκήσεις ὑπὲρ αὐτά, δι' ἧς εἰσιν εἴσοδοί τε καὶ ἀναβάσεις τοῖς ἐπὶ τὴν θέαν ἀϊκνουμένοις παρ' ἕκαστον ἐργαστήριον, ὥστε μηδὲν ἐνοχλεῖσθαι τὰς τοσάσδε μυριάδας εἰσιούσας τε καὶ ἀπολυομένας.

128.4 **Pliny the Elder**, *Naturalis Historia* 36.102

Nec ut Circum Maximum a Caesare dictatore exstructum longitudine stadiorum trium, latitudine unius, sed cum aedificiis iugerum quaternum, ad sedem CCL, inter magna opera dicamus ...

128.5 **Livy** 8.20.2

Carceres eo anno in Circo primum statuti.

128.6 **Livy** 41.27.6

Censores...locaverunt...carceres in Circo, et ova ad notas curriculis numerandis... .

128.7 **Dio Cassius** 49.43.2

κἀν τῷ ἱπποδρόμῳ σφαλλομένους τοὺς ἀνθρώποις περὶ τὸν τῶν διαύλων ἀριθμὸν ὁρῶν τούς τε δελφῖνας καὶ τὰ ᾠοειδῆ δημιουργήματα κατεστήσατο, ὅπως δι' αὐτῶν αἱ περίοδοι τῶν περιδρόμων ἀναδεικνύωνται.

128.8 **Varro**, *De Re Rustica* 1.2.11

Bono animo este... . [N]on ovum illut sublatum est, quod ludis circensibus novissimi curriculi finem facit quadrigis ... .

128.9 Pliny the Elder, *Naturalis Historia* 8.20

Pompei quoque altero consulatu, dedicatione templi Veneris Victricis, viginti [elephanti] pugnavere in Circo aut, ut quidam tradunt, XVII, Gaetulis ex adverso iaculantibus, mirabili unius dimicatione, qui pedibus confossis repsit genibus in catervas, abrepta scuta iaciens in sublime, quae decidentia voluptati spectantibus erant in orbem circumacta, velut arte non furore beluae iacerentur. Magnum et in altero miraculum fuit uno ictu occiso; pilum etenim sub oculo adactum in vitalia capitis venerat. Universi eruptionem temptavere, non sine vexatione populi, circumdatis claustris ferreis. Qua de causa Caesar dictator postea simile spectaculum editurus euripis harenam circumdedit, quos Nero princeps sustulit equiti loca addens. Sed Pompeiani missa fugae spe misericordiam vulgi inenarrabili habitu quaerentes supplicavere quadam sese lamentatione conplorantes, tanto populi dolore ut oblitus imperatoris ac munificentiae honori suo exquisitae flens universus consurgeret dirasque Pompeio quas ille mox luit inprecaretur.

128.10 Suetonius, *Claudius* 21.3

Circo vero Maximo marmoreis carceribus auratisque metis, quae utraque et tofina ac lignea antea fuerant, exculto propria senatoribus [Claudius] constituit loca promiscue spectare solitis.

128.11 Suetonius, *Domitian* 4.3

[Domitianus] fecit et ludos saeculares ... ; in iis circensium die, quo facilius centum missus peragerentur, singulos e septenis spatiis ad quina corripuit.

128.12 Suetonius, *Augustus* 45.1

Ipse [Augustus] circenses ex amicorum fere libertorumque cenaculis spectabat, interdum ex pulvinari et quidem cum coniuge ac liberis sedens. ... Verum quotiens adesset, nihil praeterea agebat, seu vitandi rumoris causa, quo patrem Caesarem vulgo reprehensum commemorabat, quod inter spectandum epistulis libellisque legendis aut rescribendis vacaret, seu studio spectandi ac voluptate, qua teneri se neque dissimulavit umquam et saepe ingenue professus est.

128.13 Historia Augusta, *Marcus Aurelius* 15.1

Fuit autem consuetudo Marco [Aurelio] ut in circensium spectaculo legeret audiretque ac subscriberet, ex quo quidem saepe iocis popularibus dicitur lacessitus.

128.14 *ILS* 7496 = *CIL* 6.9822

C(aius) Iulius Epaphra / pomar(arius) de Circo / Maximo ante / pulvinar, sibi et / Venuleiae Cn(aei) l(iberta) / Helenae / coniugi suae.

128.15 **Ovid**, *Ars Amatoria* 1.135–58

Nec te nobilium fugiat certamen equorum;
multa capax populi commoda Circus habet.
Nil opus est digitis, per quos arcana loquaris,
nec tibi per nutus accipienda nota est:
Proximus a domina, nullo prohibente, sedeto,
iunge tuum lateri qua potes usque latus;
et bene, quod cogit, si nolis, linea iungi,
quod tibi tangenda est lege puella loci.
Hic tibi quaeratur socii sermonis origo,
et moveant primos publica verba sonos.
Cuius equi veniant, facito, studiose, requiras:
nec mora, quisquis erit, cui favet illa, fave.
At cum pompa frequens caelestibus ibit eburnis,
tu Veneri dominae plaude favente manu;
utque fit, in gremium pulvis si forte puellae
deciderit, digitis excutiendus erit:
Etsi nullus erit pulvis, tamen excute nullum:
Quaelibet officio causa sit apta tuo.
Pallia si terra nimium demissa iacebunt,
Collige, et inmunda sedulus effer humo;
Protinus, officii pretium, patiente puella
contingent oculis crura videnda tuis.
Respice praeterea, post vos quicumque sedebit,
ne premat opposito mollia terga genu.

128.16 **Juvenal** 3.62, 65–66

Iam pridem Syrus in Tiberim defluxit Orontes
...
vexit et ad Circum iussas prostare puellas.
Ite, quibus grata est picta lupa barbara mitra.

128.17 **Juvenal** 6.582–84

Si mediocris erit, spatium lustrabit utrimque
metarum et sortes ducet frontemque manumque
praebebit vati crebrum poppysma roganti.

128.18 **Juvenal** 10.72–4, 77–81

... Sed quid turba Remi?
Sequitur fortunam, ut semper, et odit damnatos. ...
... Iam pridem, ex quo suffragia nulli

vendimus, effudit curas; nam qui dabat olim
imperium, fasces, legiones, omnia, nunc se
continet atque duas tantum res anxius optat,
panem et circenses.

128.19 **Fronto**, *Letters* (*Loeb* II, p. 216)

[P]opulum Romanum duabus praecipue rebus, annona et spectaculis, teneri; imperium non minus ludicris quam seriis probari; maiore damno seria, graviore invidia ludicra neglegi. Minus acribus stimulis congiaria quam spectacula expeti: congiariis frumentariam modo plebem singillatim placari ac nominatim, spectaculis universum… .

128.20 **Ammianus Marcellinus** 28.4.28–31

Nunc ad otiosam plebem veniamus et desidem. … Hi omne quod vivunt, vino et tesseris impendunt et lustris, et voluptatibus et spectaculis; eisque templum et habitaculum et contio et cupitorum spes omnis Circus est Maximus. … [E]xoptato die equestrium ludorum illucescente, nondum solis puro iubare, effusius omnes festinant praecipites, ut velocitate currus ipsos anteeant certaturos: super quorum eventu discissi votorum studiis anxii, plurimi agunt pervigiles noctes.

128.21 *ILS* 5287 = *CIL* 6.10048 (excerpted)

[C(aius) Appu]leius Diocles, agitator factionis russatae, [nat]ione Hispanus Lusitanus, annorum XXXXII mens(ium) VII d(ierum) XXIII. [Pri]mum agitavit in factione alb(a) Acilio Aviola et Corellio Pansa co(n)s(ulibus) [Primu]m vicit in factione eadem M(anio) Acilio Glabrione C(aio) Bellicio Torquato co(n)s(ulibus) [P]rimum agitavit in factione prasina Torquato Asprenate II et Annio Libone cos. Primum vicit [in faction]e russata Laenate Pontiano et Antonio Rufino co(n)s(ulibus).

Summa: quadriga agitavit annis XXIIII, missus ostio IIII CCLVII, [vicit MCCC]CLXII, a pompa CX. Singularum vicit ∞LXIIII, inde praemia maiora vicit LXXXXII, XXX XXXII, ex his seiuges III, XXXX XXVIII, [ex his seiuge]s II, L XXVIIII inde septeiuge I; LX III. Binarum vicit CCCXXXXVII, trigas ad ~~HS~~ XV IIII. Ternarum vicit LI.

Ad honorem venit ∞[∞DCCCC, tulit s]ecundas DCCCLXI, tertias ĐLXXVI, quartas ad ~~HS~~ ∞ I, frustra exit ∞CCCLI. … [Rettulit quaest]um ~~HS~~ CCCLVIII LXIII CXX. … Occupavit et vicit ĐCCCXV, successit et vicit LXVII, [praemisit et vici]t XXXVI, variis generibus vic(it) XXXXII, eripuit et vicit ĐII prasinis CCXVI venetis CCV albatis LXXXI. Equos centenarios fecit n(umero) VIIII et ducenar(arium) I. …

128.22 *ILS* 5300 = *CIL* 6.10078
Florus ego hic iaceo bigarius infans
qui, cito dum cupio currus, cito decidi ad umbr(as).

129. Camenae Springs

129.1 **Livy** 1.21.3

Lucus erat, quem medium ex opaco specu fons perenni rigabat aqua. Quo quia se persaepe Numa sine arbitris velut ad congressum deae inferebat, Camenis eum lucum sacravit, quod earum ibi concilia cum coniuge sua Egeria essent … .

129.2 **Plutarch**, *Numa* 13.2

ἔτι δὲ χρῆναι Μούσαις καθιερῶσαι τὸ χωρίον ἐκεῖνο καὶ τοὺς περὶ αὐτὸ λειμῶνας, ὅπου τὰ πολλὰ φοιτῶσαι συνδιατρίβουσιν αὐτῷ. τὴν δὲ πηγὴν ἣ κατάρδει τὸ χωρίον, ὕδωρ ἱερὸν ἀποδεῖξαι ταῖς Ἑστιάσι παρθένοις, ὅπως λαμβάνουσαι καθ' ἡμέραν ἁγνίζωσι καὶ ῥαίνωσι τὸ ἀνάκτορον.

129.3 **Livius Andronicus**, *Odusia* 1
Virum mihi, Camena, insece versutum

129.4 **Pliny the Elder**, *Naturalis Historia* 34.19

Notatum ab auctoribus et L. Accium poetam in Camenarum aede maxima forma statuam sibi posuisse, cum brevis admodum fuisset.

129.5 **Juvenal** 3.10–11, 17–20
Sed dum tota domus raeda componitur una,
substitit ad veteres arcus madidamque Capenam.
…
In vallem Egeriae descendimus et speluncas
dissimiles veris. Quanto praesentius esset
numen aquis, viridi si margine cluderet undas
herba nec ingenuum violarent marmora tofum.

130. Baths of Caracalla (and baths in general)

130.1 **Historia Augusta**, *Caracalla* 9.4, 9

Opera Romae reliquit thermas nominis sui eximias, quarum cellam soliarem architecti negant posse ulla imitatione, qualis facta est fieri. Nam et ex aere vel cupro cancelli superpositi [subterpositi?] esse dicuntur, quibus cameratio tota concredita est, et tantum est spatii ut id ipsum fieri negant potuisse docti mechanici. … Idem viam novam munivit, quae est sub eius thermis, Antoninianis scilicet, qua pulchrius inter Romanas plateas non facile quicquam invenias.

130.2 **Historia Augusta**, *Elagabalus* 17.8

Et lavacrum quidem Antoninus Caracallus dedicaverat et lavando et populum admittendo, sed porticus defuerant quae postea ab hoc subditivo Antonino exstructae sunt, ab Alexandro perfectae.

130.3 *ILS* 7621 = *CIL* 6.9232

Cucumio et Victoria / se vivos fecerunt / capsararius (*sic*) de Antonianas (*sic*).

130.4 **Seneca the Younger**, *Epistulae* 56.1–2

Peream si est tam necessarium quam videtur silentium in studio seposito. Ecce undique me varius clamor circumsonat: supra ipsum balneum habito. Propone nunc tibi omnia genera vocum quae in odium possunt aures adducere. Cum fortiores exercentur et manus plumbo graves iactant, cum aut laborant aut laborantem imitantur, gemitus audio, quotiens retentum spiritum remiserunt, sibilos et acerbissimas respirationes. Cum in aliquem inertem et hac plebeia unctione contentum incidi, audio crepitum illisae manus umeris, quae prout plana pervenit aut concava, ita sonum mutat. Si vero pilicrepus supervenit et numerare coepit pilas, actum est. Adice nunc scordalum et furem deprensum et illum cui vox sua in balineo placet. Adice nunc eos qui in piscinam cum ingenti impulsae aquae sono saliunt. Praeter istos quorum, si nihil aliud, rectae voces sunt, alipilum cogita tenuem et stridulam vocem, quo sit notabilior, subinde exprimentem nec umquam tacentem, nisi dum vellit alas et alium pro se clamare cogit; iam biberari varias exclamationes et botularium et crustularium et omnes popinarum institores mercem sua quadam et insignita modulatione vendentis.

130.5 **Martial** 3.36.1–2, 5–6

Quod novus et nuper factus tibi praestat amicus,
  hoc praestare iubes me, Fabiane, tibi: …
lassus ut in thermas decima vel serius hora
  te sequar Agrippae, cum laver ipse Titi.

130.6 *ILS* 8518 = *CIL* 6.16740

Daphnus et / Chryseis / Laconis liberti / Fortunato suo, v(ixit) a(nnis) VIII, balneo Martis piscina perit.

130.7 *ILS* 5173 = *CIL* 6.9797

Ursus togatus vitrea qui primus pila
lusi decenter cum meis lusoribus

laudante populo maximis clamoribus
thermis Traiiani, thermis Agrippae et Titi,
multum et Neronis, si tamen mihi creditis,
ego sum. Ovantes convenite pilicrepi
statuamque amici floribus, violis, rosis,
folioque multo adque unguento marcido
onerate amantes et meum profundite
nigrum Falernum aut Setinum aut Caecubum
vivo ac volenti de apotheca dominica,
Ursumque canite voce concordi senem
hilarem, iocosum, pilicrepum, scholasticum,
qui vicit omnes antecessores suos
sensu, decore adque arte suptilissima.
Nunc vera versu verba dicamus senes:
sum victus ipse, fateor, a ter consule
Vero patrono, nec semel sed saepius,
cuius libenter dicor exodiarius.

131. Tomb of the Scipios (Fig. 60)

131.1 **Cicero**, *De Legibus* 2.58

"Hominem mortuum" inquit lex in duodecim, "in urbe ne sepelito neve urito": credo vel propter ignis periculum. Quod autem addit "neve urito," indicat non qui uratur sepeliri, sed qui humetur.

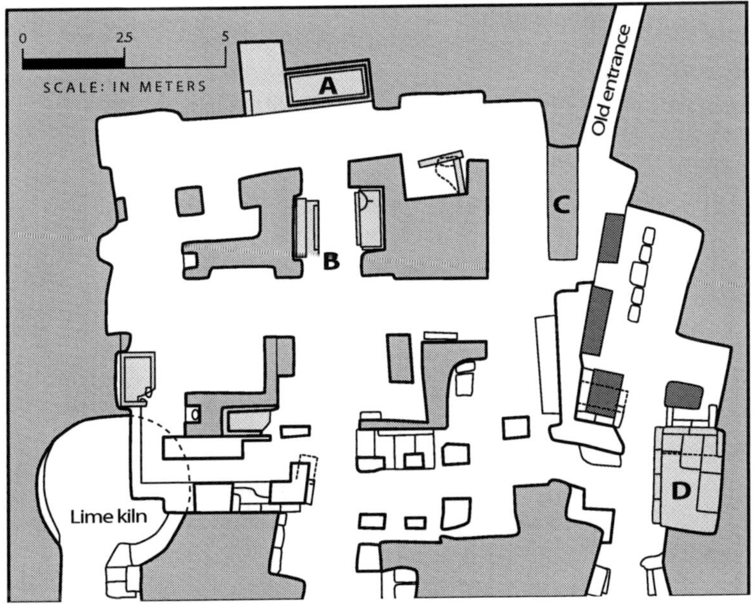

Fig. 60 Tomb of Scipios (after Gismondi and Claridge)

131.2 **Cicero**, *Tusculanian Disputations* 1.13

An tu egressus Porta Capena cum Calatini, Scipionum, Serviliorum, Metellorum sepulchra vides, miseros putas illos?

131.3 **Pliny the Elder**, *Naturalis Historia* 7.187

[C]remare apud Romanos non fuit veteris instituti: terra condebantur. At postquam longinquis bellis obrutos erui cognovere, tunc institutum. Et tamen multae familiae priscos servavere ritus, sicut in Cornelia nemo ante Sullam dictatorem traditur crematus ... .

131.4 *ILS* 1 = *CIL* 6.1234/5

[L(ucio) Corneli]o Cn(aei) f(ilio) Scipio

Cornelius Lucius Scipio Barbatus,
Gnaivod patre prognatus, fortis vir sapiensque,
quoius forma virtutei parisuma fuit;
consol, censor, aidilis quei fuit apud vos;
Taurasia Cisauna Samnio cepit,
subigit omne Loucanam opsidesque abdoucit.

131.5 *ILS* 2–3 = *CIL* 6.1286–7

[L(ucio) Cornelio L(ucii) f(ilio) Scipio / aidiles, cosol, cesor.

Honc oino ploirume cosentiont R[omai]
duonoro optumo fuise viro
Luciom Scipione. Filios Barbati,
consol, censor, aidilis hic fuet a[pud vos].
Hec cepit Corsica Aleriaque urbe,
dedet Tempestatebus aide mereto[d]

131.6 *ILS* 4 = *CIL* 6.1288

Quei apice insigne Dial[is fl]aminis gesistei,
mors perfe[cit] tua ut essent omnia brevia,
honos fama virtusque gloria atque ingenium,
quibus sei in longa licu[i]set tibe utier vita,
facile facteis superases gloriam maiorum.
quare lubens te in gremiu, Scipio, recip[i]t
terra, Publi, prognatum Publio, Corneli.

131.7 *ILS* 6 = *CIL* 6.1293

Cn(aeus) Cornelius Cn(aei) f(ilius) Scipio Hispanus pr(aitor) aid(ilis) cur(ulis) q(uaistor) tr(ibunus) mil(itum) II, Xvir sl(itibus) iudik(andis) Xvir sacr(is) fac(iundis)

virtutes generis mieis moribus accumulavi,
progeniem genui, facta patris petiei,
maiorum optenui laudem ut sibei me esse creatum
laetentur; stirpem nobilitavit honor.

131.8 **Caesar**, *Bellum Civile* 1.9

Sibi [=Caesari] semper primam fuisse dignitatem vitaque potiorem. [Oxford text]

131.9 **Livy** 38.56.4

Romae extra Portam Capenam in Scipionum monumento tres statuae sunt, quarum duae P. et L. Scipionum dicuntur esse, tertia poetae Q. Ennii.

131.10 **Cicero**, *Pro Archia* 22

Carus fuit Africano superiori noster Ennius. Itaque etiam in sepulcro Scipionum putatur is esse constitutus ex marmore. At iis laudibus certe non solum ipse qui laudatur, sed etiam populi Romani nomen ornatur.

131.11 **Suetonius** (in St. Jerome, *Chronicle*)

Ennius poeta septuagenario maior articulario morbo periit sepultusque est in Scipionis monumento intra primum ab urbe milliarium.

131.12 **Livy** 30.45.2,7; 38.53.8,11

Romam [Scipio Africanus] pervenit triumphoque omnium clarissimo urbem est invectus. Argenti tulit in aerarium pondo centum viginti tria milia. ... Primus certe hic imperator nomine victae ab se gentis est nobilitatus. ...

Vitam Literni egit sine desiderio urbis; morientem rure eo ipso loco sepeliri se iussisse ferunt monumentumque ibi aedificari, ne funus sibi in ingrata patria fieret. ... Punici tamen belli perpetrati, quo nullum neque maius neque periculosius Romani gessere, unus praecipuam gloriam tulit.

Index
Volume II
References are to source-numbers, not pages.

BOLCHAZY-CARDUCCI PUBLISHERS, INC.

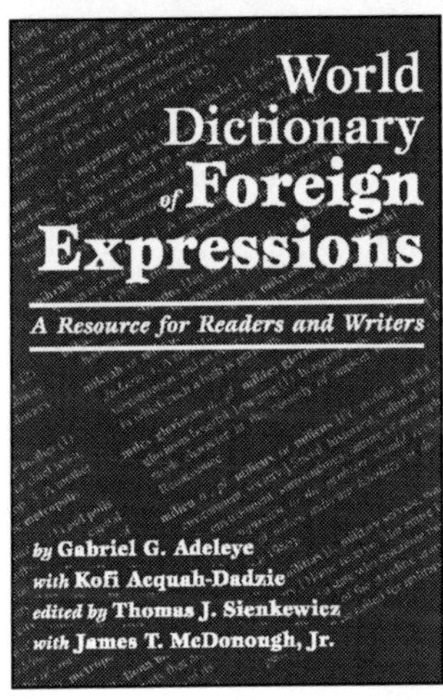

WORLD DICTIONARY OF FOREIGN EXPRESSIONS

A Resource for Readers and Writers

by Gabriel G. Adeleye
with Kofi Acquah-Dadzie

The English language draws from a linguistic melting pot of many ages and cultures. Few can master all of the languages from which English draws proverbial wisdom and bon mots; fortunately for the rest of us, there is now *The World Dictionary of Foreign Expressions.*

xxviii + 411 pp. (1999)
Paperback, ISBN 0-86516-423-1 • Hardbound, ISBN 0-86516-422-3

SMITH'S ENGLISH-LATIN DICTIONARY

Smith's English-Latin Dictionary is an invaluable resource for Latin composition. Each entry gives an English word, its corresponding Latin equivalents, and examples drawn from a full range of classical writers. The Index of Proper Names contains Latin forms of names of thousands of persons, places, and geographical features from history and mythology, as well as the Hebrew and Christian Bibles.

xi + 1010 pp. (2000) Paperback, ISBN 0-86516-491-6

WWW.BOLCHAZY.COM